苦悩する昭和天皇

太平洋戦争の実相と『昭和天皇実録』

工藤美知尋

芙蓉書房出版

はじめに

私は昭和二十二年四月二十九日、山形県長井市（旧西置賜郡長井町）で生まれた。いうまでもなく昭和天皇の誕生日と同じである。私の実家では、この地方の旧家の習いとして、茶の間の正面には仏壇が据えられ、その仏壇の長押の上には昭和天皇と皇后が並んでいる写真が額に入って掛けられていた。またその隣には大正天皇ご夫妻の写真もあった。

私の家では、その昭和天皇ご夫妻の写真と並んで、終戦直後の昭和二十年八月、哀れにも中国大陸からようやく佐世保に着岸した病院船の中で戦病死した跡取りだった父の兄、私にとっては会うことのなかった叔父に当たる工藤政雄の写真も掲げられていた。

私は祖母から、「お前は政雄の代わりに生まれたんだよ」とよく言われたものである。人の出入りが結構あった家だったため、日中は何人ものお客があったが、私が茶の間に座っている時などは挨拶代わりに、「誕生日は？」とよく聞かれたものである。

私が「四月二十九日です」と答えると、客人は皆一様に、「ほほう、天長節ですか……」と言ったものだった。したがって私は子供心に、四月二十九日を戦前は「天長節」と言ったことを悟った。こうして私は幼い頃より、「天長節」が「天皇誕生日」に代わった意味や、家の跡取り息子が戦死したことによって、家族構成が大きく変わらざるを得なかった先の大戦の悲劇を意識するようになった。これが本書を書き下ろす、もともとの端緒になっている。

昭和天皇の研究は、私の生涯をかけた研究対象である。昭和天皇の生涯、および昭和時代の政治と軍事に対する興味は尽きることはない。

今回の執筆の発端となったのは、平成二十七年から三十年にかけて、宮内庁が総力を挙げて合計十八巻もの大部の『昭和天皇実録』を一挙に刊行したことにある。『昭和天皇実録』では、裕仁天皇の胸中や実際に語った直接的言動などは掲載されていないものの、それでもこの『実録』によって、戦前の非常に込み入った事実関係が確定できる。

この『実録』を基調にして、これに併せて『高松宮日記』、『西園寺公と政局』、『木戸幸一日記』、『細川日記』、『牧野伸顕日記』、『高木惣吉日記』などの定評ある第一次史料や、侍従長や侍従の日記や回想録、そして戦前の主要な政治家や外交官、あるいは陸海の軍人の回顧録などを丹念にあたり分析することによって、昭和天皇の時代の全体像をほぼ正確に補うことが出来ると考えている。

苦悩する昭和天皇　目次

第1章

明治憲法下の政軍関係

✺政軍関係の要としての元老

太平洋戦争の原因について巨視的観点から考察する時、そこには、①明治憲法体制の欠陥から来るところの政治と軍事の分裂、②政治と軍事をつなぎとめていた元老がいなくなったこと、③国家目標の喪失、などを挙げることができる。

国家運営の根本は、究極のところ政治と軍事の整合性をいかに図るかにある。

大日本帝国憲法（明治憲法）の第一条は、「大日本帝国ハ万世一系ノ天皇之ヲ統治ス」とあり、第三条「天皇ハ神聖ニシテ侵スベカラズ」、第四条「天皇ハ国ノ元首ニシテ統治権ヲ総攬シ、此ノ憲法ノ条規ニ依リ之ヲ行フ」と定めており、天皇が統治者であることを明記している。しかしながら第一条に「統治ス」とあるのに、第四条では「統治権ヲ総攬シ」となっており、これでは統治の意味がかえって明確さを欠くことになってしまう。

この他にも明治憲法を見れば、「第一章　憲法」において、天皇は立法権をはじめ帝国議会の召集と解散、公共の秩序、文武官の任免、陸海軍の統帥権、宣戦権、戒厳権など、国家統治のあらゆる面において、広汎な権能を持っているかのように規定している。しかしこれではあまりにも網羅的である。全能力を有するということは、極限において、その権限は無に近くなると見なければならない。

しかも第五十五条においては、「国務各大臣ハ天皇ヲ輔弼シ其ノ責ニ任ズ」とあり、国務大臣の副署がなければ、天皇一人では何も出来ないことになっている。

国務大臣の元締めである内閣総理大臣の奏薦権は、元老（元勲）にあったから（昭和十二年まで）、この意味から言えば、事実上の主権者は元老ということが出来るのである。

そもそも天皇、元老（三条実美、岩倉具視、伊藤博文）、内閣総理大臣、および各省大臣は、明治二十二年（一八八九）の明治憲法制定以前から存在していた。明治二十二年の帝国憲法発布以降の元老は、天皇から特に元勲優遇などの勅語を受けた黒田清隆、伊藤博文、山県有朋、松方正義、井上馨、西郷従道、大山巌らであり、明治末期から大正初めにかけて、これに桂太郎と西園寺公望が加わった。公家の西園寺以外は、いずれも薩長の出身者であった。

ところで大正十一年（一九二二）、山県有朋の死は元老政治の凋落となり、代わって枢密院、貴族院、陸海軍などの特権勢力が台頭した。

昭和に入ると、元老は西園寺公望ただ一人になった。その西園寺は昭和元年、新天皇の践祚後直ちに、「朕新ニ大統ヲ承ケ、先朝ノ遺業ヲ紹述セントス。卿三朝ニ歴事シ、屢（しばしば）其レ先朝ニ効セン所ヲ以テ朕ガ躬ヲ匡輔（きょうほ）シ、朕ガ事ヲ弼成（ひっせい）セヨ」との勅語を受けたことによって、内閣総理大臣の奏薦を、昭和十二年まで続けることになった。しかし西園寺が高齢になると、後継首相の奏薦は「内閣総理大臣タル前官ノ礼遇ヲ賜リタル者及ビ枢密院議長」となり、元老西園寺に代わって「重臣」が行うことになった。

次に、明治憲法体制下において元老が果たした役割について、日清戦争と日露戦争を例にとって考えてみたい。

明治二十五年（一八九二）七月三十日、第一次松方正義内閣が内部不統一のため崩壊した後、元老同士の話し合いによって、伊藤博文が第二次伊藤内閣を組織した。伊藤は不平等条約の改正を図るため、さらには内政混乱の朝鮮に清露両大国の介入が予想されることから、実行力ある内閣を組織すべく、当時首相の前歴のある三人のうち、前内閣の松方正義だけを例外に、黒田清隆を逓信相、山県有朋を司法相に迎えて、盟友井上馨を内務相、大山巌を陸軍相に留任させ、さらには在野の一勢力になっていた後藤象二郎を元老に準ずる扱いで農商務相に迎えることにした。また最も重要な外務大臣には、伊藤自らがその責に当たる含みをもって、紀州（和歌山）出身の逸材陸奥宗光を登用した。世間はこれを「元勲内閣」と呼んだ。

明治二十七年八月一日、日本は清国に対して宣戦布告した。それより前、東学党の勢いに押されて窮した李朝政府は、清国に援兵の派遣を要請した。この報に接するや伊藤内閣は、六月二日の閣議に参謀総長有栖川熾仁（ありすがわのみやたるひと）親王、参謀次長川上操六を招致して朝鮮問題について協議した。この結果日本政府は、日清両国の勢力均衡を保つために朝鮮へ出兵することを決定した。

六月五日、参謀本部内に大本営が設けられた。この時伊藤首相は、総理大臣たる者は出動軍隊の経費を見るだけでなく、外交戦略や軍事行動にも詳しくなければならないとして、大本営会議に出席した。つまりこの時は、文官である首相も大本営の構成員であり、日清戦争においては、政治と軍事は初めから統一されていた。

✺政戦略の調整に悩んだ裕仁天皇

明治期に比べ戦前の昭和期では、政治と軍事は統一されることなく分裂した。

昭和十二年七月七日、盧溝橋事件が勃発して四か月後の十一月二十日、大本営が設置された。ところが当時の近衛文麿首相は文官であるため、大本営会議には出席することが出来なかった。

そこで政戦略の調整を図るために、「大本営・政府連絡会議」が設置されることになった。

しかしこの大本営・政府連絡会議は、政府と統帥部との申し合わせによって設けられたものだったため、法制上の根拠はなく、最高国策決定機関と呼ぶには甚だ基盤の弱いものだった。このため昭和十二年に会議を開催したものの、昭和十三年一月には中止となり、平沼（騏一郎）、阿部（信行）、米内（光政）内閣時代には、まったく開かれなくなってしまった。昭和十五年七月、第二次近衛内閣で復活し（昭和十五年十一月から十六年七月まで）、名称は「大本営・政府連絡懇談会」と変更された。太平洋戦争末期の小磯（国昭）内閣は、昭和十九年八月四日、「最高戦争指導会議」と改称したが、期待したほどの成果を上げることは出来なかった。

さて話は遡るが、明治二十七年八月八日、法相から枢密院議長に転じた陸軍大将山県有朋は、清国軍と戦う第一軍司令官に任ぜられた。翌八月九日、山県は伊藤首相を訪問して、軍事、内政、外交について腹蔵なく話し合った。席上山県は、「自分はこれから韓国、満州に向かい必ず清国軍を痛撃するが、君は国内にあってよく天皇を助け、軍事についても参画して、自分に後顧の憂いをないようにしてくれ」と語った。軍部の大御所的存在になっていた山県が文官である伊藤に対して、「軍事面でも参画してくれ」と頭を低くして懇願するような光景は、昭和期ではとても想像することが出来なかった。

さらに特筆すべきこととして、元老自身が、その責任を十二分に自覚して行動していたことがある。その例として、内務大臣であった井上馨が、現地である韓国に公使として転出した事例を挙げておきたい。

井上は朝鮮の政情の混乱に鑑みて、伊藤に対して「小党分裂で混乱している朝鮮を、わが方に障害を来さないようにするためには、押しの強い自分が公使になって行くのがよいと思うが如何に。また自分ならば、山県、大山ら軍巨頭と気脈も通ずることが出来る」との書簡を、九月二十七日に送っていた。

内務大臣という中核的な閣僚の椅子を蹴ってまでも、遣外使節の中で最も下級の駐韓公使に進んでなろうという井上の申し出には、さすがの伊藤も驚き、すぐに陸奥外相に相談した。陸奥は、明治十年の西南戦争で西郷軍に加担した嫌疑によって禁固五年の刑に処せられたほどの硬骨漢だった。その陸奥も、「せめて現職の内務大臣として、韓国出張という形にしたらどうか」と気遣った。結局井上の駐韓公使は実現し、十月十五日発令となった。後任の内相には枢密顧問官の野村靖が就任した。

一方、太平洋戦争開戦時においては、日清・日露の両戦役で見られたような、政軍の指導者がその地位や立場を越えて、互いに持てる能力を最大限に発揮して協力するようなことはなかった。重臣、陸海軍、官僚たちは、それぞれ他への責任転嫁に汲々とした。

昭和十六年十月、日米開戦を前にして、日米戦争を回避したいと願う近衛首相は海軍に援護を頼むことにし、十月十一日、富田健治書記官長に岡敬純海軍軍務局長を訪ねさせた。

席上富田は岡軍務局長に対して、「明日の会議において、海軍は総理大臣を助ける意味で、戦争回避と交渉継続の意思をはっきり表明して貰えないだろうか。もし海軍の意思表示がなければ、近衛公は辞職するかもしれない」と説いた。岡軍務局長は深く頷き、「これは重大な問題だから、君から直接海軍大臣に話をしてくれたまえ。僕もついて行こう」ということになり、同道して及川海相邸を訪れた。ところが及川は、「この際、日米戦争は避けたい。自分はあくまで交渉継続を希望する。しかし海軍としては、立場上この戦争には反対であると公式に言明することは出来ない。この際戦争をするや否やを決するのは政治の問題だから、総理が決めるのが適当である」と述べるにとどまった。及川海相に限らず、木戸幸一内大臣をはじめ他の宮廷官僚たちも、皆それぞれの責任回避に終始した。

富田書記官長が及川海相を訪ねた四日後の十月十五日、近衛首相は参内して、日米開戦の危機を天皇の威光にすがって回避したいとして、東条（英機）陸軍大臣が希望する東久邇宮後継首班案を奏上した。これに対して裕仁天皇は、「東久邇宮は参謀総長としては、実は適任であると思っていた。しかし皇族が政治の局に立つことは、よほど考えなければならない。ことに平和な時ならばよいけれども、戦争にでもなるという恐れのある場合には、なおさら皇室のためを考えても、皇族が出ることはどうかと思う」と述べて、否定的な態度を示した。

翌十六日朝、近衛は木戸に電話をかけて、再度東久邇宮の後継首相首班案を持ち出したところ、木戸は「宮殿下の問題は、宮中方面においても到底行われ難い」と述べて反対した。ここに至ってこの日の夕方、近衛は参内して辞表を提出した。

十月十七日、組閣の大命は、何とそれまで対米強硬論を吐いていた当の張本人の東条陸相に降下した。米英両国はこれをもって、日本に参戦の意思があると受け止めた。東条を推薦したのは木戸内大臣だったが、裕仁天皇は木戸に対して、「虎穴に入らずんば虎児を得ずということだね」との感想を述べた。

✺軍部独裁を許した統帥権

「統帥」すなわち作戦用兵は、明治二十二年の大日本帝国憲法第十一条の「天皇ハ陸海軍ヲ統帥ス」に基づくものである。統帥は、天皇の大権事項として行政の圏外に置かれ、陸軍の統帥は参謀総長、海軍にあっては軍令部総長の輔弼によると定められていた。したがって太平洋戦争における戦争指導は、陸海の二元並立で行われた。

「大本営令」には、次のように記されている。

天皇の大纛下に最高の統帥部を置き、之を大本営と称す。大本営は戦時又は事変に際し、必要に応じ之を置く。

第一条　参謀総長及び軍令部総長は各其の幕僚の長として帷幄の機務に奉仕し、作戦を参画し、終極の目的を稽へ、陸海両軍の策応協同を図るを任とす

大本営は、観念としては大元帥である天皇を頂点とする一つの機関であったが、陸海の作戦が互いに重複・衝突するような場合であっても、裕仁天皇自身が直接裁決することはなかった。したがって実体としては完全なる二つの機関が並立しているに過ぎなかった。このため陸海軍は策応協同を図ることに非常に苦心し、「米英と戦う前に、それぞれが陸軍、あるいは海軍と戦わねばならぬ」かのような状態を呈した。一方面で陸海軍が作戦するような場合には、陸海軍のいずれかが最高指揮官として統一指揮することは望ましいことであったにもかかわらず、結局実現されることはなく、その都度陸海軍中央協定を作って実行した。ちなみに、日清戦争の場合は、「陸海並立」ではなく、「陸主海従」の一元的統帥の下で戦争指導が行われた。

慶応四年（一八六八）一月十七日、「海陸軍務課」（海軍の名称が陸軍の上位にあった）が置かれたが、明治二年七月になると「兵部省」と改変され、その長（兵部卿）に嘉彰親王が任ぜられた。明治五年二月、兵部省が廃止され、陸軍省と海軍省が置かれることになった。ここに陸海軍の分立が確定した。

海軍は一元主義を採り、海軍省が軍政と軍令を統轄した。陸軍は明治十一年、軍令機関として参謀本部を独立させた。明治十九年三月、参謀本部条例が抜本的に改定され、参謀本部長の下に、陸海の次長が鼎立することになった。

明治二十一年五月、参謀本部長という顕職に一官衙の名称を用いるのは適当でないという理由から、「参軍官制」として参謀本部長を「参軍」と改称し、陸軍参謀部を「陸軍参謀本部」、海軍参謀部を「海軍参謀本部」として、従来の次長を各「参謀本部長」と改称した。

明治二十五年十一月、仁礼景範海軍大臣は伊藤博文首相に対して、独立した海軍参謀本部を設置するように建議した。

明治二十六年一月、内閣は仁礼海相が提案した「海軍参謀本部条例」を奉呈して勅裁を仰いだ。ところが明治天皇は、この長の任務が参謀総長と同一であり、また特に戦時において不都合がないか否かを心配して、この案を皇族中の元老である陸軍大将（参謀総長）有栖川宮熾仁親王に下問した。これを受けて有栖川宮は、次の意見書を天皇に奉呈した。

「元来ひとつの大元帥陛下の下に二個の大本営を置かんとする事は、実際行はれざる事なり。……作戦の大計画は、欧米諸国如何なる国体においても陸海相須ち一定の方針を取るべきは最大緊要の事にして、殊に我国の如き陸海軍の関係は、相密着して離る可らざるものなれば、其全般の作戦を計画するに、参謀長一人の方寸より出ざる可らず。若し然らざる時は遂に軍機を誤り、不測の大患を招くに至るべし。慎まざる可けんや」

有栖川宮の奉答は、陸海対等を求める海軍の立場からすれば我慢のならないものであったが、戦争指導全体から見れば実に的を射たものであった。数日後、天皇から有栖川宮に対して再び下問があった。そこで有栖川宮は熟慮に熟慮を重ねて、次の第二の意見書を提出した。

「此両軍の組織をして、果たして均一のものならしむるも、已に斉頭を対峙せしむる時は、必ず同一の方針に拠らしむる事難かるべし。……乃ち此主幹と輔翼には陸海両軍何れを以て充つべきか、平時より予め確定せざる可らざるなり。主幹と輔翼とを確定する何を以てか標準とせん。他なし軍制建設の主眼に従ひ、国家保護の責に任ずる最も重大なるものを以てして陸海両軍比較すれば、其主幹の陸軍にして、海軍之が輔翼たるべきは、三尺の童と雖も復た疑を容れざるべし」

明治天皇はこの問題の重要性に鑑み、参謀総長有栖川宮、陸軍大臣大山巌大将、同次官児玉源太郎少将、海軍大臣西郷従道中将、同次官伊藤雋吉少将、参謀本部次長川上操六中将、山県有朋大将（当時山県は司法大臣だったが、現役将官の資格で会議に出席すべしとの勅令を受けた）らに対して「協議すべし」との勅令を出した。この結果、「戦時大本営条例」を作って大本営の参謀長は総長が当たる旨を予め規定しておくことにした。

明治二十六年二月、参謀総長有栖川宮からの草案を受けて、陸軍大臣と海軍大臣が協議した結果、海相は同案第二条中の「全軍即チ」を削ることを要求した。これに関して他から異議が出されなかったため、陸海両相は連名でもって奏請した。これによって海軍としては他日に陸海対等の実現を図るべき布石を打つことに成功した。

「戦時大本営条例」は天皇の裁可を得て、明治二十六年五月に発布された。

第一条　天皇ノ大纛（だいとう）下ニ最高ノ統帥部ヲ置キ、之ヲ大本営ト称ス。

第二条　大本営ニ在テ帷幄（いあく）ノ機務ニ参加シ、帝国（注、海軍の意見により、「全軍即チ」が削除された）陸海軍ノ大作戦ヲ計画スルハ参謀総長ノ任トス。

✴画餅に帰した「戦争計画」

太平洋戦争の開戦における日本の「戦争計画」は、昭和十六年（一九四一）十一月十五日、大本営・政府連絡会議で決定された「対米英蘭蒋戦争終末に関する腹案」に示されている。その方針と要領は、次のようなものである。

［方針］

速やかに極東における米英蘭の根拠を覆滅して自存自衛を確立すると共に、更に積極的措置に依り蒋政権の屈服を促進し、独伊と提携して先ず英の屈服を図り、米の継戦意思を喪失せしむるに勉む。

（1）極力戦争対手の拡大を防止し、第三国の利導に勉む。

［要領］

（1）帝国は迅速なる武力戦を遂行し、東亜及び南太平洋における米英蘭の根拠を覆滅し、戦略上優位の体制を確立すると共に、重要資源地域並びに主要交通線を確保して、長期自給自足の態勢を整う。凡有手段を尽くして適時米海軍主力を誘致し、之を撃破するに勉む。

(2) 日独伊三国協力して先ず英の屈服を図る。

(3・4 省略)

(5) 帝国は南方に対する作戦間、極力対ソ戦争の惹起を防止するに勉む。独ソ両国の意向によりては両国を講和せしめ、ソを枢軸側に引き入れ、他方日ソ関係を調整しつつ、場合によりては、ソ連の印度、イラン方面進出を助長することを考慮する。

ところで、この腹案が成立するためには、いくつかの前提的条件が揃わなければならないはずであった。その一つは、昭和十四年(一九三九)九月一日に勃発した第二次欧州大戦においてドイツが勝利を収めるということであった。ところが実際にはヒトラーの率いるナチスドイツ軍は、昭和十五年七月からの「バトル・オブ・ブリテン(英国の空の戦い)」に敗北し、英国侵略を断念せざるを得なかった。そこで昭和十六年六月二十二日、ヒトラーは一転して、対ソ攻撃を行うことにした。

したがって右の腹案の前提条件となるべき、①ドイツの勝利に基づくところの英国の屈服と米国の継戦意思の喪失、②独ソ和平を期し、ソ連をして日独伊三国軍事同盟側に立たしめることなどについては、この腹案が策定された時点で、既に存在していなかったのである。これでは全くの希望的観測に基づいた外交構想と言われても仕方なかった。しかもこれが大本営・政府連絡会議で決定されたのは、初期進攻作戦の計画が決定された十一月五日よりも十日後のことであった。

✵孤独な裕仁天皇

月刊『文藝春秋』平成二年十二月号で公表された『昭和天皇の独白』は、昭和史研究者にとって従来の見方を覆すようなものは何もなかったが、終戦直後の昭和二十一年三月から四月にかけて裕仁天皇が率直に語ったものだっただけに、世上に衝撃を与えた。

この『昭和天皇独白録』を読んで筆者が強く感じたことは、裕仁天皇が孤独にいかに苛まれていたかということであった。また裕仁天皇が、軍部のクーデターやテロに対して強い恐怖感を抱いていたことも十分理解することが出来た。

「内心では対米戦争に反対しておりながら、なぜ明確に否と言わなかったのか」という質問者の問いに対して裕仁天皇は、「私がもし開戦の決定に対してベトー（拒否）をしたとしよう。国内は必ず大内乱となり、私が信頼する周囲の者は殺され、私の生命も保証できない。それは良いとしても、結局凶暴な戦争が展開され、今次の戦争に数倍する悲惨事が行われ、果ては終戦も出来かねる始末となり、日本は滅びることになったであろうと思ふ」と述懐している。

「日嗣（ひつぎ）の御子（みこ）」に生まれついた者だけが抱く絶対的な孤独感は筆者の到底想像し得るところではないが、それにしても裕仁天皇の場合は、大正十二年十二月の「虎の門事件」といい、昭和七年一月の「桜田門事件」、同年発生した「五・一五事件」、昭和十一年の「二・二六事件」など、生命の危険を直接感じる体験を何度となくしてきたので、前述のように回顧したことは十分理解することが出来る。しかし明治天皇と比較した時、剛腹さという点ではどうであろうか。

明治天皇は孝明天皇を父に、典侍中山慶子を母として嘉永五年（一八五二）に生まれた。元治元年（一八六四）の「禁門の変」では御所内に砲弾が飛び込んだため、十三歳の祐宮（さちのみや）は、恐怖のあまり一時失神したと言われている。

慶応二年（一八六六）末、父孝明天皇は三十六歳にして突然崩御したため、今日に至るまで孝明天皇毒殺説が広く流布することになった。そしてわずか十七歳の祐宮が第百二十二代天皇として即位することになった。

幕末維新の数年間は、幕府と薩長勢力の虚々実々の戦いの日々が続いた。志士たちは口では「尊王」を唱えながらも、内心は天皇を「玉」とみる冷徹な策謀家たちだった。そのような大動乱期に、明治天皇はその位を維持し、王政復古の大号令をかけ、開国維新の大方針を打ち出した。

日清戦争当時の明治天皇はまさに男盛りの四十代だった。ちなみに伊藤博文は五十三歳で、山県有朋は五十六歳である。明治天皇および伊藤、山県らは、困難な幕末維新期に奔走して明治国家の生みの苦しみを共に味わった。すなわち「同じ釜の飯を食べた」者同士の心情を、互いに持ち合わせていたのである。だからこそ国家の一大事に際しては、天皇、軍人、政治家の別なく、よかれと思ったことを率直に語り合い、互いの能力を最大限に出し合って事に当たることが出来た。ところが残念ながら昭和期にはこれがなかった。裕仁天皇、軍人、官僚、華族は、おしなべて「三代目」が持つひ弱さを持っていた。

裕仁天皇は、後に大正天皇となる皇太子嘉仁親王と節子妃殿下（後の貞明皇后）の子として、明治三十四年（一九〇一）四月二十九日に生まれた。

大正天皇が崩御して、皇太子裕仁親王が第百二十四代目の天皇に践祚した時には、大日本帝国は創成期を脱して爛熟期、いや崩壊期に入っていた。既に天皇を「玉」と見るような不届き者はいなかったが、裕仁天皇は孤独だった。践祚した時は弱冠二十五歳である。ちなみに明治天皇は満十七歳（数え十八歳）で即位したが、周囲を固める政治家たちも非常に若かった。

ところが裕仁天皇の場合は、彼を取り巻く国家の指導者たちは皆東京帝国大学や陸軍大学校、海軍大学校を出て出世街道を駆け抜けて来た者たちだった。経験を同じくした者だけが持つ同志的な意識や連帯感などといったものはなかった。年齢もだいぶ離れていた。

例えば、昭和の動乱の発火点となった昭和三年の「満州某重大事件」（張作霖爆殺事件）の際、裕仁天皇は二十七歳、田中義一首相は六十五歳で、両者の年齢の隔たりは三回りもあった。裕仁天皇がいかに優れた人物であったとしても、軍人や官僚として功なり名を遂げた人間とは、到底埋めることが出来ない経験差（貫録差）があった。

それでも田中の場合は皇室崇拝の念が非常に強かったから、裕仁天皇から張作霖爆殺事件の首謀者河本大作陸軍大佐を軍法会議にかけなかったことを強く叱責されるや、即刻桂冠することを決意した。田中が閣議でそのことを話すと、小川平吉鉄道相などは「これは困ったことだ。一国の宰相として陛下を補佐し奉る者が、そのように軽々しく扱われてよいものであろうか。補佐し奉る者の説明をお聞きにならぬとは、首相としての立場もなくなる」と憤慨した。また「陛下を御諫め申し上げよう」と言い出す閣僚もいた。口先では皇室崇拝を唱えながらも、内心では「お上はまだ若輩で、世の中がまだよくわかっていない」と舌打ちする者は、小川鉄相に限らず、軍部首脳の中に何人もいたのである。

昭和十六年の対米開戦時の裕仁天皇の年齢は四十歳。東条英機首相は五十六歳、杉山元参謀総長は六十一歳、嶋田繁太郎海相は五十八歳、永野修身軍令部総長は六十一歳と、やはり二回り近くも違っていた。

このように考えれば、明治天皇と裕仁天皇の場合では、同じ天皇とはいっても、周囲の者に対する権威と威厳に違いが出るのは、むしろ当然であった。

終戦の昭和二十年八月の頃になると裕仁天皇は四十四歳になっていたし、そして何よりも敗北に次ぐ敗北によって軍部の権威はすっかり失墜していたため、その分天皇の権威が増して、いわゆる終戦の「聖断」を可能にした。

✺わが国の政策決定過程の欠陥

日本の政策決定過程の特徴は「稟議制度」や事前の「根回し」に見出すことが出来るといわれる。別名「おみこし経営」とも言われているものである。

この稟議制度の下では、部長、課長といった中間管理職に実質的な権限を与えてしまう。軍部であれば、陸海軍省や参謀本部と軍令部の部長・課長（大佐）、および高級課員（中佐）に実質的な権限を握られてしまうことになる。昭和期に中堅幕僚が実権を握るに至った原因の一つに、このような日本の官僚制度と政策決定システムがあった。

それでは、昭和期の日本の最高政策決定機関、すなわち「大本営・政府連絡会議」、「最高戦争指導会議」、「御前会議」の実態について考察してみよう。

日中戦争の開始に伴い、昭和十二年十一月大本営が設置され、統帥と国務、すなわち戦略と政略の統合、調整を図るために「大本営・政府連絡会議」が設けられた。この会議にかける議案は、大本営あるいは政府から随時提案されることになっていたが、それにはまず大本営内で陸海軍の意見を一致させる必要があった。かくして戦争指導は、陸軍、海軍、政府の三鼎立の妥協によって律せられることになり、戦略に一貫性を欠くことになった。

昭和十九年七月の小磯（国昭）内閣の成立に伴い「最高戦争指導会議」と改称された。その狙いは、より強力で実行力に富む戦争指導機関の樹立にあったが、実際には小磯首相および後継の鈴木（貫太郎）首相は、単に作戦用兵の実情を知るに止まった。

重要な国策に関する「連絡会議」の決定については、上奏、裁可を仰ぐことを通例としていたが、特に重要な国策決定の時は、いわゆる「御前会議」を経て成った。

「御前会議」とは、重要な国策決定を天皇の臨席の下で行うものであり、大いに儀式的性格を持っていた。したがって「御前会議」の議案は事前に「連絡会議」で決定し、「御前会議」の席上での変更の余地はないものとされた。さらに議案の提案理由や所要事項についても、事前に関係当局者間で十分根回しが行われた。

また「御前会議」には議長というべき者はおらず、内閣総理大臣が議事進行を掌った。しかも議事進行は、予め準備した発言事項を予定の順序に従って発言するという、極めて形式的なものだった。通常は天皇が発言や意思表示をすることはなく、議決された議案に対して、天皇は単に裁可するにとどまった。

　天皇が発言したのは、太平洋戦争の開戦を決めた昭和十六年九月六日、明治天皇の御製に託して、「四方も海　皆同胞(はらから)と思ふ世に　など波風の立ち騒ぐらん」と詠んだ時と、昭和二十年八月の終戦を決定したいわゆる「御聖断」の二つだけである。

　天皇は政府との合意に達した事項について、拒否権を行使するようなことはなかったが、政府と統帥部との間で上奏事項について明らかな矛盾がある場合には、裁可を保留することはあった。

第2章

裕仁の誕生と成長

✺生まれつき虚弱だった大正天皇

明治四十五年（一九一二）七月三十日、明治天皇の崩御に日本国中が悲しみにうち沈む中で、明宮嘉仁親王が即位した。これに伴い迪宮裕仁親王は皇太子殿下となった。この日をもって大正元年と改められ、明治天皇の大葬が同年九月十三日に執り行われた。

さて大正天皇は、誕生の時より全身に湿疹（皮膚炎）があり、その後も体調が安定しなかった。生まれてからちょうど一年後の明治十三年八月、漢方医の浅田宗伯は、その症状について、次のように記録している。

「翌年（一八八〇年）八月に至り、時々吐乳或は痰水を吐き、飲食相減し、夜間睡中嘆息あり。之を奉診するに胸骨妨満し、顖門突起、解顱状を現し、頭上一面赤色になり、或は額上時にあって紫黯色を帯ひ、気宇鬱塞の候有之、余以為く胎毒上攻油断すへからず、因て密に相聞して紫陥湯或は双紫円を用ひ、王羲之頭風帳の説に拠り、頂上に起泡膏を貼す。不日にして打膿し、突起稍減し、胸膈疎通して元気常に復す」

この記録にある「顖門」とは、幼児の頭蓋骨が完全に縫合し終わらない時に脈拍と共に動いて見える前頭、および後頭の一部、「解顱状」は顖門が大きかったり隆起したりする状態のことであり、「胎毒」は胎児が母胎にある時に受けた遺伝の毒のことである。また「項上」とは、うなじを意味する。「紫陥湯」「双紫円」は、漢方薬の一種であり、「起泡膏」は、粉末にして皮膚に貼る膏薬の一種である（原武史『大正天皇』）。

浅田が書き残した頭部の症状を見て取った宮内省御用掛で東京帝国大学医学部教授の三浦謹

之助は、大正九年三月に書いた診断書に「御幼少時の脳膜炎の為御故障有之たる御脳に影響し云々」と記載し、天皇の病気が脳に由来するものであると見立てた。

明治天皇は漢方医学を信奉していたものの、侍医の橋本綱常は西洋医学が優れていると天皇に説いた。その結果、東京帝大学医学部教授で宮内省御用掛のドイツ人医師エルウィン・ベルツと協力して皇太子嘉仁の健康管理にあたることになった。そのベルツでさえも、皇太子の体調については「御快復の御事は不被為在（あらせられず）」とサジを投げた。

嘉仁親王は明治二十年九月学習院に入学したが、生来の病弱ぶりは相変わらずで、初等科二年の時には八十三日も欠席して留年し、六年生の時も七十四日間欠席した。明治二十二年、旧帝室典範によって皇太子となったが、勉学の方でははかばかしい進歩を見せなかった。さらに明治二十七年には、健康不良のため勉学を続けることが難しくなり、学習院を中退せざるを得なくなった。そのため学習院退学後は数人の教師による個人教授が行われることになった。養育・教育係には有栖川宮威仁（ありすがわのみやたけひと）親王が任命された。このため嘉仁皇太子は威仁親王を兄のように慕うことになった。

皇太子妃の選考は早くも十二歳頃から始まった。皇太子が病弱だったことから、皇太子妃の第一の条件として、特に健康であることが留意された。明治天皇の女官を務める下田歌子が、何人かの候補者の中から、特に「容貌と性質」を吟味した結果、一人の女子が浮上した。それは当時八歳になる伏見宮貞愛（ふしみのみやさだなる）親王の長女・禎子（さちこ）王女だった。

明治二十六年五月、宮内大臣土方久元（ひじかたひさもと）は貞愛親王に対して、禎子の東宮妃内定を通知した。ところがこの婚約から五年半後の明治三十二年三月、明治天皇は「婚約を解く」旨を前宮内大臣の土方久元から貞愛親王に伝えさせた。それは、ベルツら侍医団から、「（禎子の）右胸部に水泡音聞こえ、其の健康猶憂慮すべきものあり」との報告がなされたためである。

改めて明治三十二年八月、公爵九条道孝の四女の節子（さだこ）王女が皇太子妃に選ばれ、明治三十三年五月、結婚の運びになった。

九条家は、「五摂家」の一つである。「五摂家」とは鎌倉時代に成立した藤原氏嫡流のことであり、公家の頂点に立つ五家である近衛家・九条家・二条家・一条家・鷹司家を指す。ここから大納言・右大臣・左大臣を経て摂政・関白・太政大臣に昇任することが出来た。

節子は嘉仁皇太子より五つ年下で、明治十七年六月二十五日、東京神田錦町に生まれた。生母は九条家の侍女・野間幾子（中川局）である。節子は当時の風習に従って、生後七日目に東京郊外の東多摩郡高円寺村の農家大河原金蔵宅に里子として出され、ここで五年間過ごした。

梨本伊都子（なしもといつこ）（明治十五年生まれ、鍋島直大公爵次女としてローマで生まれたため、「イタリアの都の子」の意味で伊都子と名付けられ、後に梨本宮守正王妃となる）によれば、「皇太子様（大正天皇）は御身体が弱いから、丈夫ながっちりした妃殿下でなくてはいけないという陛下の思召しにより、関係者が華族女学校に行ってお探しになったのです。……九条様は身体ががっちりしており、運動競技でも何でもなさるご活発なお方。昔風にいうとお転婆さん。申し分のないお身体です」と語っている（梨本伊都子『三代の天皇と私』）。

結婚した皇太子と節子は、宮殿での「朝見の儀」において天皇・皇后に謁見した。その後二人は儀装馬車に乗って青山の東宮御所までパレードした。華麗な馬車列を一目見ようと群衆が殺到し、沿道からは、「万歳！　万歳！」の声が湧きあがった。

五月二十三日から六月七日にかけて、二人は新婚旅行を兼ねて伊勢神宮と神武天皇陵と孝明天皇陵および英照皇太后陵へ、報告のため出かけた。

それから一年後、節子妃は「日嗣の御子」を産んだ。節子妃にとっては初産だったにもかかわらず、比較的軽いお産だった。

✺「日嗣の御子」の誕生

明治三十四年（一九〇一）、二十世紀の幕が切って落とされた四月二十九日、それまで静寂を保っていた青山の東宮御所内は急に慌ただしくなった。前年五月十四日のご成婚以来、日本国民はこぞってこの日が来ることを待ち望んでいた。

皇太子妃節子（後の貞明皇后、当時十六歳十か月）に、この日午前中より陣痛の兆候があった。午後三時四十分、侍医の診察を受け、午後七時頃、御産所に入った。産室内では古参女官の監督の下、岩崎産婆、田中看護婦らが用意万端整えてその時に備えた。午後十時十分、張り詰めた空気を破るかのように元気な産声が室内に響き渡った。身長五十一センチ、体重三千グラムの玉のような「日嗣の御子」が誕生した。嘉仁皇太子（当時二十一歳八か月）の第一皇子である。

待機していた橋本綱常侍医は、男子であると見ると、思わず「万歳！」と叫んだ。岩崎産婆は早速御子に産湯を使わせた。次の間には、皇太子輔導役の有栖川宮威仁親王、東宮大夫中山孝麿、節子妃の父親で初代掌典長を務めた九条道孝らが控えていたが、全員で男子が誕生したことを確認した。

看護婦として四月一日から採用され、その場に居合わせた田中信子は、「岩崎さんという産婆が取り上げて産湯を使わせ、両手で抱いた親王様を見ると、お髪は真っ黒で、見るからに気品の高いお姿でした。かしこみながら産婆の手からお受け拝み申し上げ、八畳の御寝殿の一段高くなった上に敷き参らせあった白羽二重のお褥にお休み申上げました」（聖寿会編『聖上御盛徳録』）と話している。

当時は明治天皇が存命中だったため、この「日嗣の御子」は「皇孫」として生まれた。待望の御子誕生の知らせを聞いた東宮大夫中山孝麿は急ぎ参内して明治天皇に奏上した。皇后は直ちに典侍高倉孝子を東宮御所へ差遣した。『昭和天皇実録』には「（嘉仁は）事前の伺い定めに従い、電報により御誕生の報を受けられ、即夜、東宮御内儀監督萬里小路幸子（までのこうじさちこ）を遣わされ、守刀（まもりがたな）を賜う」と記載されている。

五月三日午前七時二十分、滞在中の葉山御用邸を発った皇太子は、午前九時五十分新橋停車場に到着し、直ちに参内して天皇・皇后（のちの照憲皇太后）に対面した。

皇室研究家の高橋紘氏は、「待ち望んだはずの男子誕生なのに、何故すぐ駆けつけなかったのか。午後三時半にはまた御用邸に戻っている。この日の皇太子の、妻やわが子に対する素気ない行動には、理解しがたいものがあり、何があったのだろうか」と疑問を呈している（高橋紘『人間昭和天皇（上）』）。

これについては、同じく皇室研究家の井上亮氏は、宮中には「ケガレ」の観念があり、出産も「産穢（さんえ）」として忌避されたと指摘している（井上亮『昭和天皇は何と戦っていたのか』）。

誕生から一週間経った五月五日、この日は端午の節句に当った。日曜日ではあったが、「御七日」だったのため命名式が執り行われた。「日嗣の御子」の名は慣例によって学者が漢書から選んだ。その結果、天皇より「裕仁（ひろひと）」の名を、そして称号として「迪宮（みちのみや）」を賜った。

「裕」は、『易経』にある「益徳之裕也」（裕（ゆたか）であれば、民も寧（やすら）かとなる）に由来し、また『詩経』にある「此令兄弟綽々有裕」、『書経』の「好問則裕自用則小」、『礼記』の「寛裕者仁之作也」にもちなんでいた。「迪」は、『書経』にある「允迪厥徳」（まことにその徳を迪（すす）む）に由来し、「恵迪吉従逆凶」から選ばれた。「仁」は、千年ほど前から天皇家の男に付ける文字であった。なお親王の「お印」は、皇太子妃の選定によって「若竹」と定められた。

この日明治天皇と皇后は、正午から宮城の豊明殿において、参賀した皇族、大臣、親任官以下の宮内高等官以上に対して酒饌を振る舞った。皇太子は参内し、天皇・皇后に謝辞を述べた。豊明殿における祝賀の際、冨美宮泰宮御養育主任林友幸の音頭で、一同で「万歳！」を唱和した。この時明治天皇は、四十九歳だった。普段は寡黙な明治天皇も、この時ばかりは喜びを顕わにした。というのは、明治天皇は皇位継承者である男子を授かるのに、非常に苦労していたからである。

明治天皇と美子（はるこ）皇后との間には子供がなかった。このため結婚五年目の時、御側女官（側室）が置かれた。最初の側室である葉室光子（はむろみつこ）は、明治六年（一八七三）九月十八日、皇子を出産したが即時薨去した。その三か月後、今度は橋本夏子が皇女を産んだものの、やはり即時薨去した。そして明治十二年八月三十一日、三人目の側室の柳原愛子（やなぎわらなるこ）が嘉仁を産んだ。

次の千種任子（ちぐさことこ）は皇女を二人産んだものの、これまたあえなく夭折し、続く小倉文子（おぐらふみこ）は子を生さなかったが、六人目の園祥子（そのさちこ）は二男六女を産んで四人の内親王が成人した。上から六女昌子

（常宮、竹田宮恒久王妃）、七女房子（周宮〈かねのみや〉、北白川成久王妃）、八女允子（富美宮〈ふみのみや〉、朝香宮鳩彦王妃）、九女聡子（泰宮〈やすのみや〉、東久邇宮稔彦王妃）である。

このように明治天皇は側室を六人置き、うち五人の側室から十五人の皇子と皇女が生まれたものの、成人したのは男子では嘉仁親王だけで、あとは四人の内親王だった。

五月二十八日、迪宮は生後三十日目にして初めて参内した。宮中三殿に参拝して天皇と皇后に拝謁した。乳母の矢崎しげ子は、「私が両腕に抱き上げるとニッコリされ、もったいなさに胸が一杯になりました」と語っている。

皇太子は頻繁に奥を訪れては、わが子の成長ぶりに目を細めた。七月六日、天皇と皇后は孫の顔をたっぷり見ようと心待ちにしていた。その翌日の七月七日に、迪宮は川村純義邸に里子に出されることになっていたからである。当時の宮中の風習として、親王は生後七十日目で里子に出されることになっていた。

七月七日、川村邸の門前には杉の葉で包まれた高いアーチが立てられ、その両側の柱には「万歳」の二文字が掲げられた。そしててっぺんには、大きな「日の丸」の旗が交差していた。出迎えたのは西郷従道、大山巌、松方正義、樺山資紀夫妻らで、皆同郷（薩摩）の面々だった。迪宮を乗せた馬車が到着すると、川村純義夫人のハルが裕仁を西郷夫人の清子に預け、清子が二階の部屋まで抱いて行った。

そもそも里子は、京都の公家の風習であった。岩倉や北白川あたりの農家に子供を預け、たくましく育つのを願った。里子の風習がなぜ生まれたのかというと、後宮の女官が皇嗣を産むと、女御連中があらぬことを企む恐れがあり、こうしたことを防ぐためだったと言われている。

また親子が一緒に暮らすと厳しい躾けが出来にくいということもあった。私情が移り、将来天下万民に対する目が曇ることになっては、一天万乗の君としては大いに問題であるという訳である。こうしたことから、他家で育てる方が望ましいと考えられるようになった。

一般に人間の愛情の根源は、両親による愛情にあると考えるが、宮廷の官僚たちはそのようには考えなかった。明治天皇も幼少の頃は虚弱だったため、四歳になるまで実母である中山慶子の実家で育てられた。そこは御所と違って縛りが緩く、竹馬で遊んだり裸足で自由に庭を駆け回ることが出来た。こうしたことから、剛毅な明治天皇の性格が形成されたといわれている。

中山家は平安末期に興され、忠能は公武合体派として活躍した。明治天皇の生母慶子（よしこ）（中山一位局）は忠能の次女であった。七男忠光は、公家の中でも過激な攘夷論者として知られており、大和の天誅組の盟主に担がれた後、落ち延びた先の長州で暗殺された。明治になって長州藩は、さすがに天皇の叔父を殺戮したのはまずかったとして、下関に中山神社を創建してその霊を祀った。忠能は明治天皇と大正天皇を養育し、孫の孝麿は大正天皇の東宮侍従長、東宮大夫になった。

明治天皇の父である孝明天皇には六人の子があったが、成人したのは明治天皇ただ一人だけで、その他はいずれも三年以内に夭折した。その前代の仁孝天皇の場合は、十五人中十二人が亡くなり、孝明天皇（三十五歳で崩御）と徳川家茂に降嫁した和宮など三人だけが育った。昔のこととはいえ、恐ろしいばかりの乳幼児死亡率の高さである。

その第一の原因としては、長年にわたる近親結婚のため、天皇家自体の血が弱くなっていることがある。さらには鉛毒による影響もあった。当時の白粉には多くの鉛分が含まれており、乳児が女官の化粧を舐めてしまったりして、生育を妨げることになった。また鉛分が母親の体内に滞留して、それが母乳にも含まれていたこともある。

その他、睡眠薬の投与による害を指摘する説もある。乳児が眠りに落ちるまで女官は傍で待たなければならないが、それらから逸早く解放されたいために、寝つきが悪い時などには睡眠薬を呑ませたようである。医薬の知識が乏しい当時のことであり、女官たちには乳幼児への睡眠薬の副作用についての知識が乏しかった。

乳幼児死亡率の高さに愕然とした明治天皇は、自分自身も嘉仁親王（大正天皇）も中山家で育ったことを考えて、十人目の子である昌子内親王を佐々木侯爵の許に預けた。これが好結果だったことから、その後に生まれた子も、これに倣うことにした。その結果、里子に出された六人中四人が順調に成長して、後に四宮家の妃となった。

✺川村純義海軍中将が養育を任される

嘉仁皇太子は、武功がある軍人で、かつ夫妻が共に健在で、家庭環境が良好という条件を付けて、田中光顕宮内大臣に裕仁親王の養育に当たる者の選定を依頼した。田中は、大山巌元帥や楫取素彦（かとりもとひこ）男爵、西郷従道侯爵らを候補として挙げたが、全て辞退されたため、最終的に川村純義（すみよし）伯爵に白羽の矢が立てられた。

川村は薩摩藩出身の古武士然とした風貌をしており、明治維新の際、海軍卿を務めた功績によって枢密顧問官に列せられた。五月五日付の『国民新聞』は、川村純義の所信を次のように伝えている。

「予固より才なく、而して既に老ひぬ。重任堪ゆる所にあらざれども、殿下の御直命黙止し難く、御受けを致したり。而して御降誕あらせられたるは男皇子なりしかば、慶賀禁ずる能はざると共に、我が責任の更に重きを感ずること切なり。予は聖恩に浴すること多年、せめては老後の一身を皇孫の御養育に委ね、これを最後の御奉公とし鞠躬尽瘁（きっきゅうじんすい）の至誠に捧げまつらむのみ。皇長孫御養育の重責に膺（あた）るものは、殿下が後日帝国に君臨して陛下と仰がれ給ふべきを理想として養育し奉るの覚悟なかるべからず。而して第一に祈念すべきは心身共に健全なる発育を遂げさせ給はんことなり」

嘉仁皇太子が、「両陛下とも、ぜひ川村に預ける様に仰せられた。万事任せるから、お前の孫だと思って遠慮なく養育して欲しい」と言葉をかけると、老提督は感涙に咽んだ。

七月六日、川村は天皇・皇后より銀製雌雄鶏置物と万那料（祝儀）を賜った。七月七日の七夕の当日午前七時半、迪宮は仮東宮御所の表御殿で両親と別れ、いよいよ川村邸に移ることになった。未明に起床し、斎戒沐浴して東宮御所に赴いた川村に、皇太子夫妻は「しっかり頼むぞ！」と言葉をかけた。

川村は皇孫養育にあたり、「心身ともに健全なる発育」、「物を恐れず人を尊むの性情を御幼児より啓発」、「難事に耐ゆる習慣を養成」、「御幼児より英仏その他重要なる外国語の御修得御練習」などの所信を表明した。そして今後生まれるであろう弟宮も一緒に養育することを、天皇と嘉仁皇太子に申し述べた。

白羽二重の衣に包まれて無心に微笑む裕仁親王は、侍医や乳母らに付き添われて川村邸へ向かった。あいにくの空模様であったが、沿道の家々の軒先には日章旗が掲げられた。

川村邸は麻布区狸穴四番地（現在の港区麻布台二丁目）にあった。現在の「アメリカンクラブ」一帯に当たり、一万三千平方メートルもの広い敷地で、明治十四年、英国から来日したジョサイア・コンドルが建てた初めての個人用住宅だった。

新築した別棟の奥座敷に裕仁親王を寝かせつけた川村提督夫妻は、端座の上拝礼して、「殿下、ようこそお出で下さいました。これからは一家挙げて誠心誠意、殿下の健やかな御養育に努める所存でございます」と、厳に誓いの言葉を述べた。

裕仁親王の養育に当たる老提督の方針とは、「植木屋が植木を曲げて天然に反する発育をさせるのは、大名教育の著しい弊害だ。御養育に当たる者は、物を恐れず尊ぶ性情を幼児より啓発し、また難事に耐える習慣を養う事に務め、我儘な心を決して付けさせないようにする」というものであった。乳人は延べ三人、看護婦二人が昼夜交代で仕えた。健やかに育つように細心の配慮が払われた。

九月十六日、裕仁親王は、東京帝大学医学部教授エルヴィン・フォン・ベルツの拝診を受けた。この日ベルツは日記に次のように記した。

「いそがしい一日。まず午前、宮内省へ、徳大寺内大臣のもとに。次に天皇・皇后への奉伺記帳。それから大学へ出勤、そこで仕事。十二時半、東宮のもとで午餐。……東宮は、気遣わしいほどたくさん紙巻タバコをおふかしになる。五時、川村伯のところへ。この七十歳にもなろう老提督が、東宮の息子を預かりしている。何と奇妙な話だろう。このような幼い息子を両親から引離して、他人の手に託するという、不自然で残酷な風習は、もう廃止されるものと期待していた。だめ！　お気の毒な東宮妃は、定めし泣きの涙で赤ちゃんを手放されたことだろう。そして現在、両親の宮は毎月数回、わずかの時間だけ息子にお会いになる。自分が聞かされた理由なるものは、すべて全然根拠がない。例えば、妃の側近には、子供について何も知らない老嬢―女官―しか居ないというのだ。……幼い皇子迪宮は元気で、本当に美しい赤ちゃんだ」（トク・ベルツ編、菅沼竜太郎訳『ベルツの日記（上）』）

明治天皇は避寒や避暑で東京を離れることを好まなかったが、皇子女や皇孫たちは定期的に御用邸あるいは旅館に避寒や避暑をして、健康で自由な生活を満喫した。その背景には、十五人の皇子女のうち十人を髄膜炎で夭折させた明治天皇の配慮があった。侍医らは避寒や避暑の必要性を強調した。

明治二十一年二月二十七日、陸軍軍医総監の橋本綱常は明治天皇に対して、「皇子教育に関する意見書」を提出し、住所、空気、光線、食物、生活法の五か条を正せば、皇子女の身体は強くなり、発病は抑えられると説いた。この結果、明治十二年生まれの明宮嘉仁のほか、明治二十一年以降に生まれた常宮昌子（つねのみやまさこ）、周宮房子（かねのみやふさこ）、富美宮允子（とみのみやのぶこ）、泰宮聡子（やすのみやとしこ）らの四内親王が立派に成人して、それぞれ竹田宮、北白川宮、朝香宮、東久邇宮の妃となった。

当時は冷暖房設備もなかったことから、夏は日光と箱根、冬は沼津と葉山にというように、寒暖に応じてたびたび転地を行った。それでも皇孫の裕仁親王は風邪や風疹などに罹り、そのつど侍医や看護婦たちが動員された。

明治期、裕仁親王が転地先で過ごした日数は次の通りである。零歳時・九十七日、一歳・二百三十五日、二歳・二百四十四日、三歳・二百七十四日、四歳・百九十日、五歳・二百五十五日、

六歳・百四十八日、七歳・百六十七日、八歳・百六十一日、九歳・百八十三日、十歳・百四十八日、十一歳・九十五日（各年齢を迎えた年の避寒避暑日数、井上亮前掲書）。

明治三十五年六月二十五日に生まれた淳宮雍仁（秩父宮）親王もこの年の十月、川村家に入った。ところが当の川村は明治三十七年頃から萎縮腎が悪化し、同年八月他界した。享年六十七。この時裕仁親王はまだ三歳三か月半の幼児であったため、「じじい」の死については何も知らされなかった。

✺学習院初等科で乃木希典院長の質実剛健の教育を受ける

明治三十八年三月十日、裕仁親王と雍仁親王（のちの秩父宮）は、沼津御用邸において日露戦争最大の陸上戦闘である奉天会戦の勝利を祝う行列を見た。

明治三十九年春、裕仁親王が五歳になると、皇孫御殿に幼稚園が設けられた。前年の一月に光宮宣仁親王（のちの高松宮）が誕生したため、皇太子一家は一段と賑やかさを増した。

川村が亡くなってからは東宮侍従長木戸孝正が養育の責任者となった。裕仁らは一時沼津御用邸で過ごした後、翌春新築したばかりの皇孫御殿に移った。

東宮侍従の丸尾錦作が新たに御養育主任に就任し、清水しげ子と足立孝が母親代りとして奉仕することになった。ちなみに、孝は二十一歳の若さであったが、女子師範付属幼稚園の保母の実績を買われて採用された。それから十一年後、孝は鈴木貫太郎海軍大将の後妻となった。昭和十一年の二・二六事件の時、孝は瀕死の鈴木貫太郎侍従長を庇って、かろうじてその命を守った。そして太平洋戦争の終戦時に首相を務める夫を支えて、裕仁天皇の「聖断」を引き出すことに寄与している。

裕仁親王らは午前七時に起床して検温ののち洗顔し、その後「御清の間」で正座の上、天照大神、御先祖から明治天皇と皇后、そして父皇太子と母節子妃の御真影へ向かって拝礼した。午前八時に朝食を摂った後、乳母の孝やしげ子たちと遊び、昼食後は一時間ほど昼寝をしたのち、侍女を相手に再び遊んだ。そして入浴して夕食を済ました後、午後八時に就寝した。

裕仁親王が五歳になった明治三十九年七月二十二日のことが『昭和天皇実録（二）』には次のように記載されている。

「葉山御用邸に行啓〔皇太子や皇后などが外出すること〕の皇太子に雍仁親王と共に御拝顔になり、御昼餐を御会食になる。皇太子との御会食はこれが最初にて、この日皇太子は西洋料理を召され、両親王は常の如く日本料理なるも、皇太子は野菜料理の一部を、御自ら箸にて両親王に賜う」

この記載からも明らかなように、それまでは、父と子が一緒に食事したことがなかった。

明治四十年、日露戦争の旅順攻防戦の英雄である乃木希典（のぎまれすけ）陸軍大将が学習院長に就任した。学習院は皇族、華族の子弟のための教育機関として設立されたため、所管は文部省でなく宮内省であった。したがって当時の学習院には特権性が強く漂っていた。

明治・大正時代、学習院高等科の卒業生はほぼ無試験で東大に入学することが出来た。このため質実剛健の気風が乏しくなり、華美に流れる傾向にあった。このような雰囲気を一新したいと考えていた明治天皇は、日露戦争の英雄の一人である乃木を第十代学習院長に任命した。

乃木は日露戦争で二人の息子を亡くしていたこともあって、生徒に対しては自分の子供を育てるように、厳しくも温かく接した。乃木は質実剛健の教育を進めた。その武人的性格は一方で親しみを持たれたが、公家華族階級の子弟たちの中には反発する者もいた。しかし、将来大元帥となる裕仁親王には乃木の武人的教育が必要だった。

明治四十一年四月、裕仁親王は学習院初等科に入学した。特別クラスが編成されて十二人の学友が選ばれた。これを西組とし、他に三十人編成の東組が編成された。こうして裕仁親王を迎える新一年生の態勢が整うことになった。

乃木は学習院の全教職員を前にして、裕仁親王に対する教育方針を示した。

(一)健康を第一と心得べき事
(二)宜しくない行動は、遠慮なく矯正する事
(三)成績については斟酌しない事
(四)幼少から勤勉の習慣をつける事
(五)なるべく質素に育てる事
(六)将来は軍務に就かれるので、その指導にも留意する事

乃木は、裕仁親王の担任の選定に特に意を砕いた。その結果、算術と地理の教師で、しかも謙虚さと躾が厳しいことを見込んで、石井国次を担任に当てることにした。乃木は裕仁親王の登下校の際には必ず玄関で挙手の礼を執った。これに対して裕仁親王も精一杯敬礼して、これに応えた。

裕仁親王は乃木を「院長閣下」と呼び、侍女たちにも同様に呼ばせた。乃木の訓育方針は十

分に通じたようだった。例えば、侍女が穴の開いた靴下を取り除こうとするや、「ツギを当てることは恥ではないと、院長閣下がおっしゃった」と言って、補綴した靴下をそのまま履いていた
（鈴木孝『天皇・運命の誕生』）。

　塩原の御用邸で過ごした夏休み期間中、裕仁親王は捕虫網を片手に近くの野山を駆け巡り、ここで採集した蝶や虫を丹念に標本にした。分類学者としての資質は、子供の時分に既に育っていた。

　裕仁親王が十歳になる明治四十三年二月四日、沼津御用邸の本邸の御座所において皇后に拝顔し、種々の言葉を交わし、皇后から紙製動物を賜り、遊んだ。この日、親王は両親に対して、沼津滞在中の日常について記した親書を認めた。

「迪宮も、あつ宮も、てる宮も、みんなじようぶでございますからごあんしんあそばせ。私は毎日学校でございますから七じ四十五分ごろからあるいてかよひます。四じかんのおけいこをしまつてみうちにかへります。そしておひるをしまつてたいてい山や、村や、松林などにでておもしろく遊びます。またときどきせこに行つてとりなどを見て、これにゑさをやることも有ります。またはまにでてかひをさがすことも有ります。（略）おもうさま　おたたさま　ごきげんよう　二月四日　迪宮裕仁」

　大正二年六月、初等科六年生の頃、裕仁親王が御殿の庭を散歩していると、草むらから大きな蛇が飛び出してきたことがあった。「ヒャッ！」と側近たちが悲鳴を上げる中、たじろぎもせずに素早く蛇の頭と胴を手づかみし、「縞蛇だね……」とシラっと言って、及び腰でいる側近に示した。

苦手科目は音楽と図工で、国語や作文などもあまり得意ではなかった。総じて初等科時代の成績は「中の上」あたりだった。歴史担当の大森金五郎は記者の質問に応じて、「殿下は初め淳宮様（秩父宮）より成績が悪かったが、努力の結果次第に良くなられました」と、うっかり漏らしてしまった。これに当局は目くじらをたてた。「将来の天皇に対してそのような発言は不謹慎である」として、大森を直ちに辞職させた。

甘露寺受長元侍従長によれば、「（裕仁親王は）お弱そうで、真面目な少年で決して笑わず、いつも運動しているのに、決して遊びを楽しんでいるようには見えなかった」そうである。子供らしさの欠如の兆候があったと言ったところであろうか。「笑わない」のが必ずしも「真面目」とは限らないと思うが、未来の天皇として人間性豊かな情操をいかにして醸成するかが、側近者にとっての大きな課題であった。

乃木は、心魂を傾けて裕仁親王の訓育に当たった。裕仁親王の敬礼に乃木はにこやかに応えて、「殿下、もう少し掌を内側になさい」などと優しい言葉をかけた。さらに月に数回、院長室に招き、皇孫としての心得などについて訓示した。こうしたことから裕仁親王にとって乃木の存在は絶対的なものになった。

後年、昭和四十六年の記者会見において裕仁天皇は、「ある日学校から帰る時乃木大将に偶然会って、『どうして帰りますか？』と聞かれた。私は漠然と、『晴れの日は歩いて、雨の日は馬車を使います』と答えました。すると大将は、『雨の日は外套を着て、歩いて通うように』と言われました。『贅沢はいけない。質実剛健というか、質素にしなければならない』事を教えられました」と述懐している。

次は五歳頃の挿話である。新宿御苑で開かれた運動会の時のことである。裕仁、雍仁両親王、および学友たちとの五十メートル競走があった。負けず嫌いの雍仁親王はピストルの号砲と共に一目散に駆け出したのに対して、裕仁親王は学友たちと並んで走り、ゴールに着いた後に再び戻って、今度は最後に遅れて駆けて来た雍仁親王の学友の手を引っ張って走り出した。この光景を見ていた周囲からは、感激と称賛の拍手が沸き起こった。弱者に対する限りなき慈しみこそが、国民が天皇を慕う源泉であることを幼いながらも感じ取っていたようである。

✵明治天皇薨去と乃木の殉死

裕仁親王が初等科五年生の時の明治四十五年七月十九日のことである。夏休みに入っていたため、弟宮たちと一緒に葉山御用邸へ赴いたが、午後八時頃、明治天皇が倒れたとの報せが届いた。

明治四十五年七月三十日、宮内省は『官報号外』で、「天皇陛下　今午前零時四三分　崩御あらせらる」と、明治天皇の薨去を発表した。享年五十九だった。

実は明治天皇は、以前から糖尿病を患っていた。無類の酒好きで、かつ運動嫌いだった明治天皇は医師の忠告に全く耳を貸そうとしなかった。最初に「糖尿病」の診断が下ったのは、日露戦争中の明治三十七年のことである。このことが知れ渡ると将兵の士気に差し障りがあると考えた政府は、これを極秘にした。

明治四十五年夏、ことのほか猛暑の日が続いたため、明治天皇の体力は急激に落ちた。

七月十四日、下痢の症状があらわれた。それでも十五日正午前から五十分間、宮殿の東溜で開かれた枢密院会議に出席した。ところが、普段は端正な姿勢を保っている明治天皇が、この日はたびたび姿勢が崩れ、さらに何度か居眠りまでした。明治天皇の体調に異変が生じていることは、もはや誰も目にも明らかだった。

十六日、侍医が診察すると不整脈がみられ、時々結滞した。それでも気丈な明治天皇は参謀総長長谷川好道らの拝謁を受けようとした。

十七日、侍医頭の岡玄卿の診察でも、やはり不整脈が見られた。さらに肝機能障害の兆候もあった。気丈な明治天皇は執務に就くべく、御常御殿から表御座所まで歩こうとしたが、足がもつれてその場にドッと倒れた。

十八日、明治天皇の恍惚状態が終日続いた。

十九日午後八時過ぎ、夕食を摂ろうとしたが、盃を二度ほど口に運んだだけで不調を訴えて、よろけながら寝所に入った。その夜九時半過ぎ、侍医が体温を測ってみると何と四〇・五度もあり、脈拍は一〇四、呼吸は一分間に三八だった。それから間もなく昏睡状態に陥った。

翌二十日、日本国中に「天皇重態」の報が流れた。驚愕した東京市民は、両国の川開きや歌舞伎座や帝国劇場、明治座などの公演を中止して、ひたすら天皇の病気恢復を祈願した。市電も宮城内に騒音が届かないようにと、半蔵門から三宅坂までの区間を徐行運転した。しかし明治天皇の病状は一向に改善しなかった。

そして七月二十九日夜、明治天皇はわずかに綿棒に浸したワインを軽く吸った後、深く眠るようにして息を引き取った。

大葬前日の九月十一日のこと、乃木は約束の時刻に参殿し、裕仁親王はじめ皇孫三人に面会した。裕仁親王の眼には院長が非常に憔悴しているように映った。乃木は、「殿下にはお変わりなくうかがえ嬉しく存じます。本日は少々お話を致したく参りました」と切り出した。

「実は英国から御大葬にみえられたコンノート殿下の接伴員を仰せつけられ、お見送りのため少し遠くに参ります。このたび皇太子殿下になられたわけですが、将来は皇位にお就きになり、大元帥陛下として仰がれ給うべきご身分になられます。今後は幾重にも御勉強に努められるようお願い申し上げます」

ここまで述べると乃木は軽く頭を下げて、持参した風呂敷包みを解き、山鹿素行の『中朝事実』と江戸中期の水戸学者三宅観瀾（みやけかんらん）が書いた史論書『中興鑑言（ちゅうこうかんげん）』の二冊を取り出し、「これは希典が平素から愛読している本でございます。今はご理解できないかと思いますが、追々おわかり頂けると思います」と言って、裕仁親王に手渡した。

『中朝事実』は、江戸時代前期の儒学者で尊王家の山鹿素行が書いたものである。これによれば日本は「中華、中朝、中国」と呼ばれ、万邦に卓爾としており、人物は八紘（天下）に精秀としているとされており、すなわち万世一系と皇統の至高性が説かれていた。

もう一冊の『中興鑑言』は、横暴堕落を極めた鎌倉幕府に対抗すべく公家、寺社、武家を結集した後醍醐天皇が倒幕に導いた後、恩賞なども別け隔てなく施した史実を述べたもので、治乱興亡の由来を、朱子学に基本を置いて論じたものであった。

乃木の意図するところは明確だった。すなわち帝王たる者は、己の利を考えずに国を治めるべきであり、仁を以て国を治めれば、必ず民が天皇を尊敬してついてくる。したがって万世一系の天皇たる者は、この建武中興を模範として行動されたいと説くものであった。すなわち乃木は帝王学を、まだ幼い裕仁親王に示そうとしたのである。

さらに二人の弟宮に向かって、「今希典(まれすけ)が申し上げたことは、宮様方がお聞きになった通りでございます。どうぞ十分御勉学遊ばされて、兄宮様を御補佐遊ばされますよう御心がけ肝要と存じ奉ります。十八日の始業式には、お目にかかれぬかもしれませぬ」と述べ、深々と一礼して退出した。

乃木の声は弱々しく、しかもその目は窪み、髭は伸び放題のままだった。三人の皇子は、乃木のあまりの変貌ぶりに呆然とした。

昭和五十七年の記者会見において裕仁天皇は、「当時はまだ初等科の時代だったものですからよく読んでいなかったけれども、その後で乃木院長は殉死したのですが、どうもその気持があって、そういう本を私にくれたのかと思っています」と語っている。

日頃乃木が訓示したことは、「(一) 男子は男子らしくなくては駄目だ。(二) 贅沢はするな。贅沢ほど人を馬鹿にするものは無い。(三) 人力車にはなるべく乗るな。家で寄越しても乗らないで帰るぐらいにせよ。(四) 寒中、水で顔を洗う者は幾人いるか。湯で洗うようではいかん。(五) 寒い時は暑いと思い、暑い時は寒いと思え。(六) 洋服や靴は大きく作れ。恰好などは構うな。(七) 学習院の学生はなるべく軍人にならなければならぬ。体の弱い者もあり成れない者もあろうが、国のために役立つ人でなければならぬ」などであった。つまり質素倹約、質実剛健、国のために尽くす人間になることが乃木の教えであった。この乃木の教えを、裕仁は終生忠実に守った。

翌十二日、乃木は軍事参議官の大将たちを訪問して永久の別れを告げた。既に先帝の「大葬の儀」の準備は整っていた。

九月十三日、五時過ぎに赤坂新町の自邸で起床した乃木は、愛馬二頭にカステラを食わせた。午前七時、副官山田龍雄大尉が前日から頼んでおいた写真師秋尾新六を伴って乃木邸にやってきた。髭を剃り、第一種軍装に着替えた乃木は、黒のうちかけに薄茶の袴をはいた静子夫人と共に玄関先に立った。そのあと洋間に入ると、乃木はソファに坐って新聞を読む格好をし、その脇に夫人が立った。

写真を撮り終えると、午前八時、乃木夫妻は自動車で東伏見宮邸に滞在中の英国コンノート殿下を訪問し、その足で先帝の遺体が宮城を出立する儀式である「殯宮祭（ひんきゅうさい）」に参列するために参内した。その後乃木夫妻は宮城を出て自邸に戻った。乃木邸には間断なく来客があり猥雑したが、それでも葬儀場から先帝の柩が新橋駅へ向かって出発する時間になると、邸内は静かになった。一方沿道は、先帝の柩を見送るべく席を陣取ろうとする市民たちでごった返していた。乃木は別当、女中たち用人にお見送りするように命じた。あとには夫婦二人だけが残った。

「神あかり　あかりましまぬる大君の　みあとはるかに　をろかみまつる」

「うつし世を　神さりましし大君の　みあとしたひて　我はゆくなり」

乃木は、二階の机に用意した巻紙に辞世の二句を書きつけた。静子夫人も、「出でましてかへります日のなしときく　けふの御幸の　逢ふそかなしき」と認めて封筒に収めた。

午後七時二十五分、陸軍軍楽隊がラッパを吹き始め、やがて六十発の弔砲が、闇に轟き渡った。その頃乃木邸では、正座した夫人が胸部を三回短刀で突き刺したまうつ伏した。その夫人の身体に、乃木が背後からのしかかるようにして介錯した。その後礼装の上着を脱いだ乃木は、古式にのっとって軍刀で腹部を浅く左から右に斬り、喉に刀を突き刺して、右から左に一気にはねた。

乃木は江戸時代から久しく禁止されていた殉死によって、皇太子に帝王学を教える「東宮御学問所」創設の夢を果たすことなく、先帝の後を追った。

✺次代の天皇嘉仁皇太子に対する教育

明治三十八年一月三日に生まれた宣仁（のぶひと）（光宮（てるのみや）、後の高松宮）は、その年の十一月から皇孫御殿に住むようになった。ここで、裕仁、雍仁、宣仁の三兄弟は一緒に育てられた。

嘉仁皇太子夫妻にとって、目と鼻の先に住みながら子供たちと会えないのはいかにも寂しかった。このため皇太子は、夜突然仮御殿に現われて子供たちと話し込んだり、昼間には鬼ごっこに飛び入りしたりした。両親と一緒に食事が出来るのは毎週二回と決められており、水曜日は皇孫たちの仮御殿で、土曜日は東宮御所で一緒に食卓を囲んだ。

皇孫たちは、寄木造りのフローリング床の部屋で、両親と対面して食事をした。この際、侍従や女官たちが陪食することもあった。嘉仁皇太子がワインを飲んでいる際には、皇孫たちは御酌などして愛嬌を振りまき、食後は食堂の続きの部屋で団欒を楽しんだ。

節子妃がピアノを弾いてはこれに嘉仁皇太子が和し、さらに女官も加わって軍歌や唱歌などいろいろな曲を歌った。その中で嘉仁皇太子がよく歌ったのは『世界漫遊の歌』であった。

「天地も栄ゆる大御代は　四海波も静かなり　君と親との恩うけて　世界の旅をや企てん……」
生来体の弱い皇太子は、少し調子外れではあったが、この歌を声を張り上げて歌うことで世界旅行をしている気分になったようである。

明治四十二年十月二十六日、満州ハルピン駅頭で、枢密院議長の伊藤博文が朝鮮独立の志士の安重根に撃たれて死亡するという大事件が発生した。

さて明治天皇が皇孫教育に意見を差し挟んだ背景には、嘉仁皇太子に任せておけなかった事情があった。時間をさかのぼって嘉仁皇太子に対する教育についても触れておきたい。

嘉仁親王は幼児の頃から病弱だったこともあり、側近者は腫物（はれもの）に触るようにして育てた。このため、極めて気ままに育つことになった。

教育は五歳から始められた。高辻修長（たかつじおさなが）や近衛忠煕（このえただひろ）らが、日曜・祭日を除いて交替で担当したが、病気のため時々中断せざるを得なかった。

宮内大臣を兼務していた伊藤博文は嘉仁親王にきちんとした小学教育を受けさせるべく、森有礼（もりありのり）文部大臣の推薦で、文部省御用掛の湯本武比古（ゆもとたけひこ）を迎えた。湯本は特別にカリュキュラムを作って、読書、算術、習字などを教えた。一回の授業は三十分で、自分を「先生」と呼ばせ、「先生の命があらずんば、みだりに席を離るることなからしむ。天皇深く親王教育の事を軫念したまひ、武比古に命じて早出晩退、終日親王に侍して、以て感化の教えを謀らしめ」た（飯沢匡『異史明治天皇伝』）。

にもかかわらず、嘉仁親王の態度は改まらなかった。湯本は、「お習字の時には、『湯本、もうよいぞ！』と仰せられたのに、余は『否、もう少し御習い遊ばさねばいけませぬ』と申し上げたれば、いたくご立腹になって、一杯墨を含んだ太筆をお持ちであったが、それをば余を目がけて投げつけ遊ばした。筆は余の一張羅のしかも新調のフロックコートの胸にあたりて滴たりしこともあった」と回想している（飯沢匡『異史明治天皇伝』）。

明治二十七年、嘉仁親王は中等科一年で中退した。仏語や理学、数学などの科目が加重負担になっていたからである。その後の授業は個人教授に切り替わった（原武史『大正天皇』）。

この他にも、成人してからではあるが、行啓を突然変更させたり、説明している人の意見を封じたり反論したりした。このため周囲の者たちは大いに戸惑った。このような振る舞いは、将来の天皇としてあるまじき行為と見做された。側近の者たちは、いかにして次代の天皇としてふさわしい人格と教養を身につけさせるか、大いに悩むことになった。

明治三十一年、伊藤は有栖川宮威仁（ありすがわのみやたけひと）を東宮輔導に推薦した。それから五年間、威仁は嘉仁皇太子の健康を第一の目標にしつつ地方行啓などを行ったが、自分がいることでかえって皇太子に自立心が芽生えないのではないかと危惧して、明治三十六年六月、二人目の親王が生まれたのを機に辞任することにした。

✺裕仁皇太子の帝王教育のための東宮御学問所

大正三年（一九一四）五月四日午前八時、東宮御所の洋風別館の一室の、これまでお稽古場と呼ばれていた広い部屋で東宮御学問所の始業式が執り行われた。この御学問所は、この年、学習院初等科を卒業した皇太子裕仁親王の帝王教育のために、特別に設けられたものである。

かねてから皇太子の教育について思うところのあった明治天皇は、折を見ては側近に皇孫である裕仁親王の教育について考えておくように命じていた。

最初に、この東宮御学問所を構想したのは乃木希典だった。明治四十四年（一九一一）二月十六日、のちに御学問所の幹事となる海軍大佐小笠原長生が学習院御用掛に就任した。

裕仁親王が一般の学校に通ったのは学習院初等科の六年間だけで、その後はこの御学問所で七年間、ほぼ旧制の中学校と高校に相当する教育を受けることになった。

一方、明治天皇の場合は、維新後侍講として元田永孚をはじめ、吉井友実、高崎清風、米田虎雄、佐々木高行らが任命されて、君徳の培養と天皇親裁体制の整備が図られた。東宮御学問所の計画は、乃木の死後急速に推進され、立案から人事までのすべてを宮内省が取り仕切った。ところで乃木による草案には、徳育、国語漢文、歴史地理、外国語、数学、博物、図画、部課などの科目や単位、学友の選考と人数、スタッフの構成までが詳細に記されていた。

大正三年（一九一四）四月一日、東宮御学問所職員制が施行され、東郷平八郎海軍元帥が総裁に就任し、副総裁には波多野敬直東宮大夫が、そして幹事には御学問所御用掛として計画立案に携わった小笠原長生海軍中将が就任した。

教科とその担任教官は、次の通りである。

倫理　杉浦重剛（日本中学校校長）
歴史　白鳥庫吉（東大兼学習院教授）、
地理　石井国次（学習院教授）、山崎直方（東大教授）
法制　清水澄（行政裁判所評定官）

国文・漢文　飯島忠夫（学習院教授）
博物　服部広太郎（学習院教授）
理化学　和田猪三郎（東京高師教授）
数学　石井国次、吉江琢児（東大教授）
フランス語　土屋正直（東宮侍従）他二名
習字　日高秩父（内大臣秘書官）、入江為守（東宮侍従長）
美術　瀧精一（東大教授）
武課体操　加藤真一（陸軍中尉）
馬術　根付当守（車馬監）

卒業までに陸軍軍事講話、海軍軍事講話などを含めて、正科十六科目、教授は二十三人に上った。その他に評議員としては、大迫尚敏学習院長と山川健次郎東大総長がいた。

東宮御学問所の生徒（御学友）には、次の五名が選ばれた。

南部信鎮　八戸藩主の子孫。後に糸魚川の旧藩主家を継いで松平直鎮を名乗る。
堤　経長　貴族院議員の雄長の長男。公家の家柄
久松定孝　松山藩主の子孫
松平直国　松江藩主の子孫
大迫寅彦　薩摩出身の陸軍中将尚道の三男で、伯父の尚敏は陸軍大将で乃木の後任の学習院長に就任した。後に永積家の養子となり、永積寅彦を名乗る。後に昭和天皇の侍従を長く務める。

東郷総裁は御学問所始業式の式辞で、「ますますご自重遊ばされてご勇健にわたらせられ、もって文武両道をお励み遊ばされたい」と挨拶した。

裕仁皇太子の制帽と襟章は、「十六弁の菊紋」に「菊の葉」が巻いてあるものだった。一方ご学友の襟章は「五三の桐」で、その他一般の学習院生のそれは「梅」であった。また服装は、初等科時代の半ズボンから長ズボンに替った。

皇孫仮御殿の時代は何人も侍女がいたが、高輪に移ってからは女手が一切無くなり、男の殿部や仕人が身の回りすべての世話をした。

日課はおおよそ次のようなものだった。午前六時に起床、出仕付きの仕人が御学友の五人を起こし、別々に食事を摂った。朝食前に日拝所で神宮と宮城を拝した。朝食は、牛乳とパンまたはオートミール、オムレツなどだった。

授業の支度が済むとベルが鳴り、御座所二階の自習室へ向かった。机は縦一列に並んでおり、一番前が裕仁皇太子で、あとは背丈の順に座った。ここで一同は、三、四十分の予習を済ませた後、教室へ向かった。午前九時（夏は八時）ちょうどに授業は始まるが、その前に十分間体操があった。授業は四十五分単位で進められ、午後は月水金に「武課および体操」があり、火木の四限目に「武課」、五限目に「馬術」があった。

軍事教練も行われた。大正八年十月頃からは御所内に塹壕を掘って、機関銃の操練、狭窄射撃、歩兵小部隊の訓練などを行った。また戸山学校の射撃場では小銃射撃の訓練なども行われた。大正九年三月には、沼津御用邸近くの牛臥で手榴弾の投擲訓練などをした。いろいろな科目を体験することは、帝王学にも役立つと考えられた。

一日の授業が終わると、一旦部屋に戻り、自習室で一時間の復習の後、庭に出た。「幾久（きく）」というグレート・ハウンド犬の他、献上のサルや兎などがおり、池には鯉が泳ぎ、野鳥小屋にはオシドリなどもいた。

入浴して夕食が済むと、御座所隣の西洋館で学友たちとビリヤードやトランプ遊びをした。写真が大好きで、焼き付けなども自分でした。学友には「大迫」「松平」などと苗字で呼び、自分のことをは「私」と呼び、学友たちからは「殿下」と呼ばれた。

床はリノリュウム張りでベッドは五つあった。その隣が食堂で、大きな長テーブルには事務椅子が五脚置かれていた。二週間に一回「お相伴」があり、二人ずつ招かれて皇太子と一緒に夕食を摂った。

消灯は九時だった。寝室は襖を取り払い、じゅうたんが敷かれた二間続きで、片方に裕仁皇太子の、その隣に侍従のベッドがあった。学友たちは交代で侍寝した。

沼津御用邸には、毎年十二月末から翌年三月末頃まで滞在した。したがって初等科の時と同じように、御学問所も沼津御用邸に移動した。

沼津御用邸は、明治二十六年英照皇太后（えいしょうこうたいごう）（孝明天皇の女御にして、明治天皇の嫡母）がまず使い、その後病弱の嘉仁親王の静養の場所になった。明治三十三年、木造板張り、ストルート葺きの屋根を持った洋館が建てられた。御用邸としては初の洋風建築で、赤坂離宮を設計した片山東熊が監督指導した。御座所と食堂だけの極めてこじんまりした建物であったが、ベランダも付いていた。

夏になると、箱根の宮ノ下御用邸に移った。箱根は古くからの避暑地で、明治天皇は生涯でたった一度だけこの箱根で静養したことがあった。明治六年八月三日から三十一日まで、皇后と共に奈良屋旅館に逗留した。この時明治天皇は元箱根を遊覧したり、鹿狩りでは仔鹿を生け捕りにしたりして遊んだ。仙石原の「大地獄」、底倉村の「小地獄」の名前がよくないとして、「大涌谷」、「小涌谷」と改称させたりした。

総じて東宮御学問所の生活は、男手ばかりで潤いのないものだった。こうした生活の中で思春期を送ったならば、感性面である種の歪みが出てくるのは、致し方なかった。そうした歪みは、勅語などを読む際の独特のイントネーションや、戦後の巡幸の際に連発した「アッソウ」などの相槌（あいづち）の仕方などに現れている。感情をうまく表現することが不得手だったのは、このような幼年期から思春期にかけての生活体験から来ている。

✺妃候補を巡る「宮中某重大事件」

裕仁親王が御学問所へ入学した翌年の大正四年（一九一五）十一月十日、大正天皇の即位礼が京都で行われた。当初は服喪期間の明けた大正三年に予定されていたが、皇太后の崩御のため、さらに一年延期された。

大正五年十一月三日、十五歳になった裕仁親王の立太子礼が行われた。かつては皇族に生まれた者であるならば、嫡出子、諸子、長幼、男女を問わず皇嗣になる資格があった。一定の年齢に達すると親王（内親王）宣下を受け、その中から皇太子が選ばれて立太子礼を行った。ところが皇室典範によって、皇位を継承する第一順位は「皇長子」と決められたため、天皇の第一皇男子は生まれた時から皇太子だった。

　大正八年五月七日、裕仁皇太子の成年式が行われた。皇室典範によれば、「天皇と皇太子および皇太子孫は、満十八歳をもって成人となる」と定められていた。一般より二年早いのは、未成年で即位すると摂政を置く必要があり、その期間を出来るだけ短くするためだった。

　早くもこのあたりから、巷間では裕仁皇太子の妃候補が噂され始めた。これまでは妃のほとんどが五摂家の出身だったが、時には宮家からも選ばれたこともあった。

「五摂家」とは摂政・関白職に就く資格を持つ公家最高の家柄のことであり、いずれも藤原鎌足を遠祖としており、明治になって公爵を賜った。皇室典範では、「皇族の婚家は、同族又は勅使に由り、特に認許せられたる華族に限る」とされていた。ここで言うところの「特定華族」とは五摂家、清華家（三条、西園寺など九家）などの大大名（公、侯爵）のことである。

　宮内省が密かに進めた選考では、久邇宮良子と一条朝子の二人がお妃候補として浮上した。世上では、今度は一条家の番との観測が流れていた。なぜならば孝明天皇の妃は九条家出身で、明治天皇の妃は一条家、そして大正天皇の場合は九条家だったからである。しかし事情通は、良子女王が節子皇后の眼鏡に叶っていると見ていた。時折皇后は、学習院の授業参観に事寄せて良子女王を見に行啓し、その容姿に光るものを感じていた。

　大正六年末、波多野宮内大臣から久邇宮家に内意が伝えられ、翌大正七年一月、裕仁親王との婚約が内定した。良子女王は、久邇宮邦彦王と俔子妃の長女として明治三十年三月六日に生まれた。裕仁親王より二歳下である。

　時代は大きく下るが、昭和四十九年（一九七四）一月二十三日、結婚満五十年を迎えた天皇

・皇后と宮内記者会との会見があった。その席上、記者団と裕仁天皇の間で次のような問答が交わされた。

――御婚約時代の思い出をお聞かせ願えればと思います。最初に皇后さまとお会いになった時のご印象は如何だったでしょうか？

「現代人の気持ちとしては到底想像がつかないと思いますけれど、私が知ったのは大正八年です。当時の宮内大臣の波多野敬直が、私の両親のお使いとして御所に来て、初めて聞きました。大正九年、良宮の父である邦彦王の渋谷の家で初めて会いました。その時は儀式的に会い、言葉も交わしませんでした。その後会うことを計画したのですが、その時の人達の『会うのはどうも良くない。断るように』との意見があって、親しく二人だけで話したことは一度もありませんでした。こうして（記者と）話しているようなことも出来ませんでした。ですから特に印象というのはありませんでした」

裕仁天皇が「大正九年、渋谷の久邇宮の家で初めて会った」と言ったのは、正確にはその年の一月六日、来日中のルーマニアのカロル皇太子を招いての晩餐会のことであった。

その二年前の大正七年一月十四日、波多野宮内大臣は愛知県豊橋の第十五師団長だった邦彦王の許を訪れて、東宮妃内定の御沙汰書を手渡した。

一月十八日付『朝日新聞』は、「東宮妃冊立（さくりつ）御治定　久邇宮第一王女良子殿下――来る四月東宮御誕辰当日に御発表　御両親宮本日御礼の為御参内」とする見出しと次のような記事を掲載した。

「畏き辺にては今回第十五師団長久邇中将宮邦彦殿下第一王女良子殿下を東宮裕仁殿下の御

妃に御冊立のこと御内定相成りたるを以て波多野宮内大臣は去る十四日豊橋なる師団長官舎に邦彦王同妃俔子両殿下を御訪問の上右沙汰の次第言上し、翌十五日更に沼津御用邸に伺候、東宮殿下にも御同様の御諚を言上せり。右につき久邇中将宮同妃殿下には十六日急遽御帰京相成り、今一八日午後二時参内、両陛下に御対顔の上御内定の御礼を言上遊ばさる由、良子殿下は明治三十六年三月六日の御誕生にて本年三月六日を以て満十五歳に達せらる。目下学習院女子部第三学年に在学中なるが御容姿の淑(しと)やかなるは申す迄もなく御学徳共に優れさせられ、殊に御体格に至っては各姫宮方中最も円満に御発達遊ばされ居るを以て、東宮妃殿下と仰がれ給ふには此上なき御資質を具えさせらるる御方なりと承る。何れ来る四月二十九日東宮殿下の満十七歳に達せらるる御誕辰当日宮内大臣より公然の勅許を奏請し、御縁談の向々へ発表せらるる由拝承す」

この時裕仁皇太子は満十六歳九か月で、良子女王はまだ学習院女学部中等科三年で、満十四歳十か月だった。婚約内定を機に良子女王は学習院女子中等科を直ちに退学した。挙式の予定は数年後だが、宮邸内には「御花御殿」が設けられて、早速皇后教育が施されることになった。

それから半年後、この婚約が暗礁に乗り上げるとはこの時誰も予想していなかった。

事件の発端は次のようなことだった。学習院で生徒の健康診断があった時、久邇宮家の二人の王子が色盲であることがわかった。そこで担当医が調べてみると、俔子妃の実家である島津家に色盲遺伝があることが明らかになった。この医師はこの事実を宮家の名を伏せて医学雑誌に発表したため、やがて宮内省にも伝わることになった。

それまで波多野宮相は、天皇家と久邇宮家の間に立って、婚約内定のために奔走してきた。

当初邦彦王は、久邇宮家に色盲の遺伝があるという理由でこの婚約を辞退したが、波多野宮相はこれを全く意に介さず、邦彦王に婚約を承諾させた。

良子女王の母である久邇宮俔子妃の生母志満（島津忠義公爵の側室）は色盲だった。良子自身は健眼だったが、兄弟の朝融王や邦英王は色弱だった。それが元老山県有朋の耳に入るに及んで、「宮中某重大事件」へ発展することになった。

山県は、「久邇宮家の血統に少しでも瑕疵があれば、婚約を辞退すべきである。皇室に対して恐れ多いことだ」として、婚約の解消を主張し、元老の松方正義や西園寺公望もこれに同調した。これに対して久邇宮邦彦王は、「綸言汗の如し」の諺を引いて、断固これを拒否した。

この事件の裏面には、長州閥の大御所たる山県の薩摩閥の勢力拡大への恐れがあった。一方久邇宮家側には、せっかく得た「天皇の外戚」という名誉への執着が強くあった。山県は原首相や中村雄次郎宮内大臣らと協議した結果、「皇室のことは穏便に解決すべきであり、やはり宮家側から辞退するのが至当である」として、伏見宮を使者にたてて久邇宮邦彦王の説得にあたった。

しかし邦彦王は、『姫をくれ』と言われたのは、そもそも皇室からである。したがって婚約を解消するならば、皇室の方でなさるべきである。ついでに言っておくが、もしそうなさったならば、私どもは良子を刺し殺してから、私と私の家系に加えられた侮辱のために切腹致す所存である」と断言した。この久邇宮の言葉には、さすがの伏見宮も顔色を失った。さらに久邇宮は、良子女王と自分たち夫妻の健康診断書を添えて、天皇に上奏文を奉るという挙に出た。中村宮相より久邇宮の上奏文を見せられた原首相は憮然とした。

こうした騒動を苦々しく見ていた学習院教授の杉浦重剛は、「国民の範となるべき皇室が、自ら倫理にもとる行為を犯すとは何事ぞ」と憤慨した。これに呼応して頭山満はじめ右翼の国士たちは今にも山県に対するテロに走る気配を見せ、怪文書が乱れ飛ぶ事態になった。ここに至って、さしもの山県も責任を取って引退することにした。

大正十年二月十日、宮内大臣が「良子女王殿下、東宮妃御内定の事に関し、世上種々の噂あるやに聞くも、右決定はなんら変更なし」と発表して、ようやく最終的決着をみた。一年余も宮中内外で、陰湿な形で婚約問題が争われながら、新聞の記事になったのはこの時が初めてであった。

事情を知らない国民は、こうした報道を全く理解できなかった。当事者である裕仁親王にも、この事件については何ら知らされなかった。『原敬日記』には「要するに山県久しく権勢を専らにせしため、到処（いたるところ）に反感を醸したるは此問題の最大原因なるが如し」と記されている。

混乱を招いた背景には「天皇の不在」があった。こうした問題が生じた時にこそ調整や決済を図るべき天皇が、病気のため機能不全に陥っていた（井上、前掲書）。

✺裕仁皇太子の欧州外遊

近い将来天皇に即位する裕仁皇太子にとって、欧州訪問は、第一次世界大戦後の国際社会の大変動を直接感じ取るためのまたとない機会であった。

大正十年（一九二一）三月三日付『ロンドン・タイムス』は、次の社説を掲載した。

「三月三日は日本の歴史上、最も記念すべき日の一つとなるであろう。裕仁殿下は今日横浜から、わが国訪問の旅に出られる。日本の皇太子が国外に出られるのはこれが初めてである。これは世界最古の皇室の歴史の中で、明治維新にも匹敵する大きな出来事である」（L・モズレー〔高田市太郎訳〕『天皇ヒロヒト』）

明治中期以降の宮中には、皇族が海外生活を体験して見聞を広めることは非常に好ましいことであるという雰囲気があった。大正天皇も皇太子時代に渡欧を切望したが、もともと病弱だったことや、自国のことをまだ十分理解していない若い皇太子が渡航することによって、いたずらに西洋にかぶれてしまうことを恐れた明治天皇の反対にあって実現には至らなかった。

しかしながら第一次世界大戦でドイツとオーストリアが敗北し、またロシアのロマノフ王朝が崩壊するという欧州の大変動を、次代の天皇となるべき皇太子に直接見聞させるべきであるという声は、大正八年秋から九年夏にかけて、元老で枢密院議長の山県有朋、内大臣の松方正義、西園寺公望公爵、そして首相の原敬、さらには松平慶民（よしたみ）（侍従式部官）などから起こった。こうした動きに、伏見宮、閑院宮、東伏見宮の三親王も全面的に賛成した。とはいうものの、渡欧実現への道は決して平坦ではなかった。それは母である節子皇后が裕仁の外遊に反対していたからである。

この頃大正天皇の病状は、年々悪化していた。大正八年十一月八日付『原敬日記』には、「議会開会式に、万一御朗読に御支障ありては、一般国民に対し、如何なる感を出すや心配に堪えず。……御幼年の頃、脳膜炎御悩みありたる事故、御年を召すに従って御健康に御障りあり。なかんずく御朗読ものには御支え（つか）多く、既にこの間の天長節にも、簡単な御勅語すら十分には参らず」と記されている。

節子皇后は、大正天皇の所作からして、その権威が損なわれることを大いに危惧していた。

大正九年頃の話であるが、当時侍従として大正天皇にお供して帝国議会に行った時の挿話を黒田長敬(ながよし)は、次のように語っている。

「確かな年代は忘れましたが、大正九年頃だったでしょうか。かなり御病気も進んでおられることでしたが、でも人前では御態度も立派だったと思います。開院式に臨御された陛下が、詔勅を朗読されたあと、それを丸めて、紫の帛紗(ふくさ)を置いた三宝の上にお置きになったのですがね。どうも陛下は病気が進まれてから指先が不器用になっておられたし、うまく詔書が巻けなかった。……それをそのままにして打っちゃっておけばよかったのですがね。陛下は、うまく巻けたか、どうかと、もう一度それを手に取られた。やはり心配だったのである。そして、ちょっと透かしてご覧になり、すぐ元の位置に戻された。この何気ない一瞬の仕種が、下段の議員席から見上げると、まるで遠眼鏡で陛下が覗かれたように眼に映ったのである」

(『文藝春秋』昭和三十四年二月号)

もう一つは、明治天皇の皇后の昭憲皇太后に仕えた山川三千子が『女官』の中で書いている、次の箇所である。

「大正帝が初めて議会に行幸の時、お手元にあった、勅語の紙をくるくる巻いて、会場をお眺めになったとやらは、有名な話になってしまいましたが、ある時、姑と共に叔父健次郎(姑の弟)の宅に参りました節にも、実際に拝見した健次郎が、姑と話し合っているのをちらと聞きました。しかしこんなことまでもいつか大宮様(昭憲皇太后宮)のお耳に入っておりましたのですから、明治天皇崩御後は、なかなかご心配が絶えませんでしたろうと存じます」（山川三千子『女官』）

山川によれば、この事件が起こったのは大正天皇が初めて議会に初めて議会に行幸した大正十二年十二月のことであったとしている。

黒田と山川の記述には二年間の差はあるものの、このような大正天皇の愚行が広く世間に流布されていることを知って、原首相としてもいずれ遠からぬうちに裕仁親王を摂政に就けなければならないと考えるようになった。そこでその前に、皇太子には是非とも世界の大勢を肌で知って貰う必要があると思った。こうした原首相の意向を知った御用掛の西園寺八郎は、密かに渡欧計画を練ることにした。

節子皇后としては、夫君である大正天皇が不治の病に罹っているからとはいえ、摂政を立てることには絶対に反対だった。しかしながら原首相の数か月にわたる説得工作の結果、ようやく摂政を置くことに同意した。

また摂政問題に関しては、野党の反対と右翼の反対も、何とかかわす見通しが付いた。『昭和天皇実録（三）』の大正十年一月十七日の項には、裕仁皇太子の訪欧決定について次のように記されている。

「正午、宮内大臣中村雄次郎参邸につき、謁を賜い、昨日天皇より皇太子の外遊が聴許された旨の言上をお聞きになる。これより先、将来の君主として、皇太子が大戦後の欧州各国を巡遊し、世界の大勢を審（つまび）らかにし、各国の君主、元首と交際して、交誼を厚くすべしとの意見を有するものあり」

ただし訪問国については警備上の問題などもあって、出発時点でも確定していなかった。こうしたことから裕仁皇太子の外国訪問は、当初予定していた米国を除外して英仏中心に行われることになった。

大正十年（一九二一）三月三日、皇太子一行は横浜港で御召艦香取に乗船し、護衛艦鹿島に伴われて出港した。約半年間にわたる外遊の出発である。

艦内では、フランス語教師役の山本信次郎海軍大佐が、目的地の英国ポーツマス到着まで、テーブルマナーなどを、根気強く特訓した。

寄港地は、那覇、香港、シンガポール、セイロン島のコロンボ、アデン、スエズ、ポートサイド、マルタ島、ジブラルタルなどであった。

裕仁皇太子の西欧外遊を詳細に研究した書に、波多野勝著『裕仁皇太子　ヨーロッパ外遊記』があるが、以下、同書から外遊のエピソードを紹介しよう。

「香港、コロンボでの皇太子の振舞を見た珍田（捨巳、供奉長）は、西洋式の礼儀作法について閑院宮（載仁）、奈良（武次、東宮武官長）らと相談して『機会ある毎に申上ぐること』と決めたという。この時点では、どうもまだ板についていなかったようである。

インド洋の旅は相変らず暑く、日も長かった。皇太子のデッキゴルフはけっしてうまいとはいい難かったが、従来は相手が力をセーブしていたから皇太子はこの種のゲームに必ず勝つと決まっていた。西園寺（八郎、式部官）や山本（信次郎、東宮御用掛）は、ゲームや競技ではフェアプレー精神、すなわち自らの技術のほどを自覚し、向上心を持ち、正々堂々と勝負をつけることが大切だということを教えなければならないと考えたようだ。ふたりはわざと負けないことにした。以来、皇太子は彼らになかなか勝てなくなった。

柔道も同じことだった。それまで皇太子を投げ飛ばす者などいなかった。相手をすることになった西園寺は遠慮なくドシン、ドシンと投げた。さすがに皇太子は、『もう西園寺御免だよ！』と悲鳴をあげたらしい。二荒（芳徳、宮内書記官）もまた、皇太子の好きなブリッジやポーカーでおざなりに負けるなどということはしなかった。三人はこの窮屈な軍艦生活のなかで、皇太子の判断力や個性を養おうと、スポーツやトランプの勝負まで厳しい対応をするべく努めたのである。それは宮中生活から見れば、信じがたいような艦内御学問所教育であった」

波多野は、「供奉員たちの厳しい姿勢は、裕仁皇太子の本来の資質を高めることになったと思われる」と、彼らの訓育の成果を評価している。

航海中には不幸な事故も起こった。それは、護衛艦鹿島の機関室でパイプが破裂し、四月三日の「神武天皇祭」当日に三人の兵士が事故死したことだった。それから四日後、今度は御召艦香取のパイプが破裂して、機関兵二人が死亡し、四人が重傷を負った。両艦は半旗を揚げて水葬を営んだ。皇太子は犠牲者に対して香華料を下賜した。

航海の途中の四月二十九日、裕仁皇太子は満二十歳の誕生日を迎えた。マルタ島では、第一次世界大戦中に連合軍商船の護衛に従事して戦死した日本の海軍将兵七十七名の墓に花環を供えた。また人生初となるオペラ『オテロ』を鑑賞した。

ジブラルタルでは、総督のドリアン陸軍大将が、これも皇太子には初の経験となる競馬場に案内した。その時同伴していたニブラック米海軍中将が、即席で手製の馬券票を作って配ったところ、何とそれが的中してしまった。このためニブラックは「優勝賞金」として銅貨数枚を手渡した。裕仁皇太子にとって、人生で最初にして最後の賭け事となった。

英国ポーツマス軍港到着を目前にした五月四日、艦内では皇太子の振る舞いや西洋式のマナーについて、閑院宮、珍田、竹下（勇、当時海軍中将、国際連盟海軍代表、一時期東宮御学問所の御用掛を務める）の三名が皇太子の部屋に赴いて諫言した。以下は、竹下の述懐である。

「三名殿下の御挙動等に就て、尚未だ御直しにならざる点二三ヶ所あり。珍田伯涙を流して言上したり、余も軍人が敵陣に向ひ突入し又は敵艦隊と交戦するは決して難事にあらず、唯だ殿下に諫言を言上するは至難中の難事なり、之を敢えてするはよくよくの事と御思召され御嘉納あらせらるることを切望申上たるに、賢明寛大なる殿下は能く御嘉納あらせられたり、有難き事なり」（波多野、前掲書）

波多野によれば、諫言した者は実は竹下だけではなく、既にジブラルタル碇泊中にも、山本信次郎大佐、西園寺八郎、沢田節蔵（英国および米国大使館勤務、当時外務書記官）、及川古志郎（当時海軍少佐、東宮武官）、二荒芳徳（ふたらよしのり）ら若手側近一同が終日皇太子の居間に赴き、諸意見を言上していたという。

竹下も陪席して彼らの意見を聞いていたが、彼らは「言々皆肺腑より出で、殿下の御奮励を促し、明治大帝の偉業を能く御継承あらんこと」を訴えた。そこには、供奉員たちの裕仁皇太子の将来を思っての大いなる忠義があった。沢田によれば、「皇太子もさすがに渋い顔をして、頭を下にしてこれらの苦言を御聞きになった」。

出港して七十五日目にあたる五月七日、皇太子一行はついにポーツマス軍港に到着した。甲板では日英両国の新聞社カメラマンの写真撮影が行われた。ここで皇太子はロイター通信社を通じて、次のような声明を発表した。

「過般欧州大戦に於て、貴国民の表はした道義的偉力並に其の不屈不撓の努力の末、……此等各地（来航に際しイギリス植民地を経由してきたこと）に於て、著名な場所を見物して永く忘れ難い印象を得たのみでなく、英国当局の有能な治世を最も雄弁に物語る各種の施設を視察するの好機会を得たのであります……両島帝国国民を統合する友好関係は、儼然たる同盟条約並に過ぐる大戦中の共同作戦に因って、一層聖化され、今や嘗て其比を見ざる程鞏固に赴いて居る事を明言し得るのは、予の最も欣快とする処である。而してこの友好関係が今後益々強められ、両国が従来の如く、世界の平和及び正義の有力なる擁護者たらんことは、予の誠心誠意希望する所である」（波多野、前掲書）

エドワード皇太子はわざわざ港外に碇泊する香取に来艦して、裕仁皇太子と固く握手を交わした。

ロンドンのビクトリア駅には、英国国王のジョージ五世自らが出迎えた。第一次世界大戦では共に戦った日英同盟の間柄でもあり、英国国民の歓迎ぶりは大変なものだった。その時の熱烈な歓迎ぶりについて、特派員電は「群衆一斉に帽子を打ち振り、雷の如き歓迎」と伝えた。

馬車に乗る際に国王は、二十歳になったばかりの裕仁皇太子に対して「お先にどうぞ」と促すと、すかさず皇太子も国王に席を譲ろうとした。このため最後は国王が皇太子を抱くようにして、一緒に馬車に乗り込むことになった。この光景を見ていた群衆は、日英両国の絆の確かさを実感した。

その夜早速、国王主催の晩餐会が開かれた。顕官淑女たち数百人を前にして、皇太子は少しも気後れすることなく、「英国人が常にその国民的危機に当たって、勇気と忍耐と、加えて穏健と常識を示すのは、自分の最も感動する所であり、自分は現下の危機が一抹の雲影を消し去って、一天さらに晴朗たるに至らんことを衷心より希望し、確信するものであります」と、堂々たる挨拶をした。この挨拶を固唾をのんで見守っていた日本側の随員一同は、大いに安堵した。

父親の如きジョージ五世から「君臨して統治せず」の意味や、内閣に対する「良き助言者」としての英国流の立憲君主のあり方について直接アドヴァイスを受けた。また国王は、「英国の戦禍は深くすべての面で疲弊しているが、ありのままをご覧になることは、必ずや殿下の将来に役立つはずである」と率直に語った。

五月十八日、ケンブリッジ大学セント・ジョンズ・カレッジにおいてタンナー教授から英国憲法史の講義を受けた。そのタンナー教授は、立憲王国での王の権利の制限について次のように語った。

「英国の如く国民の権利が確保されて居る立憲王国では王の権利が制限されて居る。併し国王の意思が個人的に見てどうあらうとも、夫れが公の意思として発言した場合は、直ちに国民全体の意思を代表する事となる。但し此場合、国王の公明意思は、議会の世論に依って裏書きされなければならない。尚英国の国王は時には内外の政策を適当に調節緩和するに与って力がある。又海外属領植民地と本国間との連鎖となり、又、大英帝国統一の一標徴ともなって居る」（波多野、前掲書）

すなわちタンナー教授は、国王の公の意思は議会によって裏書きされる必要があることや、イギリス国王が、時には内外の政策を適当に調節緩和することに影響を与えていることを率直に講義したのだった。さらにタンナーは、近代イギリスの立憲君主制は、予想外の政治的危機に際して内閣・議会・政党がうまく機能しない時には、国王が国民の意思を反映する方向で調停者として動くことを容認しているとも話した。

東宮武官長として随行した奈良武次陸軍中将は後年、次のように回想している。

「理性に富ませらるる殿下は、皇室の祖先が真に神であり、現在の天皇が現人神であるとは信ぜられざる如く、国体は国体として維持すべきも、天皇が神として全く遊離し居るは過ぎたることと考え居らるる如く、皇室は英国の皇室の程度にて、国家国民との関係は君臨すれども統治せずと云ふ程度を可とするのご感想を漏らるるを拝したる事あり。……皇太子は天皇が現人神とは信じていないようである」

昭和五十四年（一九七九）八月二十九日、裕仁天皇は那須御用邸における記者会見の席上、「イギリス王室は、……実に私に第二の家族とでも言うべきような状況で、……・キング・ジョージ五世が……いわゆるイギリスの立憲政治のあり方を話してくれ、その伺ったことが、その時以来ずっと私の頭にあり、常に立憲君主制の君主はどうなくちゃならないかを始終考えていた」と語った。

英国滞在中、微笑ましくも最も印象に残ったのは、五月二十一日に訪問したスコットランドの豪族のアソール公邸での歓迎ぶりだった。十三世紀に建てられたという古城の前で、アソール公の八百名の私設軍隊の中から選ばれた五十名の儀状兵がキルトに身を包んでバグパイプを奏でて、極東の国の皇太子を熱烈に歓迎した。五月二十三日、晩餐会後に開かれた舞踏会において、アソール夫妻は気さくに村のおかみさんや百姓風の男たちの手を取ってステップを踏んだ。この時の模様について、二荒と沢田は、『皇太子殿下御外遊記』の中で、次のように記している。

「段々と時の移るにつれて、殿下の御座所の反対側から、通常服をつけた如何にも『田舎者で御座る』と言はんばかりの恰好をした男女が、三々五々舞踏室に入ってきた。私共は初めの中は今夕が愈々（いよいよ）お別れなので、公が近傍の村民にでもよそながら殿下を拝する機会を与えたものであらうと思ってゐた。所が段々とその人数が増して百人以上にもなった。公は『これからスコットランドの舞踏をお目にかけませう』といって、集まった一同の者と、素朴な高調の歌曲につれて何等の屈託もなく、和気藹々として歓喜に充ちながら踊り出した。勲章をつけた正装のアソール公が、ほんの平常衣の村のお内儀さんと手を執り合ったり、特に美しく着飾った夜会服の公夫人が百姓の老爺と組んだり、其の他陪賓のお歴々が皆下女下男らしい人々と相組んで、何等の差別も何等の隔たりもなく、入り乱れて踊るのであった。後で聞くと右の平常衣をつけた人々は、殿下の御滞在中、同公家の御用を勤める為め、集まって来た同家の一時的の召使の人達であったのであった。此の時の気分の如きは、主従全く一家族となって、主従といふやうな対立の気分が全くなく、一同相和して主人の賓客を御歓待申上げんとする誠意が各人の顔に輝いてゐた」（波多野、前掲書）

この夜会について裕仁皇太子は、同行した『時事新報』特派記者の後藤武男に、「貴族富豪が、アソール公のような簡易生活をして、公共の為に全力を傾ければ、所謂ボルシェビキなどの勃興は起こるものではない。アソール公その人及びその生活は、貴族の模範である」と語った。

アソール公邸で過ごした一週間、裕仁皇太子は真に質実剛健な英国の貴族制度を実感した。こうした経験の数々は、二十歳まで籠の鳥の如き生活を送ってきた皇太子の脳裏に深く刻みつけられることになった。天皇としてのあるべき姿について考えさせられた英国滞在も、五月二十九日をもって終わりを告げた。

次の巡遊先は非公式訪問国のフランスである。六月一日パリに到着した。一行はエッフェル塔に登り、ブローニュの森を散策し、また観劇した際には主演女優に花束を贈った。名物のエスカルゴ料理を食べ過ぎたため、側近の者に制止されたりもした。

竹下中将と二人で一行を抜け出して乗ったパリの地下鉄では、切符を固く握りしめたまま改札口を通ろうとしたため、駅員に怒られるという一幕もあった。戦後裕仁天皇は、「その時の切符は、今も机の引出しに入っているよ」と言って、往時を懐かしがった。

次は、エッフェル塔見学直後の挿話である。この時の一コマを、のちに後藤記者は述懐している。

「(エッフェル塔の) エレベーターが止まって一行はフロアーを歩き始めた。パリの町並みが整然と小箱を並べたように眼下にひろがり、セーヌ川がその中を帯のように流れている。フロアーの一角には土産物店があった。……店にはエッフェル塔を形取った大小の玩具が並べてあった。皇太子は真っ先に店に向かって歩いてゆき、珍しそうに玩具や絵葉書を覗き込んで動かなかった。……やがて皇太子は『山本!』と呼んだ。四、五歩先を歩いていた山本大佐がもどってきた。『山本、このエッフェル塔の模型を買っておきよ』と命じた。皇太子はつづけて『あのー、良子さんに……、それから秩父さんやみんなにネ。ああ、絵葉書もネ』。……手持ちがなかった山本は近くにいた石井（菊次郎）大使を手招きして、『金を』というと、あいにくながら石井も『持ち合わせがない』とのことで、石井はさらに沢田節蔵を呼んで『きみ、あるかね』と聞いたが、財布の中身をのぞいた沢田は『足りないのです』とこれまた当惑顔で答えた。……山本は西園寺に一縷の望みをかけて階段を駆け上がり『お土産が買えないで困るよ、みんな金がないのだ』と訴えた。ところが西園寺も『おれだって財布なぞ持っていないよ』とつれない返事だった。万事休すだった。そこへ後藤が二人の様子を見に展望台に上がってきた。西園寺は『ちょっと後藤君、頼みがある。君、金をもっているかい』と聞いた。後藤は『ありますよ』と答えたが、これを聞くや西園寺の顔は一変した。「よかった」。事情を聞いた後藤は物陰に隠れてズボンのベルトをはずし、腹帯の折目にかくしていた紙包みを取りだすと、二千七百五十フランを数えて西園寺に手渡した。この金は西園寺から山本の手に渡り、ようやく土産を買い上げたのである」（波多野、前掲書）

供奉員たちにすれば、まさかエッフェル塔で裕仁皇太子が買物をするとは考えてもいなかったため、財布を持って行かなかった。当時ロンドン特派員だった後藤は、非常時の至急電報を打電するために、常に大金を持ち歩いていた。それがこの時は、役に立った。

これには後日談がある。七月十日、一行がナポリを離れる直前、西園寺が二七五〇フランをイタリア貨幣で返しにやってきたのだが、その金を後藤に言わせれば「うっかり受け取ってしまった」。もともと社の金なので後藤自身すっかり忘れていた。皇太子が民間人にお金を借りることなど到底考えられないことであり、全くの偶然で貸すことになった後藤にしてみれば、もしこの時受け取っていなければ、のちのちの格好のエピソードになっただろうし、自慢話にもなったはずだった。返してもらったら、この話は日がたたないうちに風化してしまう。

後藤は数年後、築地の料亭『錦水』で開かれた渡欧記念の宴会でこのことを明らかにした。席上、山本や西園寺から「後藤は天皇陛下に金を貸したのであったが、惜しいことに返してもらったから失敗だ」と冷やかされたそうである。三月三日の渡欧記念日になるときまって後藤は、「天皇陛下に金を貸しそこなって後悔した」（波多野、前掲書）。

気のおけない側近者に囲まれてのこの時の外遊は生涯の思い出となった。

一方、戦争の悲惨さを深く心に刻み込んだのは、第一次大戦の激戦地ヴェルダンを訪れた時のことだった。六月二十五日、裕仁皇太子は陸軍軍装姿でこの地を訪れた。ヴェルダンでは、一九一六年二月から始まった戦闘で、独仏両軍併せて七十万以上の死傷者が出た。大戦後間もなく当地を訪れた『此一戦』の著者、海軍大佐水野広徳は「見るも悲惨、聞くも悲哀、誠に言語の外」と書き残している。

皇太子はペタン元帥の案内で、ヴェルダンの戦いの中でも最もすさまじい「銃剣塹壕」を訪れた。「いざ突撃」という時に爆弾によって一個小隊が全滅した所で、何十という剣付き銃が天に向かって突き出ている。さらに、戦没者を悼む白い十字架が四周にびっしりと建っている三〇四高地の頂上で、ペタン元帥からヴェルダンの激戦について説明を受けた。

ヴェルダンの戦跡の記念として、薬莢や砲弾の破片を持ち帰った皇太子は「戦争というものは実に悲惨なものだ」と、一言漏らした。

筆者も四十数年前、ウィーン留学中にヴェルダンの地を訪れた。ストラスブールからナンシまで電車で行き、そこからヴェルダンの戦跡巡りのバスツアーに乗った。晩秋だったこともあり、観光客は私を含めてわずか四人だけだったが、砲弾によって辺りがすっかり荒廃した丘陵の光景に、言いようのない悲しみを覚えたものである。この時、レマルク著『西部戦線異状なし』の最後の一節が蘇った。

「ここまで書いてきた志願兵パウル・ボイメル君も、ついに一九一八年の十月に戦死した。その日は全戦線にわたって、きわめて穏やかで静かで、司令部布告は、『西部戦線異状なし。報告すべき件なし』という文句に尽きているくらいであった」

波多野はその著書の中で、ヴェルダン視察の意義について、「ドイツの兵法は明治以来、日本陸軍の鑑であった。元老山県はその熱烈な信奉者の一人だった。山県が育成した陸軍体制の忠実な教え子だった皇太子は、絶対視していたドイツ陸軍の敗北を目の当たりにして、それまでの価値観が崩れていくのを感じたはずである」と総括している。

✺大正天皇の病状悪化と裕仁皇太子の摂政就任

大正十年（一九二一）九月三日、皇太子の裕仁親王は、半年におよぶ外遊を終えて帰国した。帰国した裕仁皇太子を待ち受けていたのは、摂政就任問題であった。外遊中も大正天皇の病状は確実に悪化していた。大正三、四年頃より健康が年々悪化し、七、八年頃になると、歩行困難や言語障害、記憶力の衰退などの症状が顕著となった。このため大正八年末には、公式の出御をほとんど見合わせざるを得なくなった。

回復の兆しがまったくない中で、大正九年三月三十日、宮内省はやむなく病状を公表した。

「一両年前より、御尿中に時々糖分を見ること之あり、昨秋以来、時々坐骨神経痛を発せらる。之が為め本春葉山御避寒中は、政務を纔(みそな)はさるゝ外は、専ら玉体の安泰を旨とせられ、（中略）平年ならば最早還幸仰出さるゝ時期なれども侍医の意見に因り、本年はいま暫く御静養の為、御駐輦(ごちゅうれん)相成ること〻ならん」

これが、大正天皇の病気に関する第一回目の発表であった。しかしこの発表では、天皇の病気を糖尿病や坐骨神経痛だとしており、病気の実相はオブラートに包まれている。

東京帝国大学医学部教授の三浦謹之助の診断によれば、せいぜい見込めるのは現状維持までであって、何とか進行を食い止めるほかないとされていたのにもかかわらず、もう少し静養すれば恢復するかのような言い回しであった。しかしながら最大の問題は、大正天皇自身が、自らの病気の状況を全く認識していないところにあった。

二月二十八日、議会解散の事情を説明に来た原首相に対して、天皇はこれまで通り「段々の尽力御苦労」と語った。大正天皇自身は、例えいくら姿勢がぐらつこうとも、朗読が困難になろうとも、自分自身では普通だと思っていた。

天皇の意思とは無関係に病気が公表されていくのを憂慮する侍従武官の四竈孝輔(しかまこうすけ)は、大正九年四月十日の日記に「午前二時頃より絶えず悪夢に襲はれ、少しも安眠出来ず。縁起にも非ざる事ながら、主上御身に就いて種々の杞憂百出し、斯くならば如何にせん。又この場合に擁護し奉らん等、決して事実出現あるまじき事共迄も脳裏に浮かび出ては神経興奮し容易に眠れず」（四竈孝輔『侍従武官日記』）と記した。

六月、元老の一人で内大臣の松方正義は、皇室典範の第十九条「天皇久キニ亘ルノ故障ニ由リ大政ヲ親（みずか）ラスルコト能ハザルトキハ皇族会議及枢密院顧問ノ議ヲ経テ摂政ヲ置ク」の規定に基づいて、原首相に裕仁皇太子を摂政にするよう検討することを提議した。

これに対して原は、「遂に摂政を置かるゝ必要に至らん事と恐察するも、夫迄には度々御様子を発表して国民に諒解せしむるの必要も之あるべし。固より皇后陛下御始め皇族方の十分なる御考慮に待たざるべからずとて其趣旨を繰返し、過日も云ひたる通り御病気の御様態は尚ほ数回公表の必要あるべし」と答えた。

原としては、突然摂政を置くという松方の提案は唐突過ぎると思った。また大正天皇自身が「引退」を承知するか否かについても不明であった。しかしいずれにせよ状況の深刻さを考えれば、何れは摂政を置くことになることについて両者の意見は完全に一致していた（原武史、前掲書）。

牧野伸顕（のぶあき）は、大正十年（一九二一）二月十九日、宮内大臣に抜擢された。元老たちは「宮中某重大事件」によって混乱した宮中の建て直しを、首相候補の一人でもある牧野に大いに期待した。その九日前の二月十日に、「皇太子妃は御内定通り」と発表されていた。

二月二十一日、山県有朋枢密院議長は、久邇宮良子王女の色盲問題に関する責任を取って辞表を提出し、そして三月三日、裕仁は欧州への外遊に旅立った。

牧野は、宮相就任とほぼ時を同じくして日記を書き始めたが、七月から天皇と共に塩原と日光に滞在した時の天皇の病状を、次のように書き記している。

「七月十五日　午前八時五分上野発。本日は侍従左右に侍し御手を支へながらプラットフォームを御歩行、玉車に迎[向]はせらる。近来一人御側にて腋若しくは御手を支へたるに、両人左右より御支へ致す事は今日が初めてなり」

「七月十七日　加藤（泰通）侍従談。陛下は塩原の事を御記憶あらせられざる様に拝す。種々問題を設け御伺ひ試みるに何等御答へなく、御口気より拝察するに曽て縷々御来遊ありたる事は全く御念頭に登らざるが如しとの事なり。皇太子様御時代には殆んど毎年御滞在あり、自由に御運動、御散歩あり、又御践祚も一回御来遊ありたるに拘らず以上の御有様なるは、甚だ痛心之次第なり。原（恒太郎）侍従は先年度々供奉致したる事あり、当地の御侵〔ママ〕之あり。御気に入りの土地なるに拘はらず前段の次第とは実に恐懼の至りと申し居る由。御湯殿は御座所より凡そ六尺以上も低地にして、階段十三を降り、御昇降困難なるが、従前より何等変更したる事なく、以前御滞在の時と同様なるに拘はらず、此れは違ふと仰せられたる由。御進退御不自由に成らせられたる為め、従前より構造も違ひ別の湯殿の様に思召したるかも知れず」（牧野伸顕『牧野伸顕日記』、以下『牧野日記』）

右の『牧野日記』にもある通り、大正天皇の状況は極めて深刻だった。これ以降宮内省は、同年七月二十四日、大正十年四月十九日、そして同年十月四日と、大正天皇の病状を公表した。こうした大正天皇の病状の公表は、裕仁皇太子の摂政就任の予告でもあった。

『原敬日記』には、外国使臣の接見、諸儀式の主宰はもとより、「近年、何もかも皇后陛下に申上ぐる程になり、斯くては或は将来意外の弊を生ぜずとも限らず、甚だ憂慮し居れり」と記されている。ここに至って原は、予てからの腹案の通り、皇太子を摂政にすることを決断し、各皇族や枢密顧問官に対して密かに根回しを進めることにした。

この厄介な工作にあたった牧野伸顕は、九月下旬から各宮家の説得に動き出した。閑院宮には宮中午餐の時、伏見宮、東伏見、朝香、武田妃などには宮邸に参上して、大正天皇の様態書の内容や裕仁の摂政問題について詳細に説明した。

皇后に対して具体的な説明をしたのは松方正義だった。拝謁すると、皇后は予想通り、いくつか注文を出してきた。十月十一日付『牧野日記』には、次の如く記述されている。

「第一、（摂政になったら）輔導を置く事は御不賛成なり。夫れは権力が自然輔導たる皇族に加はる事を恐るるの意味に於いて。

第二、青山御所は不可なり。皇太子はかねて同所を御嫌なり。其事は度々御洩らし相成たるを以て今同所を御住居と定むる事は面白からず。

第三、御上は内閣の伺いものを御楽みに御思召すに付、何とか取扱上、急に此種の御仕事の無くならざる工夫は無きか。要するに全く御仕事の無くならざる便法はなきや。特に心配して貰いたし云々なり。実行に付ては十一月大演習の済み次第、可成急に着手の事として内府より申し上げたるに、此れにて別に御異存なし」

そんな最中の十一月四日、東京駅丸の内改札口付近で、原首相が十八歳の大塚駅運転手中岡艮一（こんいち）によって暗殺された。

『昭和天皇実録（三）』の大正十年十一月五日の項には、「よってこの日午前、東宮侍従牧野貞亮を弔問のため同人（原首相）私邸に遣わされる。また、この日夕刻、東宮御所御帰還後、表謁見所において臨時兼任内閣総理大臣内田康哉に謁を賜い、原首相遭難のこと及内閣総辞職についての言上をお聞きになる」と記載されている。裕仁皇太子は、天皇に代わって統治権の総覧者代行を務められようとした矢先に、政党政治をリードする実力者であり、皇室に対する深い理解者であった宰相を失ってしまったのである。

十一月二十一日、伏見宮邸において皇族合同会議が開かれ、皇太子の摂政就任について意見の一致を見た。これを受けて翌二十二日、元老で内大臣の松方正義が大正天皇に拝謁した。

「御容体捗々しからず。此上は尚一層御静養を必要とするに付き、政務は皇太子殿下、摂政として御代理遊ば［さ］るる事とし、今後は何等御煩ひ不被在、御気儘に御静養遊ば［さ］るる様願上度し。而して幸い御快復被為在る時は、元の如く御親裁遊ばさるる次第なり。此事に付ては皇族方も御心配遊ばされ、夫々適当の手続きを御調べ相成、皇族会議を御開きになり、次いで枢密顧問の会議をも開く事に進むる事と致度、誠に恐懼限りなき事ながら此段申上御許を願い奉る旨言上に及びたるに、聖上陛下には唯々アーアーと切り目切り目に仰せられ、御点頭遊されたり」（『牧野日記』）

摂政問題は日本にとって最重要案件であり、このためには当の大正天皇に理解して貰う必要が絶対にあった。ところがその後牧野が拝謁を願い出ても、天皇は「矢張りアーアーと御点頭」するのみだったのである。こうした状況を前にして、松方と牧野は二人して、「どうもご理解いただけなかったようだ……」と嘆息した。

十一月二十五日、裕仁皇太子の摂政就任が正式に決まった。しかしながら当事者である大正天皇の胸中は甚だ複雑だった。

「此日、正親町侍従長は御前に罷り出て、摂政殿下に捧ぐべきをもって御用の印籠（可、閲、覧の御印の入った函）の御下げを願ひたるに、流石に聖上（陛下）は快く御渡しなく、一度は之れを拒ませられたりと洩れ承はる。詢に恐懼の至りなり。其の後間もなく、侍従武官長、御前に出たるに、『先程侍従長は、此処に在りし印を持ち去れり』と仰せありし由なり。何とも申し上ぐるに言葉を知らず」（四竈孝輔『侍従武官日記』）

恍惚状態に近い大正天皇としては、自分の置かれている状況を的確に判断することが出来ず、したがって不満も甚だしかったのである。

菊池寛著の名作に『忠直卿行状記』がある。この作品は、絶対的権力者の孤独を描いたものである。最後に忠直卿は大名家のため、いわゆる「押し込め」になってしまうが、それと同様なことが、大正天皇の身の上に起こっていたのである。

「栄光の明治」が終わって早や十年。空前の大戦景気に沸いた日々も今や過ぎ去り、日本は陰鬱な時代に入りつつあった。

✺関東大震災と「虎の門事件」

大正十二年（一九二三）八月二十六日、ワシントン軍縮条約締結の功労者で、内閣総理大臣の加藤友三郎海軍大将が現役のまま逝去し、後継首相に山本権兵衛海軍大将が就任することになった。ところが組閣の最中の九月一日午前十一時五八分、突如天地をひっくり返す大地震が発生した。関東大震災である。

これは相模湾を震源として、神奈川県中部から相模湾東部、房総半島南端までの広い範囲にわたっていた。人体に感ずる震動は、北海道の函館から広島まで及び、被害は東京、神奈川、埼玉、静岡、千葉、山梨の一府五県のほか、長野、群馬、栃木の一部にも及んだ。

震度は、マグニチュード七・九から八・二で、全壊家屋一二万八二六六戸、半壊家屋一二万六二三三戸、焼失家屋四四万七一二六戸、焼失家屋八六八戸、また死者は九万九三三一人、負傷者は一〇万三七三三人、行方不明者は四万三四七六人で、東京市内では五万数千人が焼死し、損害総額は推算で六十五億円にも上った。根拠のない朝鮮人暴動の流言飛語が飛び交い、各地で朝鮮人虐殺事件が起こった。大衆の暴動を恐れた政府は、東京、神奈川を中心に戒厳令を敷いた。この混乱の最中、無政府主義者の大杉栄が憲兵隊の手で殺されるという、いわゆる「甘粕事件」が発生した。

地震発生時、摂政宮である裕仁皇太子は宮城にいたが、地響きがするほどの大揺れに、すぐに「西一の間」より前庭に避難した。

大地震当日、大正天皇・皇后の両陛下は日光の田母沢御用邸で静養中だった。電信、電話、鉄道などが全て途絶したため安否確認が出来ず、翌二日未明になって、ようやく栃木県理事官の三橋孝一郎が自動車で東京までやって来て、両陛下と同地に滞在中の雍仁親王と崇仁親王の無事を報せた。

この大震災に際して摂政の裕仁皇太子は、救済基金として一千万円を寄付した。一応激震が収まった九月十五日午前六時、乗馬にて罹災地を視察した。続いて十八日には二回目の罹災地視察を行った。自動車で上野駅前から厩橋を渡って被服廠側を通過し、両国橋駅において田中義一陸相から罹災状況の報告を受けた。

九月十九日午後九時頃、物見台から震災後の帝都の夜景を見た。この時のあり様を、侍従の一人は、「数万トナキ惨死体ヲ火葬スル焔ノ反映彼方此方見ユル心地モスレド、夫ト定カナラズ、幽寂ノ夜ノ帳ハ既ニ垂レ初メテ焼跡ヲ包ミ、夫ガ只一ツノ大ナル墓場ノ如キ感セラルルヲ、深ク御心ニ愁ヒサセラル」と記している（『昭和天皇実録（三）』）。

追い打ちをかけるように、皇太子自身にも災難が襲いかかった。難波大助による皇太子狙撃事件である「虎の門事件」に遭遇したのである。

事件は大正十二年十二月二十七日、第四十八回通常帝国議会の開院式に出席するため、摂政裕仁の乗った車が赤坂から溜池を経て虎の門付近を通過する際に発生した。沿道を埋め尽した群衆の中から突然ステッキを振りかざした男が目前の車に飛びつき、窓からステッキに見せた仕込み銃を発射した。散発式の銃弾は窓ガラスに穴をあけて車内に撃ち込まれたが、射角を誤ったため皇太子に当たることなく、天井にそれた。暴漢はその場で取り押さえられたが、取り調べの結果、孤独な共産主義信奉者と判明した。その動機を「特権階級に対する苛酷な警告として、皇族にテロリズムを遂行した」と語った。犯人である難波大助の父親の作之進は山口県選出の衆議院議員であった。

事件当日、衆議院では議長発議によって、「天機並御機嫌奉伺ノ件」を可決し、翌二十八日には貴族院でも同様の決議が採択され、山本権兵衛首相は事件の責任を取って、全閣僚と共に辞表を提出した。

この事件に際して裕仁皇太子は、「我国では皇室と臣民の関係は、義に於いて君臣であるが、情に於いては親子たるべきものであり、予はこれを以て心とし、常に思いを君民の親愛にいたしてきたのであるのに、今日の出来事を見て、この不幸を敢えてしたのが赤子の一人であることを知るのは、誠に意外の感に堪えない」との談話を発表した。

✵裕仁皇太子と良子、ご成婚

大正十二年九月十九日、政府より、この年の秋に予定されていた久邇宮邦彦の第一女子良子との婚儀を延期し、翌大正十三年一月から二月上旬の間に挙行することが発表された。この三日前の九月十六日、裕仁は宮内大臣牧野伸顕を召して、「今日の大地震を見聞するに従い傷心益々深きを覚え、今秋婚儀を行うに忍びず」として、延期を希望する旨を述べた。

年が改まった大正十三年一月二十六日、ようやく皇太子裕仁と良子女王の結婚の儀式が行われた。

この日、皇太子は早朝に起床して準備に取り掛かった。新婦の良子も午前三時頃に目を覚まして、邸内の霊殿に詣でた後、軽い朝食を摂り、諸準備に入った。皇太子は明治以降の慣例に倣って陸軍中佐の正装で、一方の良子は古来の伝統に従って十二単（ひとえ）姿で、髪を「おすべらかし」にして、下渋谷の久邇宮家から宮城へ向かった。

皇太子は赤坂離宮から宮城へ近衛騎兵連隊三十七騎に伴われて赴き、良子も二十七騎の近衛兵に付き添われて、約五万人の群衆に見守られながら皇居入りした。宮内省主馬（しゅめ）寮車庫が大震災で壊滅し、用意されていた儀装馬車も破損したため、栗色の自動車が用いられた。

式ののち皇太子裕仁と良子妃は沼津御用邸に赴き一泊して、二十九日午後三時、東京駅に到着し、赤坂離宮に戻った。

その後二月二十二日から三月一日まで、二人は伊勢神宮、畝傍山東北陵（神武天皇の陵、奈良県）並びに桃山御陵（明治天皇の陵、京都府）へ、結婚報告のための旅に出た。

大正十三年一月二十六日の結婚式から十日ほど経った二月五日、皇太子・同妃専用のテニスコートを、赤坂離宮内に新設する工事が始まった。五月四日にはコート開きが行われ、裕仁・良子ペアと秩父宮・梨本規子（なしのもとのりこ）女王のペアとによるミックスダブルスを楽しんだ。

明治天皇の若い頃のスポーツといえば、乗馬と兵を指揮する操練のみで、皇后と一緒にスポーツをするなどということはまったくなかった。しかし裕仁皇太子の時代になると、当時中産階級以上で流行っていたテニスやゴルフを、同妃と一緒に楽しむようになった。

新婚生活は、おおよそ次のようなものであった。二人は起床後、お手水とお化粧の後、別々の御拝の間に入って遥拝し、その後食堂で朝食を摂った。午前九時近くに皇太子は御座所で、良子は居間で新聞などを読み、午前十時から皇太子は御政務所に入り、昼食後も午後一時から二時まで政務を執った。午後二時から二人揃って運動を行い、晴天であれば日曜日ごとに一緒に新宿御苑で散策を楽しんだ。皇太子は乗馬、テニス、ゴルフなどで体力の練磨に努めたが、時には良子と一緒にテニスやゴルフに興ずることもあった。

皇太子は、水曜、木曜、金曜日には定例の御進講を受け、月曜日には道徳・思想・政治などに関する御進講を聴いた。この時には、良子も陪席することもあった。良子は火曜、木曜、金曜日には定例の学習をするとともに、趣味として編み物などをした。赤坂離宮の畑にて野菜や草花を栽培しては、天皇・皇后に献上、また時々食材として食卓に上ることもあった。

皇太子時代の生活には生物研究は入っていなかったが、昭和二年春になると生物研究をしている写真が公開されるようになった。

新婚の夏、二人で猪苗代湖畔の翁島御用邸に避暑に行った際には、ゴルフ着姿の裕仁が洋装の良子を馬車に乗せて手綱を取っている光景が八月七日付の新聞に写真付で掲載された。文字通りスウィート・ハネムーンを心行くまで楽しんだ。

女官として勤めた草間笙子（くさまのぶこ）は、その著『大内山』の中で、新婚の頃は、「どこででも外国風に御睦まじげに御腕をお組になった両陛下（当時の摂政宮）の御散歩姿をいつもお見かけしたし、一寸でも妃殿下がお見えにならないと、『良宮は』『良宮は』と大騒ぎでお探しになった」と書いている。

三月六日、良子は皇太子妃として最初の誕生日を迎えた。しかしながら半年前の大震災に配慮して、祝宴も参賀も一切取り止めることにした。

✺女官制度を廃止

英国をはじめ西欧各国を歴訪して来た裕仁皇太子は、結婚を間近に控えて、従来の女官制度、すなわちハーレムの如き後宮のあり方を、抜本的に改めたいと考えた。大正天皇の時には六人の女官が置かれていたが、天皇自身が病弱だったため、結果的に一夫一婦制は維持された。しかし女官制度はそのまま温存された。それを西欧流の王室制度に倣って一夫一婦制に改めようというのである。

一般に天皇の権威の源泉は、「男系による万世一系」の血の純潔の継承にあると考えられていることからして、一夫一婦制を墨守しようとすれば、これが危うくなることは容易に予想された。この問題は、原武史著『大正天皇』や小田部雄次著『ミカドと女官―菊のカーテンの向こう側』などの研究によってだいぶ明らかにされたが、今なお不明な点が少なくない。

その理由について小田部は著書の中で、次のように述べている。

理由の第一は、天皇制研究が、現実の政治運営と深くかかわる問題を内包していることがある。戦後は象徴天皇制になったが、一方で天皇の元首化を求める人もおり、他方では民主的な政治体制を求める人々もいるため、天皇制は今なお熱い問題であることである。

第二は、生存する関係者の利害にかかわる危険性があるためである。現実の政治運営への影響が強いことは、当然関係者への影響も生じることになる。

第三は、今なお天皇制権力の影響が、政治や経済、社会の諸側面で残っているために、ある種の「慎み」が要求されていることである。

ひと口に女官制度といっても、それは複雑で入り組んでいた。女官には、上から尚侍(しょうじ)（明治以降は任命無し）、典侍、権典侍(ごんのてんじ)、掌侍(しょうじ)、権掌侍、命婦(みょうぶ)、権命婦の階級があった。ここまでが高等官であって、その下に判任官の女嬬(にょじゅ)、権女嬬がおり、それらの下働きとして雑仕(ざっし)、針女(しんみょう)などがいた。宮城内には「お局」と称する一廓があって、三棟千二百坪の宿舎に二百名ほどの女性が住み込みでいた。典侍から権掌侍までの女官は公家華族のうち伯爵、子爵の子女で、しかも未婚の処女に限られた。何故ならば、天皇のお手がついて側室になる可能性があるからである。

命婦は、京都、奈良の社家（神社の神官）並びに宮家や公家に仕える娘とされ、女嬬には資格制限はないものの、おおむね命婦に準じていた。近侍して御用を務める女官は権掌侍以上で、命婦は事務的な事を主に司った。下級女官の女儒は、呉服、御膳、道具の三係を分担して、その下の雑仕は雑用係だった。

高等官の女官は、「家来」と呼ぶ女儒、針女、仲居を三、四名使い、女嬬でも針女一人を抱えていた。針女や仲居はお局（女官宿舎）の女中で、仲居は台所を担当した。日常は御所言葉を遣い、「餅―おかちん、そば―そもじ、団子―いしいし、豆腐―おかべ、月経―まけ、お眠り―おすまる、御命日―お日柄さん、化粧―おしまい」など、独特の言葉を用いた。

江戸時代の大奥は「伏魔殿」とも呼ばれたが、宮中においてもそれは同様で、そこには陰湿な嫉妬や葛藤が渦巻き、外には隠然たる特権性を誇っていた。現在は姿を消したため、当時の宮中の奥のありさまをイメージすることは難しい。それでも歌舞伎通の方だったら、『妹背山(いもせやま)婦女庭訓(おんなていきん)』の「三笠山御殿の場」、すなわち愛しい殿御の求女(もとめ)を追ってきた町娘のお三輪が、官女たちにさんざんいびられる場面などを想像すれば、女官の世界のおおよそは察しがつくし、その階級制度については、やはり歌舞伎の『鏡山旧錦絵(かがみやまこきょうのにしきえ)』中の「草履打の場」をご覧になるといいだろう。

明治初年の西郷隆盛らによる大改革の結果、「お局」独特な態様はかなり殺がれたが、それでも積年の弊風はなかなか改まらなかった。ことに典侍や権典侍の格式は大臣や大将でさえも恐れ憚れるほどであった（河原敏明『天皇裕仁の昭和史』）。

ちなみに大正天皇の崩御によって四十九人の女官を連れて大宮御所に移った貞明皇后の場合は、古来のしきたり通り、典侍、掌侍、命婦、女嬬の名称や制度を、御所言葉と共に守り抜き、昭和二十六年に他界するまで全く変えなかった。

明治天皇も結婚に際して、女官の権限を皇后美子に集中する改革を行った。

大正十年十一月、摂政に就任した裕仁皇太子は、その三か月後の大正十一年一月二十八日、宮内大臣牧野伸顕を呼んで、次のように語った。

「自分の結婚も其内行ふ事ならんが、夫れに付特に話して置き度く、考ふるは女官の問題なり。現在の通り勤務者が奥に住み込む事は全部之を廃止し、日勤することに改めたし。今の高等女官は奥にて育ち、世間の事は一切之を知らず、実に迂闊なり。現に過日、沼津と葉山が何れが東京より遠きかも弁へざる話を、直接聞きたる事あり。今の生活状態にては無理からぬ事あり。一生奉公は人間が愚鈍になるばかりなり。妃殿下も、将来は世間の事も可成通暁せざる可からず。然るに此種の女官に囲繞されては啓発せらるること覚束なく、又子供も出来るとすれば、此れまでの如く他へ預けることは不賛成なり。自分は奥にて一処に育てる方相当と考ふ。夫れに付ても今の女官にては到底任せる分けに行かず、又家庭団欒の裏には自分も間違った事もあるべし。夫れを一々伝聞せられ外に洩れることありては、甚だ面白からず、旁々高等女官は総て日勤に改め、朝夕の事は所謂女中に用弁させたし」（『牧野日記』）

牧野は若い裕仁皇太子の考え方に一定の理解を示しつつも、「世代間において意見や思想に懸隔があることは自然であり、新古を調和し、秩序的に進歩することが適当の筋にて、歴史を重んじ新時代に調和すべく折り合うことこそ賢明の道であるとし、一部に扁頗（へんぱ）することなく、国内のあらゆる分子、思想界の異説、社会の各階級、老若各世代の心理等すべてを包含されたし。……皇室内部において新旧の差異が顕著になるようでは御徳にも影響することから、すべてを御包容になられるよう願いたし」（『牧野日記』）と、急激な廃止には慎重を要するとの見解を示した。さらにまた牧野は、祭祀や伝統的な式事における高等女官の役割は重要であり、通勤では出来ないものも多々あると指摘した。

当時、宮中祭祀は、明治四十一年の皇室祭祀令によって規定されていたが、それによると天皇の親祭する大祭には、元始祭、紀元節祭、春秋二季の皇霊祭と神殿祭、神武天皇祭、神嘗祭、新嘗祭、先帝祭などがあった。これらは神職にあたる掌典と、巫女にあたる内掌典などが執り行っており、こうした儀式に女官たちは重要な役割を担っていると牧野は言った。しかし皇太子は牧野の説明に納得せず、通勤（通い）と日勤（住み込み）とを併用しては気遣わしいので、全部改めるように重ねて要求した。皇太子の頑固さに閉口した牧野は、「皇后様の御思召」も伺う必要があると言って、その場を逃れた。女官の通勤制の提案は、牧野の抵抗に遭いながらも実現されていった。

大正天皇は、重病のため政務にかかわれなかった分、節子皇后の宮中における意向には重みがあった。また節子皇后は皇太子の実母ということもあって説得力を持っていた。明治天皇も大正天皇も側室の子であり、皇后の実子ではなかった。近代において、皇后と皇太子が実の親子であったのは、節子と裕仁皇太子が最初であった（小田部『ミカドと女官』）。

大正天皇は成人するまで、自分の生母が皇后美子ではなく、柳原愛子であることを知らずにいた。このためこの事実を知った時、大正天皇は強い衝撃を受けた。節子皇后もまた、生母が野間幾子という身分の低い側室であったため、生母の不遇な境涯を見て育った。皇后の生母とはいえ、実家の九条家では「おはら」であり、「おばば」であった。野間は「中川の局」という源氏名を貰ったが、九条家の腰元であり側女であった。

　ある時、大正天皇に拝謁した後に、老齢の中川局がうっかり九条侯爵夫妻より先に馬車に乗ろうとした。この時九条公爵は局を制して、自分たちが先に乗り込んだが、周囲の者はその光景を見て、無惨な気持ちになったとのことである。

　本来野間は控えめな性格であった。こうしたこともあって、皇后節子が皇太后になって、初めて大宮御所の玄関から迎えて貰った。この時、野間は八十歳を超えていた（小田部、前掲書）。こうした皇室の世界を底本にしたのが、三島由紀夫著『豊饒の海』の第一巻の『春の雪』である。

　皇室の一夫一婦制といっても、大正時代は天皇が病弱であったため可能だったのであり、次代の健康な天皇が側室を求めれば容易に崩壊する危険性を孕んでいた。しかし裕仁皇太子は自らの主体的な意思で、側室制度を拒否した。

　後宮改革は進んだが、それなりに問題もあった。それは皇后良子に男子が生まれなかったからである。皇室典範によって男系世襲を明記している以上、男子が生まれなくては、万世一系の天皇制に差し支えが生じることになる。このため田中光顕元宮相などが暗躍して、側室制度の復活を図った。つまるところこの問題の本質は、側室制廃止という近代性と、男系世襲という前近代性との間の矛盾から起こったのだが、昭和八年十二月二十三日に男子である継宮明仁（のちの平成天皇、現在の上皇）が生まれたことによって、一応解消することになった。

　八月三十日、裕仁皇太子は良子と共に、日光の田母沢御用邸で療養中の大正天皇と皇后を見舞った。この時には弟宮である秩父宮、高松宮、澄宮（後の三笠宮）も揃って訪れて、一緒に夕食を摂った。皇室一家が揃ったのは、皇太子の渡欧以来初めてのことだったため、皇后節子もことのほか喜んだ。

裕仁皇太子のもう一つの皇室改革は、宮殿の畳を廃止して御殿内を洋風化することだった。自分自身の服装についても、洋服と和服の二重では煩雑なうえ、出費も馬鹿にならないことから、以後一切、洋服に切り替えることにした。

皇太子の外遊の際の同行記者だった後藤武男は、当時の裕仁皇太子について、「アソール公のような小ぢんまりした住居に生活したい。鉄筋コンクリートの小さいのが欲しい。そしてアソール公のような簡易生活がしたい」と願っていたと述懐している（後藤武男『天皇外遊と三人男』）。

✳威厳を示せない皇太子裕仁

大正十四年（一九二五）五月六日、宮内省より、良子妃が妊娠のため静養すると発表された。続いて六月十四日には、十一月下旬に出産予定であることが公表された。

同年十二月六日、内親王が誕生し、同月十二日、成子（しげこ）内親王（幼称は照の宮）と命名された。

成子内親王の養育に関して、皇太子と良子妃は、従来の慣行を破って新しい方法を採ることにした。それは皇女の養育を臣下に任せるのではなく、自分たちの手許で行い、乳母を置くものの、主として良子妃の母乳によって育てようとするものだった。しかしのちに皇后となった良子が再び妊娠した折には、天皇となった裕仁と皇后の手元で皇子や皇女を養育することに、宮中に強い影響力を持つ元老西園寺公望や牧野内大臣（前宮相）、一木喜徳郎枢密院議長らは反対した。しかし二十四歳で摂政になった裕仁は、積極的に自分の意思を示し始めた。

英国でも同様であるが、国王や天皇が事実上不在の場合、身近の問題では皇太子が影響力を出しやすい。一方国政への関与については厳に抑えられた。

大正十三年、官僚系の清浦圭吾内閣打倒を目指した第二次憲政擁護運動が起こり、衆議院の多数を護憲三派の野党が占めるようになったことから、衆議院は解散された。

五月十日総選挙が行われ、おおかたの予想通り護憲三派が圧勝した。このため六月七日、清浦首相は辞表を提出した。そこで元老西園寺公望、牧野宮相、平田東助内大臣らは、これまでの手続きに従ってまず摂政から平田内大臣に下問し、平田の奉答を受けて両元老に下問が行われた。これを受けて元老の西園寺は、衆議院第一党の憲政会党首の加藤高明を後継首相に推薦した。なおこの時は元老の松方正義が重病だったため、平田内大臣にも下問するように奉答した。このため平田に対しても同様の下問があった。

このような手続きを経て六月九日、摂政より加藤高明に組閣の大命が下され、同月十一日、第一次加藤高明内閣が護憲三派を与党にして成立した。

裕仁皇太子は、摂政就任以来政治改革の姿勢を強め、護憲三派内閣の成立に好意を持った。しかし摂政として後継首相を任命する立場にあっても、その決定に対しては何ら影響力を及ぼすことは出来なかった。こうした経緯から、自分自身が単なるロボットではなく、将来の天皇として具体的に政治にどのようにかかわっていくべきかを真剣に考えるようになった。

平田内大臣は病気のため辞職し、大正十四年三月三十日、牧野宮相が内大臣に、一木喜徳郎枢密院議長が宮内大臣に就任した。元老の松方は既に前年七月に他界していたので、この人選は元老の西園寺が中心となって牧野宮相と相談しながら進めた。皇太子には結果だけが知らされたが、最側近の牧野が内大臣に就任したことを非常に喜んだ。

護憲三派内閣は当初から憲政会と政友会が内部で対立し、大正十四年三月に普通選挙法が議会で成立すると、護憲三派の分裂はもはや時間の問題となった。こうした政治状況にもかかわらず、皇太子には摂政として政治に関わっていけるだけの経験が不足していた。

牧野内府にしても、摂政裕仁のイメージについて、英国で進んでいるような平民化と神秘性をどのようなバランスにすべきかについて迷いがあった。しかし最終的に牧野は、ある程度神秘性を保ちながらも、強いリーダーシップを発揮させるべく努めることにした。

大正十四年四月十一日、牧野は「護憲三派内閣の永続が困難で、特に予算編成をめぐって対立が心配され、今後合同や新党樹立の動きがどのようになるかの推測は困難である」と言上した。一方皇太子からは、同月四日に政友会総裁の引退声明を出した高橋是清の進退についての下問があった。牧野が政治状況に関する言上をことさら意識的にするようになった背景には、内大臣の職務である「常時輔弼」の役割を宮相時代以上に意識したことがあった。

七月三十日にも牧野は政治状況について言上した。皇太子からは、政友会前総裁の高橋是清が護憲三派の協調論者であることから、政友会系が護憲三派内閣から離脱すれば政友会を離党するのではないか、との下問があった。

翌大正十五年一月三十一日、牧野は、首相就任の挨拶に来た若槻礼次郎（加藤高明首相が、一月二八日他界した後に憲政会総裁に就任）に対して、「殿下政治御練習の為、時々経過言上の事、及政変御諮詢方法に関する重大問題の事、其他各政党首脳間の感情宥和に付」などを述べて、同意を得た。

こうして牧野は、皇太子に積極的に政治教育を施そうとしたのであったが、陸軍の動向について特に政治教育をしたわけではなかった。しかし参謀総長の人事は政治問題化する恐れがあると注意を促した。それは、昭和元年（一九二六）二月、河合操参謀総長の後任をめぐって、宇垣一成陸相（大将）が鈴木荘六大将（朝鮮軍司令官）を推し、一方上原勇作元帥（前参謀総長）は武藤信義中将（前参謀次長）を推した経緯があったからである。

上原元帥は武藤を参謀総長として適当と奏上して採納されたが、宇垣は陸相としての輔弼の責任上、事態が紛糾するかも知れぬと、奥保鞏元帥に語っていた。従来の陸軍では、陸相が中心となって人事を行う慣行があった。しかしこの時は、上原元帥が折れたため、裕仁天皇が陸軍の内部対立に直接関わることはしないで済んだ。

三月二日、宇垣が推薦する鈴木壮六が参謀総長に就任した。ところが明治憲法では、天皇に統帥権がある建前になっているため、陸軍部内で人事の調整が出来なくなった時には、最終的には天皇（その代理である摂政）が判断しなければならなかった（伊藤之雄『昭和天皇伝』）。

また大正十五年三月、与党の憲政会は議会で政友会と対抗する上で、野党第二党の政友本党の協力を求めた。もしこの時、政友本党が議会で若槻憲政会内閣に協力する見返りに、政友本党の床次竹次郎内閣が成立すれば憲政会が援助するとの動きがあった。こうした動きに対して牧野内大臣は、天皇の大権に抵触するものだとして、強い懸念を表明した（『牧野日記』）。

第3章

激動の時代に生きた裕仁天皇

✵張作霖爆殺事件と裕仁天皇

大正天皇は最期の時を迎えつつあった。裕仁皇太子は、万一に備えて遠方への行啓を取り止めることにした。大正十五年十一月十一日、宮内省は大正天皇の病状悪化を公表した。皇太子は、大正天皇が療養する葉山御用邸に頻繁に見舞いに訪れたが、十二月十四日からは泊まり込まざるを得なくなった。

『昭和天皇実録（四）』の大正十五年十二月二十五日の項には、次のように記されている。

「二十五日、土曜日、知改まるも、昨日に引き続き皇后・皇太子妃等と共に天皇御病床にて看病を続けられる。午前一時、天皇の御体温は四十一度まで上昇し、御脈搏は益々頻数微細にして算し難く、御呼吸はさらに逼迫する」

皇后や侍医たちによる懸命の介護の甲斐もなく、十二月二十五日午前一時二十五分、ついに崩御した。四十七歳だった。

深夜の葉山御用邸では、一二四代の皇祚を践むことになる裕仁皇太子のために、天皇崩御から間もなく剣璽渡御の儀が執り行われた。この儀式は、式台に奉安した草薙の剣と八坂瓊勾玉、および御璽と国璽の二つの印章を、新天皇に捧げるものである。

時を同じくして宮中の賢所においても、掌典（神官）が践祚の次第を神前に奉告した。三種の神器である八咫の鏡は賢所の御神体であるため動座はしないからである。

同時刻、遺体が安置された付属邸から二百メートル東の新御用邸では、臨時枢密院会議が開かれて、新元号を「昭和」とすることを決定した。「昭和」は、四書五経を出典とする慣例に従い、堯典の「万邦協和、百姓昭明」から選んだ（河原敏明『天皇裕仁の昭和史』）。こうして昭和の幕は切って落とされた。

昭和三年十一月十日、御大礼の式典が京都御所で挙行された。なお践祚とは皇位を継ぐことを指し、御大礼（大典）はその事実を内外に宣明する国家最高の儀式である。外国の戴冠式に当たる。明治天皇の時には極めて簡素なものだったが、日本の国際的地位が向上するにつれて、豪華なものになった。

十日の紫宸殿の儀に始まって大嘗祭、大饗宴と続く八日間にわたる盛儀には日本中の指導者がこぞって参加した。「諒闇（りょうあん）」（大正天皇の喪）が明けて、赤坂離宮の仮皇居から皇居に移った昭和三年頃の裕仁天皇の日常は、次のようなものであった。

午前六時過ぎに起床し、奥宮殿の「御拝の間」において伊勢神宮、明治・大正の両天皇陵遥拝から始まり、朝食後、毎朝欠かさず東京で発行されている主要新聞のすべてに目を通した。中でも国際ニュースには特に留意した。新聞は国の実情を知るための重要な情報源だった。

午前九時五十分、軍服に着替えて、奥宮殿と表宮殿の中間にあった表御座所二階の御政務室に入り、書類を丹念に閲覧して裁可や允裁をした。上奏内容に疑問のある場合は、侍従や侍従武官、あるいは直接担当大臣を呼んで質した。問題が錯綜している場合は、なかなか裁可しないこともあった。

即位から半年も経っていない昭和二年三月、海軍軍令部からの上奏書類を前にして、沈思黙考したことがあった。この時の案件は、中国の内戦に絡んで、上海の在住居留民の生命財産を守るために英米と共同出兵するという一件だった。在留邦人の安全は図らなければならないも

の の、内戦中の中国へ軍隊を派遣することが適当か否か、天皇は悩んだ。

結局この時は、外相であった幣原喜重郎（第一次若槻礼次郎内閣）の不干渉と国際協調主義の立場で派兵することを認め、さらに軍令部長の鈴木貫太郎海軍大将に対して、自衛の域を逸脱しないことを念押しした上で裁可した。上海に日本海軍陸戦隊が上陸したのは、昭和二年三月二日のことであった。この一件は裕仁天皇が大元帥として初めて裁可した海外派兵であった。

当時の裕仁天皇は、午後は専ら運動に当てた。月水金には乗馬、火木土と日曜日にはゴルフをして体力の鍛錬に努めた。

昭和二年四月二十日、田中義一政友会内閣（外相兼任）が成立した。田中は森恪を外務政務次官に、山本条太郎を満鉄社長に任命して「積極外交」の姿勢を示した。五月、北伐軍が北上し華北に達せんとする形勢を見て、田中内閣は居留民の現地保護を名目に「第一次山東出兵」を決定した。

その直後の昭和二年六月下旬より、田中内閣は「東方会議」（本省、中国、満州、朝鮮在勤の外交官、軍部）を開催して、中国に対する積極政策を決定した。会議の最終日、田中首相は「対支政策要綱」を訓示して、日本の権益と居留民の保護および満蒙分離を内外に明らかにした。

会議直後に、満蒙領有を唱えたいわゆる「田中上奏文」（田中メモランダム）なるものが世上に流れた。これは、その後の日本の中国侵略の実際の経過とよく符合していたため、東京裁判でその真偽が問題となった。結局「田中上奏文」は偽文書であったが、全く根拠のない偽造文書ではなかった。森恪の依頼を受けて、日本陸軍の少壮幕僚と外務官僚とが合作したのが元の文書であったと言われている（陸軍中将鈴木貞一の戦後の供述）。

昭和三年二月、蒋介石は復職して北伐を再開し、四月には再び山東省を脅かすようになった。四月、国民革命軍の北伐に対して田中内閣は「第二次山東出兵」を決定し、五月三日、日本軍は済南で国民革命軍と衝突した（済南事件）。さらに田中内閣は五月、中国の南北両政府に対して、戦乱が満州まで波及する場合には治安維持のため適当な措置を執ると通告した。

やがて裕仁は、馬上で考えごとに耽ることが多くなった。時には放心状態のあまり落馬しそうになって、侍従たちを心配させた。

『昭和天皇実録（五）』の昭和三年五月六日の項には、次のように記されている。

「六日、日曜日、先般来の議会紛糾、済南情勢などの内外多端の折柄、この日は日曜日から好天につき、御沈鬱の御様子を案じた側近の勧めにより、ゴルフ競技を行われる」

六月四日、中国統一を目指す国民党の北伐軍に追われて、北京から本拠地の満州に引き揚げてきた張作霖の乗った特別列車が爆破され張が死亡するという驚愕すべき事件が発生した。この事件は日本国内では「満州某重大事件」と呼ばれた。

張作霖は満州の馬賊出身で、日露戦争の際には、ロシア軍に通じていると疑われて日本軍に捕らえられたが、当時満州軍総司令部の作戦参謀であった田中義一に生命を助けられ、これ以降日本軍に協力するようになった。

清朝政権が倒されて中国各地に軍閥が割拠している時代、張は奉天省（現在の遼寧省）の督軍兼省長となって、奉天、吉林、黒龍江の三省がある東三省（満州）全体を支配した。その後、張は軍閥政権を築き上げて中央政界に進出し、昭和二年北京政府の大元帥にかつがれ、南京政府による国民革命軍の北への波及を阻止しようとしたが失敗した。このため張は大元帥の地位を諦めて奉天に引き揚げる途中でこの爆殺事件に遭った。列車爆破は、北京から山海関を経て奉天の瀋陽駅に至る北寧鉄道が、瀋陽駅の手前で南満州鉄道の陸橋の下をくぐるクロス地点で起こった。

南満州鉄道は、関東州から長春に至る鉄道であり、日露戦争の結果、日本がロシアから獲得した鉄道だった。鉄道線路を中心とする幅六二メートルの付属地と付帯事業用地は、ロシアから租借地を引き継いだ大連・旅順地区を中心とする関東州と共に日本の主権下に置かれていた（大江志乃夫『張作霖爆殺』）。

さて関東軍は、「関東州の防備及び満州にある鉄道の保護に任ず」る目的のもとに設けられた陸軍部隊であり、関東軍司令部は旅順に置かれていた。その兵力は鉄道守備を任務とする独立守備隊の他、交代で内地から派遣される一個師団（兵力は平時編成で、三分の一が留守部隊として国内に残留）であった。

当時の関東軍の司令官は、村岡長太郎中将、参謀長は斎藤恒（ひさし）少将、高級参謀は河本大作大佐、独立守備隊司令官は水町竹三少将である。なお駐満師団は第十四師団（宇都宮）であり、列車爆破事件現場の守備担当は独立守備隊第二大隊第四中隊であり、事件当日の中隊長は東宮鉄男（とうみやてつお）歩兵大尉だった。

この時の陸軍大臣は、白川義則大将である。田中義一首相は大正期を通じての陸軍の実力者であり、山県有朋、桂太郎、寺内正毅に続く長州閥の中心的人物だった。ただし決定的な違いは、山県、桂、寺内がいずれも現役の陸軍大将のまま首相の地位に就いたのに対して、政党内閣時代に政治家に転進した田中は、陸軍の現役を退いて政党の総裁として内閣を組織したことにあった。

昭和三年四月、対満蒙積極論者の吉田茂に代わって林久治郎が奉天総領事に着任した。林は出発前に田中首相の同意を得て、白川陸相から軍部の外交干与に反対する旨の約束を取り付けた。これより以前、関東軍の斎藤参謀長は陸軍中央に対して、山海関を越えて撤退する張作霖の奉天軍とこれを追撃する北伐軍の何れを問わず、実力行使をもって武装解除する方針を具申していた。

五月十六日、閣議は「満州地方の治安維持に関する措置案」を決定し、翌十七日、田中首相兼外相より裕仁天皇に奏上するとともに、英米仏伊の在京四か国の大使を外務省に招いて声明書を手渡した。さらに六月十八日には、「覚書」を張作霖と南京政府の双方に通告するとともに、林総領事の意見に基づいて、芳沢謙吉公使をして張作霖に満州引き上げを勧告させた。

南京政府は、この通告をもって日本政府が済南で北伐軍を阻止する意図がないものと受け止め、京津（北京、天津）地方を確保して国内統一を完成した後には、関外への追撃を行わないことを約束した。

一方、日本の武力援助によって関内に留まることを期待していた張作霖にとっては、日本側の勧告は不満だったものの、とりあえず芳沢公使の説得に応じて奉天に帰ることを承諾した。

村岡関東軍司令官は、十八日付の「覚書」を受け取ると、実力行使による奉天軍の武装解除を目指して、関東軍の錦州派遣と軍司令部の奉天移転の準備に取りかかった。これに対して外務省は、日本の主権外地への関東軍の移動に反対した。

十九日、鈴木荘六参謀総長は関東軍に対して、奉直命令の伝宣があるまで主権外地に出動しないように指示した。陸軍刑法第三十七条では「司令官権外の事に於いて、已むを得ざる理由なくして擅に軍隊を進退したる時は、死刑又は無期若は七年以上禁錮に処す」と定めていた（擅権の罪）。したがって日本の主権下にある地から主権外地への司令官の専断による軍隊の出動は、この罪に該当し、その罪は非常に重かった。

村岡関東軍司令官は参謀本部に再考を求めた。鈴木総長は田中首相を説得して、関東軍宛に、二十一日に「奉直命令の出宣がある予定」との電報を発した。村岡軍司令官は、関東軍の主力を奉天に集結するとともに、軍司令部を奉天に移し奉直命令を待った。外務省はこれとは別に、北伐軍が関外への進撃を行わない場合には、武装解除の必要はないとする旨の訓電を発した。ところで「奉直伝宣命令」とは、天皇が大元帥の資格で発する軍事命令であり、参謀総長が帷幄上奏・裁可を得た後、勅を奉じて軍司令官などの軍隊指揮官に伝達するものであった。このことから閣議における事前承認を必要としなかったが、しかしながら日本の主権外地への政略出兵となれば、内閣の管掌に属する外交問題でもあった。

白川陸相は、陸軍が外交に干与しないとの約束を、田中首相兼外相を通じて林総領事に伝えていた。しかも主権地外への出兵に必要な臨時費は、閣議決定を得なければ支出できなかった。軍事命令とはいえ、この場合は田中首相兼外相の事前承認がなければ、裕仁天皇の裁可を求めることは出来なかった。

張作霖の北京退去が時間の問題となった五月三十一日、焦る関東軍は、重ねて中央部の指示を求めた。陸軍省の阿部信行軍務局長（中将）は、外務省の有田八郎アジア局長とともに田中首相のもとを訪れて決断を迫った。ここにおいて田中首相は、出兵延期の裁断を下した。もともと阿部軍務局長は出兵には積極的ではなかった。結論を聞いた荒木貞夫作戦部長は、「もう何が起こるかわからんが、この上は作戦部としては責任を負えん」と息巻いた。

陸軍中枢にも出兵強硬派と慎重派がいた。「第二次山東出兵」と関東軍の強硬論を強く主張したのは、参謀本部の荒木貞夫作戦部長と小磯国昭陸軍航空本部総務部長だった。

村岡軍司令官は、出兵命令が発令されないことに苛立ち、斎藤参謀長にも河本大作高級参謀にも知らせることなく、北支駐屯軍（天津軍、一九〇〇年の義和団戦争の結果、日本の軍隊は、列国とともに京津地方に駐屯することが認められた）と連絡を取って張作霖の暗殺計画を練った。

この計画を知った河本（大作）高級参謀は、張作霖暗殺が満州の武力進出のきっかけにならなければ意味がないとして、村岡軍司令官を説得して、河本自身が独自に作成した暗殺計画を採用させた。河本の狙いとするところは、張作霖の暗殺によって東三省の権力を中小の軍閥に四分五裂させて満州の治安を攪乱させ、関東軍の出動の好機を作り出すことにあった。河本によれば、張作霖が暗殺されるほど治安が乱れていることを内外に示すためにも、張作霖は関内で暗殺されなければならなかった。

このような経緯を背景にして、昭和三年六月四日早朝、張作霖の乗った特別列車は爆破された。爆発を仕掛けたのは、朝鮮から臨時で派遣されていた工兵隊であり、現場で爆破を指揮したのは、現地守備担当の中隊長の東宮鉄男（とうみやてつお）大尉だった。爆破犯人を国民党の工作員に見せかけるべく偽装工作が施されたが、謀略のずさんさから、事件直後からその真相が噂されるようになり、政治問題化していった。

張作霖爆殺事件について、裕仁天皇が田中首相より報告を受けたのは、なんと事件発生から半年後の昭和三年十二月二十四日のことであった。『昭和天皇実録（五）』には、次のように記されている。

「午後二時、内閣総理大臣田中義一に表内謁見所において謁を賜い、支那状況、及び去る六月四日奉天郊外において張作霖が焼死した事件の顚末について御聴取になり、また事件詳細は陸軍大臣より奏上すべき旨をお聞きになる。総理退出後、侍従長珍田捨巳をお召しになり、陸軍大臣奏上時の対応について御下問になる。よって珍田は、侍従次長河井弥八と共に内大臣牧野伸顕を訪問し、四時二十分、再び天皇に拝謁、復命に及ぶ」

田中義一首相は裕仁天皇に、この「満州某重大事件」に関して、「どうも陸軍の中に犯人がいるようですので、目下調査中であります」と上奏した。その後白川陸相が参内して事件の犯人について報告したところ、裕仁天皇は、「国軍の軍記を厳格にするよう」命じた。ところが田中首相と白川陸相は、陸軍や政友会の圧力のため、河本を軍法会議にかける勇気を持てなかった。そのため結局、河本を停職にすることでお茶を濁した。

この重大事件について、天皇に詳しい報告がなかったのは、目的のために天皇すら欺こうとした陸軍の意向だった。なお十二月二十八日、白川陸相より事件の調査開始の報告があった。

元老西園寺公望の秘書をしていた原田熊雄述による『西園寺公と政局（一）』（以下『原田日記』）には、この辺りの経緯が詳しく記載されている。

「満州某重大事件といって世間に伝へられてゐるが、張作霖が北京から引上げて奉天に帰る途中、あの爆破があった時に、その報道が新聞に出ると、その日に公爵は自分（原田）に向かって、『どうも怪しいぞ、人には言へぬが、どうも日本の陸軍あたりが元凶ぢゃあるまいか』と言って心配されてをられた。

その後だんだん時日が経つと、田中総理がひそかに公爵の所に来て、『どうも日本の軍人らしい』といふことを洩らしたので、公爵は『万一にもいよいよ日本の軍人であることが明らかになったなら、断然処罰して我が軍の綱紀を維持しなければならぬ。日本の陸軍の信用は勿論、国家の面目の上からいっても、立派に処罰してこそ、たとへ一時は支那に対する感情が悪くなろうとも、それが国際的に信用を維持する所以である。かくしてこそ日本の陸軍に対する過去の不信用をも遡って恢復することができる』

さらに『原田日記（一）』には、張作霖爆殺事件に対する当時の政友会の雰囲気も記されている。

「政友会の幹部のほとんど全部は、もしこれが事実日本の軍人の所為であったとしたら闇から闇に葬ってしまへといふ意見で、閣僚の有力者達も田中総理に、『処罰するが如きことは断じてならぬ。日本の軍人がしたといふことが処罰したためあきらかになれば、それは所謂陛下の軍人がかくの如きことをしたといふことになるので、さういふことが外国に知れたならば陛下のお顔に泥を塗るようなもので、何の面目があって陛下が各国の大公使なんかにお会ひになれよう。一体西園寺公の言ふやうなことは間違ってゐる』と言って、この犯罪を闇から闇に葬らうとする運動が盛んであって、田中総理も思ひきって処断することを非常に躊躇してゐた。ところが、たびたび公爵から田中総理に催促があったので、総理も已むなく陛下の御前に出て、『張作霖爆破事件については、どうも我が帝国の陸軍の者の中に多少その元凶たる嫌疑があるやうに思ひますので、目下陸軍大臣をして調査させてをります。調査の後、陸軍大臣より委細申し上げさせます』といふことを陛下に申し上げた。その後陸軍大臣は参内して、陛下にこの事件の大体をご説明申上げ、なほ充分言上すべきやう申し上げたところ、陛下には『国軍の軍紀は厳格に維持するやうに』とのお言葉があった」

この間、十一月十日に天皇は京都で即位の礼、大嘗祭を行った。若き天皇に対する国民の期待が高まる中で、天皇の股肱であるはずの軍が造反し始めていた。

年が明けて昭和四年一月十九日、田中首相が拝謁した際、天皇は張作霖爆殺事件と済南事件の対策について問いただした。一月二十二日、海軍大将鈴木貫太郎が侍従長に任命された。軍部対策に苦慮する天皇にとって鈴木の存在は心強かった。

三月二十七日、白川陸相より、「張作霖爆殺事件の取り調べの結果として、関東軍参謀河本大作の単独発意によるものにて、その計画のもと、少数の人員を使用して行われた」との報告があった。併せてこれが外部に暴露されれば国家に不利になるため考慮したい旨の奏上があった。

しかしながら後に田中はこの顚末を上奏するにあたって、「幸いにも陸軍には犯人がいないことが判明しました。しかし事件の責任者については、行政処分をもって始末します」と上奏した。この田中の上奏が裕仁天皇の怒りを買うことになった。先に「犯人がいる」と言って、今度は「いない」と言ったため、天皇は声を荒げて「お前が最初に言ったことと違うではないか！」と鋭く断じて奥へ入ってしまった。その直後天皇は鈴木貫太郎侍従長に対して、「田中の話を再び聞くことは、自分はいやだ」と述べた。鈴木はこの言葉をそのまま田中に伝えた。すると田中は涙を流して恐懼し、即座に内閣総辞職を決意した。

張作霖爆殺事件に関する田中義一首相の上奏について、『昭和天皇実録(五)』には次のように記載されている。

「昭和四年六月二十七日　木曜日　午前十一時五十分、御書斎において侍従長鈴木貫太郎に謁を賜い、午後の予定された首相の拝謁において、張作霖爆殺事件に関する奏上がなされた場合の天皇の御対応につき、この日午前十時より内大臣牧野伸顕・宮内大臣一木喜徳郎と協議した結果についての奏上を受けられる。なお、鈴木は同問題に関し、昨夕公爵西園寺公望を訪問する。

午後一時三十五分、御学問所において内閣総理大臣田中義一に謁を賜い、張作霖爆殺事件に関し、犯人不明のまま責任者の行政処分のみを実施する旨の奏上をお聞きになる。今回の田中の奏上はこれまでの説明とは大きく相違することから、天皇は強き語気にてその齟齬を詰問され、さらに辞表提出の意を以て責任を明らかにすることを求められる。また田中が弁明に及ぼうとした際には、その必要はなしとして、これを斥けられる。同五十分、田中は退下す。それより天皇は御書斎に侍従次長河井弥八、ついで内大臣牧野伸顕をお召しになり、同問題につき御談話になる。

午後三時十八分、侍従長鈴木貫太郎に謁を賜う。それより鈴木は内大臣牧野伸顕・公爵西園寺公望を訪問する。なお、この日は午後二時よりゴルフの御予定のところ、御心労のため椅子に凭れたまま居眠りをされ、その機を逸せられる」

この頃から裕仁天皇は過度のストレスから不眠症に悩まされるようになった。

外交史家の波多野勝が上梓した『奈良武次とその時代—陸軍中枢・宮中を歩んだエリート軍

人』は、当時侍従武官長をしていた奈良武次（当時陸軍中将、のち大将）に焦点を当てたもので、これによって、六月二十七日前後の宮中の動きがより正確になった。波多野は次のように述べている。

「白川陸相は一度『満州軍重大事件事実なしと発表したき旨』を上奏しようとしたが、これを聞いた奈良に阻止された。東宮武官長時代から天皇に仕える奈良としては、杉浦重剛に厳しく教育された天皇の性格をよく理解していた。すでに天皇には事件への日本人の関与が伝わっているだけにそのような嘘が通じるはずもなく、ましてや天皇は嘘に対して大嫌悪することはわかっていた。事実、天皇は不満な旨を鈴木侍従長に吐露、これを聞いた牧野も『絶望』とみていた」

さらに『昭和天皇実録（五）』には、次のように記載されている。

「六月二十八日　金曜日　午前十一時十五分、陸軍大臣白川義則に謁を賜い、張作霖爆殺事件に関する処分として、関東軍司令官村岡長太郎を予備役編入、前関東軍参謀河本大作（第九師団司令部付）を停職、元関東軍参謀長斎藤恒（東京湾要塞司令官）及び独立守備隊司令官水町竹三を重謹慎とする旨の人事内奏を受けられる。終わって内大臣牧野伸顕、ついで侍従長鈴木貫太郎を御座所にお召しになる。午後一時十四分、右人事書類を御裁可になる」

元老の西園寺は原田熊雄に対して、「この事件だけは西園寺が生きてゐる間はあやふやには済まさせないぞ」と語っていたが、結局陸軍の圧力の前に屈してしまった。

✺ロンドン海軍軍縮条約に対する軍令部の猛反発

昭和四（一九二九）年十月二十四日、ニューヨーク株式市場の大暴落をきっかけに世界恐慌が発生した。しかしこの時、恐慌が四年余りも続くとは誰も考えていなかった。当初日本政府は、恐慌の発生によって欧米の金利が低下して日本の資金の流出が抑えられることから、金解禁にとってはむしろ好都合だと考えていた。ところが昭和四年以降、アメリカの株高が進むにつれて、次第に米国の資金がヨーロッパから回収されたためヨーロッパでは金融が逼迫し、一気に不況が深刻になった。

日本でも金解禁のための緊縮政策と海外の不況が重なり、たちまち大恐慌に陥った。卸売物価は昭和四年から六年にかけて三割以上も落ち込み、横浜の生糸相場は同じ期間に約半分、株価は約三割も下落した（中村隆英『昭和史（一）』）。

昭和四年三月四日、第三十一代米国大統領に共和党のフーヴァーが就任した。大統領就任演説でフーヴァーは、一九二七（昭和二）年の日英米三国間の補助艦に関する軍縮交渉（ジュネーブ会議）の促進について強い意欲を表明した。続いて四月二十二日、米全権ギブソンは国際連盟第六回軍縮委員会において、海軍軍縮に関して米国の積極的な考え方を表明した。

国際的に軍縮の気運が盛り上がりを見せている最中、英国では総選挙が行われ、軍縮達成を訴えた労働党が勝利を収め、六月七日第二次マクドナルド内閣が成立した。

労働党内閣の成立に注目していた新駐英ドーズ米国大使は、急遽フーヴァー大統領と協議し、六月十四日、ロンドンに着任した。それから二日後の六月十六日、ドーズは、スコットランドのフォレスに休養中のマクドナルド首相を訪ねて協議した。その結果、両者は海軍軍縮交渉を進めることで意見が一致した。

翌十七日、ロンドンに戻ったドーズは、早速松平恒雄駐英大使と会談した。席上ドーズは、先年のジュネーブ海軍軍縮会議が失敗に終わったのは全権が海軍軍人であったりして会議のやり方を誤ったためであり、今度は会議の方法を変えなければならないと述べた。

この前後ドーズは松平大使に対して、軍縮予備交渉への日本の参加を要請した。

昭和四年七月二日、田中義一政友会内閣のあとを受けて浜口雄幸民政党内閣が成立した。外相には幣原喜重郎、海相には財部彪が就任した。

七月九日、浜口内閣は、①政治の公明、②国民精神作興、③綱紀粛正、④対支外交刷新、⑤軍縮促進、⑥財政の整理緊縮、⑦非募債と減債、⑧金解禁断行、⑨社会政策の確立、⑩国際貸借の改善と関税の改正、などからなる「十大政綱」を発表した。

七月十九日、幣原外相は駐英松平大使に宛て、海軍軍縮の一般方針樹立のため英米日仏伊間で協議することを了承する旨の電報を発した。

十月七日、英国政府よりヘンダーソン外相の名をもって、一九三〇(昭和五)年一月第三週初頭にロンドン海軍軍縮会議を開催する旨の招請状が日米仏伊など四か国に送付された。日本政府はこの招請状を受諾後の十月十八日、同会議全権として若槻礼次郎元首相、財部彪海相、松平恒雄駐英大使、永井松三駐ベルギー大使、海軍随員として左近司政三中将を選任した。

日本海軍では九月頃から訓令案の検討を行っていたが、十一月二十五日訓令案を陸軍側に示し、二十六日閣議決定された。そして二十八日、日本側全権に次の訓令が与えられた。

「二十センチ砲搭載大型巡洋艦においては、特に対米七割、また潜水艦においては昭和六年度末わが現有量を保持するを要す。これらの要求と補助艦対米総括七割の主張を両立せしむるがためには、帝国海軍軍備の要旨に悖らざる限り、軽巡洋艦、駆逐艦において、多少の犠牲を忍は止むを得ない事に属す」

すなわち日本としては、①補助艦対米七割、②八インチ（二十センチ）砲巡洋艦（大巡）対米七割、③潜水艦の現有保有量（約七万八千トン）の保持、のいわゆる「三大原則」で会議に臨むことにした。ところがこの「三大原則」なるものは、ロンドン会議当時海軍軍務局長としてその取りまとめに奔走した堀悌吉（ほりていきち）（昭和四年九月～六年十一月、海軍軍務局長）によればもともと次のような矛盾を含むものだったのである。

「この三則は以前から決定していた確乎不抜のわが海軍の方針といったような歴史的なものではなく、ロンドン会議に対するわが対策として掲げられたものである。……わが方としては、これが貫徹に万全を尽くすべきは言ふまでもないが、戦勝国が戦敗国に対して課する絶対的の強制条件の如きものでありえないことは、常識の上からでも明白である。

殊に第二と第三は、第一の総括七割の内訳としての要求であって、今回初めて世の中に出されたものである。すなわち第二は、第一と同様の七割比率を八インチ砲巡洋艦に適用するの要求であって、第三は、総括七割の比率のうち潜水艦の実トン数を要求するものである。それだから、例えわが主張の総括が通ったとしても、総計トン数が甚だしく低下する場合があり、その中に潜水艦自主量なる不変数が割り込めば、他の巡洋艦の方を非常に圧迫することになる。したがって三則を横に書き並べて見て、何となく納得できかねる首尾一貫しない点のあるのは、止むを得ないところであって、当時これを人に説明して了解を得んとするに当り、ひとかたならぬ苦心をしたものである」(『太平洋戦争への道(別巻・資料編)』)

元老の西園寺公望は、国際協調の観点から、対米七割にこだわらず海軍軍縮の成立に向けて柔軟に応じるべきだと考えていた。

昭和五年一月二十一日、ロンドン海軍軍縮会議が開会された。

三月十一日、首席全権会議後、若槻は英国のマクドナルド首相と会談して、「自分は、海軍の軍縮は世界の平和を維持し、国民の負担を軽減するために、最も大切な事柄であると信じており、衷心からその実現を希望して、何とかしてこの会議をまとめたいと微力を尽くしている。……英米両首脳におかれても、私の微衷を諒とせられるならば、日本の主張の主要なものは、是非これを了承せられたい」と述べた。この若槻の決意に、マクドナルドは感動した。若槻が宿舎に帰るや、早速米全権スティムソンから電話があった。その後リードも同席して討議を行った結果、対米総括「六割九分七厘五毛弱」(六九・七四%)に日米妥協案が出来上がった。

若槻は通訳として同行した斎藤博に対して、「まだ二厘五毛足りないと言え」と命じたが、斎藤は「六割九分七厘五毛というのは、結局七割と同じことなのですが、アメリカの全権がここで条約を結んでも、帰国して上院の批准を受けなければなりません。多数の者が大変な譲歩だといって騒ぐでしょう。彼らはそれを心配して、六割九分七厘五毛といえば、いくらか譲ったか全部譲ったんじゃないということになる。そこでこういう計算を出したと思う」と述べた。

同日会談後、若槻全権は幣原外相に対して、「今日の会談の模様より得たる印象によれば、このままの押し問答にては日米間差し当たり右米案以上に日本を有利にする見込み立たざる」

旨の電報を発した。

三月十三日、リードは若槻を訪問し、米国側の最終案を示した。これによると、日米の総括的対米比率は、六割九分七厘五毛強（六九・七五四％）となった。但し重巡は、起工が延期されたアメリカの重巡が竣工し始める一九三六年以降までは対米七割以上で、潜水艦は同率だった。

後日、若槻はその時の模様について、「潜水艦問題だが、アメリカは潜水艦も他の軍艦と同様、一〇対六の比率で行くつもりであったが、強いてこれを主張せず、日米同数ということに同意するから日本も七万二〇〇〇トンに固執せず、双方五万二〇〇〇トンで満足してもらいたいと言い出した。……日本が、七万二〇〇〇トンに固執すれば、アメリカは一〇対六の比率によって、一二万トンの潜水艦を持つというべきところを、日米同数とする。双方五万二〇〇〇トンにしようということであるから、非常な譲歩である。これは纏めたほうがいいと思ったから、私はこれに同意した」と述べている。

三月十四日、日本全権団は東京宛に、次の請訓を発出した。

「最近、松平・リード会談に次ぎ、十二日若槻・スチムソン会談において看取せらるる通り、米国側は事実上既に総括的七割の原則を認めたるものとして、厘余の開きあることは事実なるも、これ米国側が全然日本の主張に屈服したりとの非難を避けながら、日本の希望に副わんとする苦心の存するところなるべく、大型巡洋艦についてはわが主張に副わずといえども、事実次回会議までは大体七割以上の勢力を保有するものと見ることを得べく、潜水艦についてはわが主張に比し少量なるの遺憾はあるも、先方がその保有量を低下して、我と均勢を申し出あるは、一つの譲歩なりと認むるを得べし」

若槻としては、「もし政府が私の請訓を承認しないか、または承認しても大きな修正もしくは注文をつけた回訓が来たなら、これは脅かしでも何でもなしに、私は断然全権委員を辞するつもりで腹を決めていた」のだった。

三月十四日発の在ロンドン日本全権団の請訓は、翌十五日午前、東京の外務省に届いた。ところでロンドンでまとまった仮妥協案は、堀軍務局長から見れば、次のように解釈すべきものであった。

「総括的七割の要求は、実質においてわが主張通りになっているもので、一、二九〇トン程度の不足は議論するに足らない数量である。その内訳として、大巡七割の要求量には一七、六〇〇トンの不足があるが、これはそれだけのトン量が軽巡の方に回されていると認むべきものである。具体的に言い換ふれば八、八〇〇トン級巡洋艦二隻が、八インチ砲の代わりに約倍数に近い六インチ砲を備砲として搭載するといふ事である。

次に潜水艦は三国平等の五二、七〇〇トンであるが、自主量の七七、八四二トンに対し、二五、一四二トンの不足があり、これに代ふるに駆逐艦、軽巡の二三、八五二トンをもってするといふことになるのである。右と同時に原則適用主要量が右の如き数字となっては、軽巡、駆逐艦の数字が非常に低下することも見逃しえない。水雷関係の人々からは、寧ろ妥協案の方がよいとせられたのもその為である」

この仮妥協案に対しては、直ちに海軍軍令部側（部長加藤寛治大将、次長末次信正中将、第一班長加藤隆義少将）から強い反発を招くことになった。以前加藤（寛）海軍軍令部長は浜口首相と幣原外相に向かって、「七割はわが海軍の死活を岐つ絶対最低率にして、この協定成らざれば断固廃棄の外なきものとす」と断言していた。

東郷平八郎元帥も、「米国が大巡六割を我に押し付け、彼は数年後十八隻の完成を条約となさんとするは不可解なり。一度条約とせば取り返しつかざること、主力艦六割の場合に同じ。……七割なければ国防上安心出来ずとの態度を執り居ることなれば、一分と言ふ小駆け引きは無用なり。先方聞かざれば断固として引き揚ぐるのみ。この態度を強く申し遣わすべし」との強硬論を吐いた。

三月十六日、末次軍令部次長は独断で、「海軍としてかかる提案は、到底承認し得ざるものである」との声明を発表した。

三月十九日、加藤軍令部長は浜口首相に面会を求めて、米案は「国防用兵作戦計画の責任者としてこれを受諾することは不可能なり」と申し入れた。

加藤、末次ら軍令部側の強硬論の中にあって、会議成立のため海軍部内の取りまとめにあたった山梨海軍次官と堀軍務局長の苦労は並大抵ではなかった。山梨や堀は、日本の「三大原則」は外交上の目安であって、絶対的なものではないとの柔軟な考え方をとっていた。

三月二十四日、回訓案に関する非公式軍事参議官会議（軍事参議官は、重要な軍務について、天皇の諮詢により参議官会議を開き、意見を上奏するもので、元帥、陸海軍大臣、参謀総長、海軍軍令部長、および親補された陸海軍将官から成る）が開催された。

このあたりから、海軍部内の取りまとめのために裏方として活躍することになる岡田啓介海軍大将が、政治舞台に登場することになった。

岡田と加藤は同じ福井出身であり、三歳違いの同郷の先輩・後輩の関係にあった。これが、岡田が政府回訓をめぐって猪突猛進しようとする加藤の行動を適当になだめ、抑制することが出来た大きな要因になった。

後日、岡田はロンドン海軍軍縮当時の心境を、次のように語っている。

「ロンドン軍縮会議のまとめ役として奔走するのに、私は出来るだけ激しい衝突を避けながらふんわりと纏めてやろうと考えたわけだ。反対派に対しては、ある時は賛成しているかのように、なるほどと頷きながら、まあうまくやっていく。軍縮派に対しては、強硬な意見を言ったりする。要するに皆常識人なんだから、その常識が足がかりなんだ。いくら激しても人間には常識はあるんだからね。そこを相手にする。狂人だったら別だ。ただ逃げる。これが私の兵法だ」

対立衝突するものを巧みに操りながら、常識と中庸を足場にして取りまとめてゆく岡田の手法は、後年終戦工作の際にも活かされることになった。

軍事参議官会議で加藤軍令部長は、作戦計画、兵力配備、艦隊、造船状況等について説明した後、「米案は我の欲せざるところを与へ、我が欲するところを奪わんとするものなり。米提案の兵力量をもっては、国防計画の責任者としてその任に当たること困難になる」と述べた。続いて山梨次官より、三月二十二日外務省に送った回訓に関する海軍案の説明が行われた。

その際伏見宮博恭海軍大将は、「日本の主張により軍縮会議が決裂せる場合、日本の立場を如何に観察せらるるや」と質問したのに対して、加藤(寛)は、「顧念するの要あるも深憂すべきものにあらざる」との極めて楽観的な見通しを述べた。

ところが三月二十四日、財部全権（海相）は山梨次官に対して、「当方の空気は、我が立場をより有利に展開する余地少しと称し決裂を見るに至らんよりは、むしろ米提案に落ち着くともこの協定成立を図るは大局上却って有利なるとする意見を、遺憾ながら耳にするに立ち至りたり」として、同意する意向であることを伝えてきた。

三月二十五日、山梨次官は浜口首相に対して、「海軍としては、今回の米案をそのまま受諾することは不可能である」と進言したが、浜口首相は、「政府としては会議の成功を望むこと切なるものあり。会議の決裂を賭する如きは至難」なることを断言した。

翌二十六日、海軍では岡田大将、加藤軍令部長、末次軍令部次長、山梨海軍次官、堀軍務局長、矢吹省三海軍政務次官ら省部最高幹部が参集して、海軍の選択について検討した結果、次の「今後の方針」を決定した。

「海軍の方針（厳密に言えば、各種の議に列したる諸官の意見）が政府の容れるところとならざる場合、海軍諸機関が政務及び軍務の外に出づるの議に非ざるは勿論、官制の定むる所に従ひ、政府方針の範囲において最善を尽くすべきは当然なり」

この決定は、例え政府が海軍の意見に反した決定をしたとしても、海軍としてはそれに従うことを認めたものであり、このことは言外に「兵力量の決定権」が政府にあることを認めたものに他ならなかった。

二十七日、加藤軍令部長と岡田大将は浜口首相を訪問して、この「海軍の方針」について説明した。その際、浜口首相は、「（自分は）海軍事務管理たるが故に、国家大局上より深く考慮をめぐらし、大体の方針としては全権請訓の案を基礎として協定を成立せしめ、会議の決裂を防止したき心持を有す」と述べた。

三月二十八日、岡田大将は山梨次官の来邸を求め協議した結果、「請訓丸呑みの外なし。但し米案の兵力量にては配置にも不足を感ずるにつき、政府にこれが補充を約束せしむべし。閣議覚書としては、これを承認せしめざるべからず。また元帥参議官会議は、もしこれを開き、政府反対のこととなれば重大事となる。従って開くべからず」との断を下した。

皇居内の桜が開花し始めた三月三十日の日曜日、ロンドン海軍軍縮協定という一大懸案の解決をみた裕仁天皇は、春の陽光を背に一杯に受けながら側近を相手にゴルフをして楽しんだ。プレー終了後は観瀑亭（かんばくてい）（皇居内の吹上御苑にある東屋）で、皇后および一緒にゴルフをした側近と女官たちと昼食を共にして、つかの間の休日を満喫した。

政府回訓案は三月三十一日に完成し、四月一日の閣議に提出されることになった。三月三十一日、浜口首相は閣議に先立ち、海軍側の了承を得るために、岡田大将、加藤軍令部長、山梨次官の三氏に対して、翌一日午前の来邸を求めた。この浜口首相の申し入れに対して同日、岡田と加藤は、首相との会見の際の口上について協議した。岡田は加藤に向かって、「その際君はこの案を閣議に付せらるるはやむを得ず。但し海軍は三大原則を捨てるものにあらざるも、閣議にて決定すればそれに対し善処すべし、ぐらいの事は言われんか」と言ったのに対して、加藤は「それは出来ない」と返答した。そこで岡田が、「然らばその意味のことを余より言ふべし。君は黙っていてくれぬか」と言ったところ、加藤はこれを了承した。

四月一日午前八時四十五分、岡田・加藤・山梨の三氏は首相官邸に浜口首相を訪ねた。浜口は「政府は国際協調と国民負担の軽減とを目的として、米国案承認の回訓案を作成し、本日の閣議にかけ決定の上上奏、回訓をすることにした」と語った。これに対して岡田は、「総理のご決心は、よくわかりました。この案をもって閣議にお諮りになることは、止むを得ぬと思います。専門的見地よりする海軍の主張は従前通りでありまして、これは後刻閣議の席上次官より陳述せしめられるようお取り計らい願います。もしこの案に閣議でまとまりますならば、海軍としては、これにて最善の方法を研究いたすよう尽力します」と答えた。すると加藤は「用兵作戦上からは困ります。……用兵作戦上からは」との不明瞭な言葉を洩らした。

首相会見終了後、岡田、加藤、山梨の三氏は海相官邸に引き揚げた。そしてそこで待ち受けていた末次部長ら海軍幹部に政府の回訓を提示して、善後策を協議した。その結果、次の修正事項を、浜口首相兼事務管理（財部海相が軍縮会議に出ているため）、および幣原外相に進言することを決定した。

（一）二十センチ砲搭載巡洋艦に対し、一九三六年以後において条約の拘束を脱する留保は、潜水艦はもちろん補助艦兵力全般にわたるを要す。

（二）（三）は省略

席上山梨次官は、後刻会議において陳述する三月三十日案の覚書（すなわち全権の請訓を骨子とした政府回訓案に同意する代わりに、兵力量の補充を政府に約束させる覚書）を二度読み上げたが、誰からの異議も出なかった。その後山梨次官は閣議前に浜口首相と幣原外相に面会を求めて、この修正事項について進言した。

さて閣議の冒頭、浜口は首相としての所信を述べ、次いで幣原外相が今日までの経緯について説明した。その後山梨次官は、右の陳述書を浜口首相に提出した。これを受けて浜口首相は、

「海軍としての専門的立場よりは、次官の只今述べたる意見はもっともなる次第と思ふ。しかしながら先刻閣議の劈頭において述べたる所見よりして、どうもこれは政府として採用することは出来ず。回訓案通り決定したいと思ふ。閣僚諸君にご相談する次第なり。本案決定の上は海軍としては遺憾の点多々あるべきも、将来政府海軍一致の行動に出でん事を希望す」と述べた。このようにしてようやく政府回訓案は決定された。

浜口首相は直ちに参内して天皇に上奏、裁可を得た。四月一日午後五時、幣原外相は浜口首相の通知により、在ロンドン全権宛に回訓を発出した。

✺加藤海軍軍令部長の単独上奏

これに反発した加藤寛治軍令部長は、四月二日、帷幄上奏して次のように述べた。

「帝国が主張する兵力量及び比率（補助艦総トン数として対米七割）は自衛上必要最小限度のものであり、これが守られない今回の米国提案は海軍の作戦上、重大な欠陥を生じる恐るべき内容を包蔵するものであるとし、米国提案に限らず帝国の主張する兵力量及び比率を実質上低下せしめるような協定の成立は、大正十二年に定められた帝国国防方針に基づく作戦計画に重大な変更を来すことから、慎重な審議を要するものと信じる旨言上する」

これより先の三月三十一日、上奏を決意した加藤が宮中の都合を伺ったところ、鈴木貫太郎侍従長は、首相の上奏前に同じ件で軍令部長が上奏するのは穏やかでないとして、加藤に対して自重を促した。加藤は翌四月一日、政府の回訓決定の上奏と同時に再び決行しようとしたが、これもまた宮中の都合によって中止となったため、結局四月二日に延びることになった。

裕仁天皇は、「この度の軍令部長による帷幄上奏は、回訓案については一切触れず、また米国提案への同意によって国防の遂行が不可能になると主張することもなく、ただ帝国国防方針の変更を要するというのみであったため、思召しにより単に聞き置くに止められる」とした（『昭和天皇実録（五）』）。

上奏後、加藤（寛）は新聞記者に向かって、「今度の回訓に対しましては、海軍は決して軽挙することなく事態の推移に対することを確信します。ただし責任を有する軍令部の所信として、米案なるものを骨子とする兵力量に同意できないことは毫も変化ありません」との声明を発表した。そして加藤は財部全権宛に、あてつけとも思える、自ら起草した次の電報を打電した。

「機密第八番海軍次官宛御来意の趣拝承、目下内外の情勢頗る重要の秋に当り、閣下のご決心を了承毅然たる御態度を想見して大いに心強く感ずる次第なり。今度大巡七割の保有確保その他帝国海軍の将来に関する重大事項の協定を前にする今日、偏に閣下のご自愛を祈る。本職今二日上奏後、右の如く新聞に発表せり」

ところで右の「機密第八番電」とは、三月三十一日山梨次官より財部海相（全権）宛第二十一番電に対して返答されたものであった。その「第二十一番電」には、次のように記されていた。

「小官の観るところによれば、政府においては全権請訓の案は我所期に達せざるも、今これを捨つる結果、会議の決裂を誘起することありては、帝国の前途に重大なる影響を及ぼすべし等、諸般の考慮よりして、方針としては大体全権請訓の案を基礎としたるものに決するが如く推測せらる。……大勢右の如くなるこの際、大臣閣下の御行動に関しては、特に慎重最高のご考慮を要するやに存ぜらる。政府の方針決定以前においては自ずから別なるべきも、政府の態度右の如く決する場合、もし若槻全権と別個の御行動を採らるる如き事ありとせば、外にありては我が全権団は両分して、外部に対する威力を失い、国内にありては容易ならざる政治問題を惹起し、一人海軍が最不利の立場に立ち深き創痍を蒙るのみならず、帝国の将来のため、甚だ憂ふべき事態を醸す事あるにあらずやと憂慮せらる。……願わくは叙情現下の情勢と利否の岐るる所をご賢察の上、この際は国家大局の上よりして難きを忍んでご自重、全権として御任務を全うせられんことを懇願する次第なり。以上岡田大将同意見なり」

これに対して財部全権は、四月一日発の山梨次官宛「第八番電」において、次のように決意を述べた。

「貴官の来趣は本職においても深くこれを査察するところにして、この際いたずらに一身の小節によって国家の大事を誤り、累を将来に残すが如き挙措を慎み、最善を尽くして重責に応(こた)へん事を期す」

山梨（勝之進）次官がなぜこのような電報を出したのかといえば、財部彪の態度が、強硬派の突き上げに遭って左右にぶれていたからである。

四月一日、政府回訓の閣議決定後、山梨次官は東郷元帥を訪ね、これまでの経緯について報告した。これに対して東郷元帥は、「一旦決定せられた以上は、それでやらざるべからず。今更かれこれ申す筋合いにあらず。この上は部内の統一に努め、愉快なる気分にて上下和衷協同、内容の整備は勿論、志気の振作、訓練の励行に力を注ぎ、質の向上により、海軍本来の使命に精進すること肝要なり」と語った。

四月三日、沢本頼雄軍務局第一課長は伏見宮海軍大将に対して、同様の経過報告を行ったところ、伏見宮もまた、「既に一旦閣議決定せる以上、海軍が運動がましきことをなすは、却って海軍にも不利と成るべくをもって、内容充実に向かって計画実現を進め、その欠を補ふことに努力することを望む」と語った。このように四月一日の政府回訓発出までの経過を詳しく考察すると、日本海軍は政府回訓に対して、加藤軍令部長、末次次長らを中心にして相当不満はあったものの、ともかく政府決定に従う姿勢でいたことがわかる。

幾多の紆余曲折を経てロンドン海軍軍縮条約は成立し、四月二十二日、セント・ジェームズ宮殿において調印式が行われた。

『昭和天皇実録(五)』には、昭和五年四月一日、浜口首相よりロンドン海軍軍縮会議の経過について奏上された内容について、次のように記述されている。

「午後三時四十分、御学問所において内閣総理大臣浜口雄幸に謁を賜う。浜口よりロンドン海軍軍縮会議に関する既往の経過について言上をお聞きになり、全権委員へ回訓案の内奏を受けられ、これを御裁可になる」

✺統帥権干犯問題の惹起

ロンドン海軍軍縮条約が締結される前日の四月二十一日、軍令部第二課長野田清大佐が堀軍務局長の許に、末次軍令部次長より山梨海軍次官宛の、「倫敦海軍条約案に関する覚書」と題された次の書類を持参してきた。

「海軍軍令部は、倫敦海軍条約中補助艦に関する帝国の保有量が帝国の国防上最小所要兵力としてその内容十分ならざるものあるを以って、本条約案に同意することを得ず」

堀は野田に向かって「該文書を直ちに申し入れて条約調印を阻止せしめんとの所存なるや」と質したところ、「否これは単に手続きとして不同意の意志を表示する書類を作成しおくものに過ぎない。……この文書はそのまま次官の手元に預かっておいて、財部大臣が帰朝されてから、財部大臣に供覧して貰いたいという軍令部長の希望である」と返答した。

堀は、これでは穏当さを欠くと思ったため、この文書の受理を拒否した。そこで古賀峯一副官がこの文書を預かることにして、古賀より山梨次官に供覧された。これを読んだ山梨もまた、この文書では支障があると考えて、岡田啓介大将に依頼して加藤寛治軍令部長を説得してもらうことにした。

岡田に対して加藤は、「本通牒の宛名は、原案には軍令部長より事務管理（浜口首相）宛とあったものを、軍令部長の考えで次長からに変更したものである。本通牒は事務管理に見せて貰いたくない。財部大臣帰朝後、これを見せることにして貰いたし。然るに何故二十一日を選びて本通牒を発したかというに、実を言へば調印前辞職を申し出でては行かぬとの意見もありたるに付き、暫く時機を待ちある次第なり」と述べた。

しかるに四月十九日起案され、二十一日発出された海軍次官と軍令部長発、財部全権宛（機密二十九番電）には次のように記されていた。

「本邦ご出発以来長期にわたり困難なる折衝に当たられ、終始ご健闘を続けられたるは、小官等まことに感謝に堪へざる所にして、茲に会議も終末に近づき無事条約調印を見んとするに当り、遥にご健康を祈る。右若槻全権にもよろしくお伝へを乞ふ」

この時期の加藤の言動には一貫したものがなかった。すなわち腹心の末次軍令部次長の突き上げを食らうと態度は強硬になり、その一方、同郷の先輩の岡田大将より軽挙を戒められるとおとなしくなった。加藤の胸中では条約に対する同意と不同意とが交錯していた。政府回訓後加藤は非公式に、「兵力量はあれで可なり」という意味のことを洩らしていたが、四月二十三日開会された第五十八特別議会において、突如統帥権干犯問題が持ち上がり新聞紙上を賑わし始めると、その態度は急に頑なものになった。

そのため、先の政府回訓の閣議決定に際しては、「一旦決定した以上、それでやるべきだ」と言っていた東郷元帥や伏見宮海軍大将までもが態度を硬化させた。

四月二十五日、浜口首相の施政方針演説に続いて壇上に上がった幣原外相は、「かかる協定の結果、わが国にとりまして軍事費の節約は実現されうることになり、しかも少なくとも協定期間内におきましては、国防の安固は十分に保障されておるものと信じます。……政府は軍事専門家の意見も十分に斟酌し、確固たる信念をもってこの条約に加入する決心をとったのであります」と述べた。

ところがこの幣原の演説に対して、浜口民政党内閣の打倒を狙う政友会および軍令部の中から、俄然統帥権干犯の声が上がることになった。

四月二十六日付『朝日新聞』は、犬養毅、鳩山一郎らに率いられた政友会による統帥権干犯非難質問に対して、次のような社説を掲げて批判した。

「ロンドン軍縮会議について政友会で軍令部の帷幄上奏の優越を是認し、責任内閣の国防に属する責任と権能とを否定せんとするが如きは、いやしくも政党政治確立のために軍閥と闘って来た過去をもつ犬養老と政友会の将来を指導すべき鳩山君の口より聞くに至っては、その奇怪の念を二重にしなければならないのである」

一方の軍令部側も政友会の政府弾圧に呼応して、「第五十八回帝国議会における政府の演説答弁……において、総理大臣が何ら的確なる根拠なくして国防の安固を妄断言明せるが如きは、これまた海軍軍令部条例を無視せるものにして、斯くの如くんば軍令部は、遂に条規の命ずる職責を全うすることを慮る。この危惧を一掃し本問題を根本的に解決するは、一人海軍軍令部のみならず軍全体に係わる喫緊の要務なりと認む」との見解を示した。

さて明治憲法が定めた統帥大権（第十一条）と編制（軍政）大権（第十二条）の二つの軍事大権に関して、天皇を補佐しかつ責任を負うのは大臣か、それとも統帥部長なのかについては長い間論争があった。

陸軍は伝統的に統帥大権については参謀総長のみが責任を負い、編制大権については陸軍大臣のみならず参謀総長も責任を負うと理解していた。一方海軍では、統帥大権については海軍軍令部長のみならず海軍大臣も責任を負い、編制大権については海軍大臣のみが責任を負うと理解していた。

条約の締結権は憲法第十三条による天皇の大権であり、これが国務大臣の輔弼によることは明白であるが、軍縮条約は兵力量（常備兵額）を規定するので編制大権に関連し、ワシントン会議においては海軍省が部内の主務官庁となって、軍令部の意見を参考にしつつ処理した。

ジュネーブ会議も同様であり、ロンドン会議においても、四月一日の政府回訓の発電まで海軍省はこの考え方で事務を行った。ところが統帥権干犯問題が惹起するに及んで、海軍軍令部は、憲法の軍事大権に関してほぼ陸軍の見解と同じ見解を打ち出すようになった。

堀悌吉記述による「ロンドン会議と統帥権問題」によれば、海軍省と軍令部の関係は伝統的に次のようなものであったとしている。

「由来海軍軍令部は、軍政関係すなわち予算制度改廃その他一般国務に関することは直接関与することなく、また帷幄機関の本質たる範囲を超えて陸軍部外と交渉を持つという様なことはなかった。軍令部職員で部内の予算会議にも出席する者なく、大蔵省主計局への説明に出向くといふ如きものなく、また観察報告や軍事講演の類も常に海軍省官房を介していた位である。

国防用兵上の見地よりする諸般の要求は、軍令部から商議の形式をもって海軍大臣にこれを行ふことになっていた。海軍省としてもちろんこの軍令部の商議を重要視し、慎重に研究して努めて所望に応ずる如く軍政を適用したものであるが、統帥関係事項であって軍令部長が上奏するものについても、必ず事前に大臣の同意を得て居るべきものであって、御裁可後それを海軍大臣に移して執行することになっていた。その手続きもなく、軍令部長が海軍大臣をして自己の意思通りにその案件を施行せしむると言ふ様な強制力に似たものは、軍令部長に与へられていなかったのである」（『太平洋戦争への道（別巻・資料編）』）

第五十八特別議会が統帥権問題で紛糾している最中、財部彪海相はシベリア鉄道経由で帰国の途についていた。

帰朝した財部は、五月十九日の閣議後、海相官邸において加藤軍令部長と会談した。席上加藤は、次の上奏文を提出してその執奏方を要求した。

「恭しく惟るに兵馬の統一は至尊の大権にして専ら帷幄の大令に属す。而して天皇の帷幄に参謀本部ならびに軍令部を置かれ、国防用兵の事を按画し親裁奉行せしめらるるもの畢竟兵政の区分を闡明し、軍の統制をして政治圏外に超越し、政権の変異に拘らず用兵の綱領を保持し、以て作戦に違算なからしめんことを期せらるるにあるや疑ふべからざるなり。……倫敦会議への回訓の如くならんか啻に畏くも大元帥陛下の統帥大権を壅蔽し奉るのみならず、延いては用兵作戦の基礎を危うくし国防方針は常に政変に随ひて動揺改変せらるるの端を発き帷幄の統帥は終にその適帰するところを知らんとす」

五月二十八日、財部海相と加藤軍令部長が会談し、統帥権問題と辞職問題とを別個のものとすることで合意が成立した。その際加藤は財部に対して、次の覚書を起案した。

「憲法第十二条の大権事項たる兵額および編制は、軍部大臣（延て内閣）および軍令部長（参謀総長）の協同補翼事項にして、一方的にこれを裁決処理し得るものにあらず」

これに対して堀軍務局長は次の覚書を起草して、軍令部案に反駁した。

「海軍大臣は海軍軍政を管理し、本省の一局をして海軍軍備その他の一般海軍軍政に関する事務を掌らしむること海軍省官制の明示するところなると共に、海軍軍令部長は攻防用兵に参画すべきこと海軍軍令部条例の定むる所なり。また省部事務互渉規定第七項によるに、兵力の伸縮に関しては省部互に問議するとなり居るを以て、海軍大臣が兵力伸縮に関するが如き海軍軍備に関する事項を決済する場合には、海軍大臣、海軍軍令部長両者間に意見一致しあるべきものなり」（『太平洋戦争への道（別巻・資料編）』）

財部海相は、東郷元帥および伏見宮大将を訪問して、右の経緯を説明して了解を得た。

翌二十九日軍事参議官会議が開かれ、財部海相はこの海軍省案を示した。岡田大将は海軍省案の方が文辞明瞭であるとして賛成した。岡田の同意に関しては誰からも異議が出なかった。

三十日、財部海相は閣議に先立って浜口首相および幣原外相と会談した。財部は前日二十九日の軍事参議官会議の結果について報告し、「将来枢密院における説明、答弁に際しては、政府は軍部の同意を得たと認めて回訓を発したとの方針で対処したい」旨を要望した。この見解に、浜口首相も同意した。ここで幣原外相が、「加藤軍令部長も同意したのかどうか」と質したのに対して、財部は前記の「機密第八番電」およびこれに対する加藤軍令部長電を提示して、「加藤軍令部長も同意したものと理解している」との見解を明らかにした。続いて開かれた閣議も、財部海相の方針を了承した。

同日午後、財部は伏見宮大将と東郷元帥を訪問して、軍事参議官会議で決定された覚書を示した。両者とも堀軍務局長が纏めた覚書にある「海軍大臣が」という文句を削除してはどうかとの意見を開陳したが、財部が拒否したため、両者はやむなくこれを了承した。

同日午後四時、今度は加藤軍令部長が海相官邸に財部海相を訪ねてきて、再び「海軍大臣が」の削除を要望したが、財部はこれを拒否した。すると加藤軍令部長は自身の辞職願の受理を求めてきた。

六月二日、財部海相は相談役である岡田大将と、軍令部長、軍令部次長、海軍次官の進退問題について協議した結果、加藤軍令部長の辞任を認め、時期を見てこれを執行することにした。

六月六日、軍令部次長人事について、財部・加藤会談がもたれた。席上財部は、末次次長の回訓当時からの行動と「昭和クラブ」での言動からして、末次の更迭を山梨次官の転補と共に行うと述べたのに対して、加藤は反対した。しかし財部が、山梨次官のみを更迭して末次をそのまま残すことはできない、と強く言ったため、加藤としてもしぶしぶながらこれを認めざるを得なかった。

さらに財部が、「貴下が辞めるのも、わが海軍のしきたりとしては自ずから決まっている。何のかんのと言わずに、すっきりと武士的にやってはどうか」と説得したが、加藤の頑(かたく)なな態度を崩すことは出来なかった。

結局六月十九日、山梨次官、末次次長は喧嘩両成敗の形で更迭され、新海軍次官として小林躋造中将、新軍令部次長に永野修身中将がそれぞれ就任した。

✳ロンドン海軍軍縮条約を強く支持する裕仁天皇

昭和五年六月十日午前十一時五分、加藤軍令部長は裕仁天皇に拝謁し、この年の海軍大演習に関する事項を上奏したのち、ロンドン海軍条約に対する所信を言上、かねて財部海相に提出した上奏文を捧持朗読して骸骨を乞うた。

この事態を受けて裕仁天皇は、直ちに侍従長鈴木貫太郎と侍従武官奈良武次を召して、軍令部長の辞表提出に関して下問し、その処置を命じた。午後三時五十分より内大臣牧野伸顕から言上を受けた。これより前牧野は、鈴木貫太郎侍従長および侍従次長より、加藤の奏上の内容と辞表の処理について意見を聴取していた。

加藤軍令部長の辞表奉呈をめぐっては、五月十九日に加藤から財部海相に辞職を請う上奏書が提出されていたが、政府を弾劾する内容を不穏当と判断した財部はこれを執奏せず、預かりおくことにしていた。その後事態は沈静化しつつあったが、六月七日になって、今度は末次信正軍令部次長の進講とその更迭問題が起こり、加藤の突然の辞表提出になった。

当日の午後五時、財部海相が参内すると、裕仁天皇は財部に対して加藤の辞表の下げ渡しと、この処置を一任する旨を伝えた。財部は心労をかけたことについてお詫びをするとともに、一旦退下したのち改めて拝謁して、加藤の軍事参議官と谷口尚真（なおみ）海軍大将の海軍軍令部長就任を言上した。

裕仁天皇は、兵力量に関する谷口の見解を訊ねた。これに対して財部は、「谷口は条約上の兵力量で充分に国防を果たすことが出来るとの意見である」と奉答すると、天皇は大きく頷き、同意の意思を示した。

午後三時過ぎ、加藤軍令部長は海相官邸において財部海相に面会した。財部が「誠に残念であった」と述べると、加藤は「今日あることはワシントン会議の失敗に鑑み、二度と軍備を外交の犠牲となさしめざらんがため、予て覚悟したる上のことなるが、事志と違い再び外交の犠牲となさしめたるは遺憾至極なり」と返答した。これに対して財部は「予はそうは思わん」と述べた。

会見終了後、財部海相は岡田大将をはじめ海軍省幹部を集めて、加藤との会談の内容について報告し、「厳密に言えば官規を乱し、海軍大臣の顔に泥を塗ったもので、大臣は陛下にお叱りを受けるべしとも思う。私はとりあえず侍従長と会い、今日はかくかくの事件があり、誠に恐懼に堪えない旨を申す考えである。……ここに通常の人事行政の手続きをやるほかないだろう。そうなれば参議官に転じさせてもよろしいか」と語った。……

こうして翌十一日、加藤軍令部長は更迭され、谷口尚真が新軍令部長に就任した。

六月二十二日午後一時二十五分、海軍軍令部長の谷口は裕仁天皇に謁見した。谷口は、昨日およびこの日午前に開催された非公式軍事参議官会議の議論がまとまったことを受けて、今次のロンドン海軍条約協定に係る海軍兵力につき、国防用兵上支障の有無およびその対策について、軍事参議院への御諮詢を奏請した。

裕仁天皇は、軍事参議院の奉答が一九三五年（昭和十年）に予定される次回海軍軍縮会議の参加を束縛するような結果にならないことを念押ししたうえで、この奏請を受けた。そこで裕仁は、諮詢の旨を伝達するため、侍従武官長の奈良武次を東郷平八郎元帥の許へ派遣した

（『昭和天皇実録（五）』）。

六月二十三日、軍事参議官会議が開催され、前述の堀軍務局長草案に若干修正を施したところの左記の覚書「兵力に関する事項処理の件」を可決した。

「兵力に関する事項の処理は、関係法令によりなお左記による儀と定めらる。海軍兵力に関する事項は、従来の慣行によりこれを処理すべく、この場合においては、海軍大臣、海軍軍令部長間に意見の一致しあるべきものとす」

この頃から海軍部内では、財部海相に対する批判が高まってきた。六月二十日、山本英輔第一艦隊兼連合艦隊司令長官は岡田大将を訪問し、「昨夜、麻布の興津庵で、艦隊の長官・司令

官の集まりがあった。そこに出席した皆が、大臣は速やかに辞職しなければならぬという。軍令部長のみを辞めさせて大臣がその職に留まっているのは、大臣の将来のためによろしくない」と語った。

六月二十四日、岡田大将は特命検閲使のご沙汰を賜るために天皇に拝謁したあと、奈良武次侍従武官長と会談した。席上岡田は、「財部が部内で評判が悪い。自分がその辞職勧告の役回りを押し付けられることを恐れている」と語った。

同日、岡田は海軍省において谷口軍令部長に、「早く兵力補充の計画を定め、伏見宮と東郷元帥に対しては、責任者たる海軍大臣と軍令部長から極力了解を願わねばならぬ」と忠告した。これを受けて谷口は、ロンドン条約批准および同条約に伴う兵力量補充案について、伏見宮と東郷元帥から了解を得るための説得工作に乗り出すことにした。

その結果伏見宮は、「ロンドン条約は不満であるが、政府において適当な補充計画を立てるならばほぼ国防を全うし得る。ロンドン条約は批准されねばならぬ」と述べるまで軟化した。

一方東郷元帥は、ロンドン条約に対する強硬な姿勢をなおも崩そうとはせず、「一九三五年の会議で云々するも、今達せられないものがどうして将来達せられようか。今一歩退くのは真に退却するものである。危険限りない」と頑なだった。

七月三日、加藤(寛)は東郷元帥の説得工作のために訪ねてきた谷口に対して、「何を言うても元帥は政府、ことに財部海相に全く信を置かれんのであるから、第一条件として財部を辞職せしめずしては到底問題とならず」と語り、強硬な態度を崩さなかった。

午後二時三十分、水交社で岡田、加藤、谷口の三者が会談をもった。岡田は、「加藤から、財部が辞職すれば東郷説得に協力するとの言質を取った」と語った。そこで岡田は七月四日午後七時、海相官邸で財部海相と面会して、局面打開のための方策として、批准後財部が辞職することを伏見宮と東郷に表明するように説得した。この結果財部は、その夜遅く谷口に辞職の意向を表明し、岡田と谷口の二人が伏見宮と東郷元帥に対して、このことを伝えることになった。伏見宮と東郷は、岡田と谷口に財部の即時辞職を強く要求した。

七月六日早朝、財部海相は東郷元帥を訪ねて、明確に辞職することを告げた。同日加藤は、岡田との約束に従って東郷元帥のもとを訪れたが、その際東郷元帥は次のように語った。

「財部はまた、陛下が条約の批准を望まるる様にご沙汰のあったことを今度も予に話したが、自分はこう言ってやった。『例え御上のお言葉たりとて、それが正しからずと考ふれば、お諫め申さねばならぬ。殊に軍事上のことは、軍事参議院というものがあり、こういう場合に信ずるところを申し上げてご意見をいたすのが、その責任ではないか。すなわち善い悪いを決議して上奏することをしなければ、軍事参議院などあってもなくてもよい。財部大臣が大臣としてそうなさるならば、自分は自分で元帥として尽くすべきところを尽くし、所信を申し上げるであろう。……いずれにしても大臣の代わることは一日早ければ一日の利がある。……岡田大将は、大臣がすぐ辞めると政治上の影響が重大だ、と縷々述べたが、片々たる政府が倒れようと倒れまいと海軍の崩壊には代えられぬ・政府は自家の都合のままで海軍を引きずっているのだ。こんな政府は早く代わって立て直し、明るい政府にした方が如何に海軍の為になるかしれない』」（『加藤寛治遺稿』）

七月八日、財部、谷口、岡田の三者が条約批准の仕方について協議した結果、伏見宮、東郷とも元帥府でも軍事参議院でも構わないということだったため、前例により元帥府諮詢を決定し手続き方を進めることにした。

数日後、谷口は東郷に対して、元帥府諮詢について陸軍側も同意した旨伝えたところ、東郷は、「元帥府諮詢のことについては昨夜よく研究したが、このたびのことはなるべく多くの人の意見を聞きたいと思う。また元帥府諮詢となると、上原（勇作）という理屈を言う男がいる。はなはだ面倒である。したがって軍事参議院ということに出来ぬか」と言った。

これに対して谷口は、「軍事参議院としますと、海軍のみの軍事参議院になります。……そうなるよう取り計らいます」と返答した。

七月六日、加藤（寛）は東郷元帥を訪れた際、「軍事参議院または元帥府へご諮詢のことは絶対に必要でありますが、陸海軍一緒では多数決に不利あり。無理解、反感などから却って不純なる発言をする者もないではありませんから、海軍だけで宜しかろうと思います」と述べた。

加藤の言動の裏には、海軍軍事参議官会議ともなれば、条約賛成は財部、岡田、谷口の三人であり、反対は伏見宮、東郷、加藤の三人と予想され、そうすると議長である東郷元帥の一票によって決せられることになるという読みがあった。

かくして七月二十一日午前八時半、海相官邸において非公式軍事参議官会議が開催された。出席者は、東郷元帥、伏見宮、岡田、加藤の各軍事参議官、財部海相、谷口軍令部長であった。

会議では、「補充案」「防御計画」「ご諮詢案」「奉答文案」についての審議が行われた。伏見宮が「この補充計画につき、海軍大臣は出来る見込みであるか」と質問したのに対して財部は、「それは政府の財政の都合によりますので、海軍でこれだけ入用だと言っても、財政状況によって全部実現するとは申しかねる」と返答した。しかし伏見宮はこの財部の返答に納得せず、重ねて「そのような頼りないものではよくない」と叱責した。そのため谷口は、「本日の会議はこの程度で打ち切り、大臣から政府が誠意をもって欠陥補充をなすの意ありや否やを確かめられたし」と助け舟を出して、午後三時に散会した。

同夜首相官邸において、浜口首相、幣原外相、財部海相、安達謙蔵内相、江木翼鉄相の五閣僚が集って対応策を協議した。その結果、翌日引き続き開催されることになっている軍事参議官会議で、財部海相が次のように陳述することにした。

「国防方針に基づく作戦計画を維持遂行するために兵力に欠陥ある場合、これが補填を為すについては、海軍大臣としては軍令部と十分協議を遂げ、最善の努力をもってこれが実現を期すべきは申すまでもありません。なお総理大臣につき、このことに関しその腹を聞きたるに、『軍事当局において研究の結果、兵力の補填を要するものありということであれば、政府としても財政その他の事情の許す範囲において最善を尽くし、誠意をもってこれが実現に努力する考えである』と確かめたのであります」

七月二十二日の会議の直前、財部は岡田と谷口に対して、この陳述書を示した。その際岡田は、「この陳述書中の『の許す範囲において』は、必ず文句がつくから削除した方がよい」と助言した。

さて会議では、財部海相が右の箇所を「を緩急按配し」と改め、政府との交渉の結果について説明した。これに対して東郷元帥より、「兵力に欠陥ある場合を」の箇所を、「兵力に欠陥あり、で止めてはどうか」との意見が出された。しかし岡田が「この補充案は、加藤軍令部長時代に立案され、その後練って補充案があるのに上奏しないと、軍部としてその職責を尽くさざることになる」と主張したため、結局右の原案に対して、東郷、伏見宮をはじめ全員が賛成することになった。同日谷口軍令部長は、急ぎ葉山の御用邸に赴き、裕仁天皇に軍事参議官会議の招集方を上奏した。

　翌七月二十三日午前十時、宮中において海軍軍事参議官会議が開催された。席上谷口軍令部長より左記の「奉答書」についての説明がなされ、全会一意をもってこれを了承した。奉答書は七月二十三日、東郷元帥から天皇に捧呈された。次いで谷口軍令部長の上奏によって内閣総理大臣が閲覧し、二十六日、浜口首相は次の敷奏（ふそう）を捧呈した。

「今般閲覧せしめられたる倫敦海軍条約に関する軍事参議院の奉答につき、恭しく案ずるに帝国軍備の整備充実はこれを揺るがせにすべからず。軍事参議院の奉答せる対策は洵に至当の儀と思料するをもって倫敦海軍条約御批准を了せられ実施せらるる上は、大臣は該対策の実行に努むべく、而してこれが実行にあたりては固より各閣僚と共に慎重審議し財政その他の事情を考慮し、緩急按配その宜しきを制し、さらに帝国議会の協賛を経てこれが実現に努力し最善を尽くして宏謨（こうぼ）を翼賛し奉らんことを期す」（『太平洋戦争への道（別巻・資料編）』）

　昭和五年二月の総選挙において、民政党は金解禁、財政緊縮、公債整理、産業合理化、国民負担の軽減などのいわゆる「十大政綱」を選挙公約に掲げて戦い、政友会一七四名に対して、民政党二七三名の絶対多数を獲得した。浜口内閣にとって、財政の緊縮と国民負担の軽減を図る上から、海軍軍縮は絶対に必要だった。

「まあそんなことだろうと自分も思っていたが、しかし上出来だった。非常に思ひ切った緊縮だったけれども、まあ金解禁も出来たし、ロンドン条約も出来、予算も減税も補充計画もこれで無事済んで、非常に良かった。西園寺は国家のために喜んでいる。総理大臣も非常にご苦労であったろう。どうか宜しくいってくれ。なほ江木鉄道相にもまた特に井上大蔵大臣にも、非常にご尽力で西園寺は国家のために頗る欣快に堪へぬと言うていたと言付けてくれ」(『原田日記（二）』)

この時、西園寺が述べた言葉は、そのまま裕仁天皇の心境でもあった。

✺満州事変と裕仁天皇

満州において積極的行動をとろうとする関東軍は、絶えず外務省やその出先機関と問題を起こしていた。昭和六（一九三一）年八月四日、南次郎陸軍大臣は、軍司令官・師団長会議において満蒙問題の積極的解決の方針を訓示した。この訓示は軍部による外交干与として政府内外で問題となった。しかし陸軍では、既に「満州問題解決方策の大綱」なるものを作成していた。

こうした不穏な動きを察知した天皇は九月八日、奈良武次侍従武官長をして陸海大臣に対し軍紀について糾すことにした。

九月十日、まず安保清種（あぼきよかず）海相に海軍軍紀の乱れの有無を糾し、九月十一日は南次郎陸相に軍紀の粛正と外交問題に介入することのないよう釘を刺した（『昭和天皇実録（五）』）。

林久治郎（はやしきゅうじろう）奉天総領事より、関東軍が謀略を凝らしているとの報告を受けた幣原外相は、閣議の席上、南陸相を厳しく質した。その結果、関東軍の暴走を防ぐための「止め男」として、参謀本部の建川美次少将が現地に派遣されることになった。

そこで関東軍高級参謀板垣征四郎大佐や参謀石原莞爾中佐、花谷正少佐ら謀略計画の中心人物たちは、当初の予定を急遽繰り上げることにした。

九月十八日夜十時三十分、奉天独立守備隊河本末守中尉は、配下の者を使って奉天郊外の柳条湖で満鉄線を爆破した。満州事変の勃発である。関東軍は、この爆破が中国兵の仕業によるものとして中国軍を攻撃し、たちまち奉天の重要拠点を占領した。翌十九日、林総領事からの電報によって関東軍の仕業であることを知った幣原外相は、急ぎ官邸へ赴き、若槻礼次郎首相に対して外務省着電の概要を報告し、至急臨時閣議を開催することを要請した。

閣議は午前十時から開催された。まず南陸相が事件の概要を説明し、次いで幣原外相が外務省で得た各種の情報を読み上げたが、これらはことごとく陸軍にとって不利なものであり、軍部が事件を起こしたと言わんばかりであった。とりあえず閣議は事件の不拡大を決議し、十九日夕方、陸相と参謀総長より関東軍司令部に制止命令を送った。

昭和五年まで奉天総領事代理として、その後はハルピン総領事を務めた森島守人は、『陰謀・暗殺・軍刀―一外交官の回想』の中で、「九月十八日前後の雰囲気」と題して、次のように回想している。少し長いが、満州事変発生の前後について詳述しているので紹介したい。

「この頃奉天総領事館としては、軍部の行動について警戒を要する事例が幾つもあった。同年春ごろ、海城の砲兵隊から大砲一門を夜間秘かに奉天に輸送して、守備隊の構内に据えつけている。大砲は奉天城に差し向けられていると聞き及んだので、取り調べると覆いをかけて外部に気付かれぬようにしてあったものの、大砲の据え付けられたことは事実であった。

（中略）ところが、十七日、撫順の守備隊から、十八日の未明を期して奉天城を占領する想定の下に演習をするから、警察の手で居留民の保護や避難や治安維持にあたる計画を立てるよう指示して来たとの報告をした。また翌十八日の午後、安東の警察から、参謀本部の建川美次少将が微行で奉天に向ったとの電話があったが、車中で一乗客が建川閣下と呼びかけると、件の紳士は慌てて、『俺は建川ではないぞ』と否定したが、建川に相違ないとのことであった。私はかねて耳にしていた建川と三月革命の関係から、この建川の来奉を最も重視しないわけには行かなかった。ともかくも、これら諸般の情報を総合し、何となく近く軍の手で何らかのことが起こると予感せられたが、満鉄の木村理事も私と同様の考えだったから、同道して林総領事の深甚な注意を求め、即刻事前防止の措置を講ずる必要のあることを直言した。然し林総領事は両三日前に、親しく本庄司令官と東三省の情勢と、これに対する対応策について、懇談を重ねた関係があったためか、私らほど切実に事態の緊迫を認めず、大規模な演習計画だろうとて、私信で旅順の本庄司令官の注意を求むるに止めた。しかしこの私信が旅順で参謀の手に押さえられて、司令官の手に渡らない中に、柳条溝の鉄道爆破が起きたのであった」

森島は、九月十八日の事件当夜の模様についても、次のように詳しく記載している。

「林総領事は当夜友人の御通夜に行っていたため、私は独り官邸に残っていたところ、十時四十分ごろ、突然特務機関から、柳条溝で中国軍が満鉄線を爆破した、軍は出動中だから至急来てくれとの電話があった。私は大きくなると直感したので、総領事に対する伝言を残すとともに、館員全部に対して徹夜の覚悟で至急参集するように、非常召集令を出して、特務機関へ駆けつけた。特務機関内では、煌々たる電燈の下に、本庄司令官に随行して奉天を離れたはずであった関東軍の板垣征四郎高級参謀を中心に、参謀連が慌ただしく動いていた。板垣大佐は『中国軍によって、わが重大権益たる満鉄線が破壊せられたから、軍はすでに出動中である』と述べて、総領事館の協力を求むるところであった。私から『軍命令は誰が出したか』と尋ねたところ、『緊急突破事件でもあり、司令官が旅順にいるため、自分が代行した』との答であった。私は軍が怪しいとの感想を抱いたが、証拠がないこととてこの点に触れず、繰り返し外交交渉による平和邸解決の必要を力説し、『一度軍の出動を見た以上、奉天城の平時占領優位なら外交交渉だけで実現して見せる』とまで極言したところ、同大佐は語気も荒々しく、『すでに統帥権の発動を見たのに、総領事館は統帥権に容喙、干渉せんとするのか』と反問し、同席していた花谷の如きは、私の面前で軍刀を引き抜き、『統帥権に容喙する者は容赦しない』とて威嚇的態度にさえ出た。こんな空気では、もとより出先限りで話のつけようもないので、一応帰館した。そして一切を総領事には報告した上、東京への電報や居留民保護の措置にとりかかった」（森島守人『陰謀・暗殺・軍刀』）

一方、事件の報告を受けた裕仁天皇と宮中方面の対応について、『昭和天皇実録（五）』に、次のように記載されている。

「九月十九日　土曜日　午前九時三十分、侍従武官奈良武次より、昨十八日夜、満州奉天付近においてに発生した日支両軍衝突事件について奏上を受けられる。奈良はこの日の朝、自宅にて新聞号外によって事件の発生を知り、奏上の際には事件が余り拡大しないことを信じる旨を申し上げる。ついで同四五分、陸軍大臣南次郎に謁を賜い、奉天付近において日支両軍の衝突事件が発生し、我が軍が北大営を攻撃し、占領した旨の奏上を受けられる。午後一時三十五分、御学問所において参謀総長金谷範蔵（かなやはんぞう）に謁を賜い、本事件におけるこれまでの軍の行動について奏上をお聞きになる。その際、金谷は、朝鮮軍司令官から満州の情勢危急により混成旅団並びに飛行隊の一部を奉天方面へ派遣する旨の報告を受けたが、かかる派兵は御裁可後に実行すべきものとして目下中止せしめつつあること、ただし飛行隊はすでに出発したためこれを制止することが出来ず誠に恐懼に堪えないなどと申し上げ、朝鮮軍司令官の独断的処置については事情を審議すべき旨を言上する。その後、参謀本部では総長の決意に基づき、関東軍司令官に対し、事件処理に関しては必要の度を超えないとの閣議の決定もあり、今後の軍の行動はこの主旨に則り善処するようにとの訓電を発する。また朝鮮軍司令官から発遣旅団の大部分は既に出発し、本夜半国境を通過する筈との通報がもたらされたことに対しては、発遣準備旅団は新義州に待機せしめることを電命し、さらに第一九師団を間琿地方に発遣する要ありとの意見具申に対しては、国外出動は別命があるまで、中止するよう回答する」

朝鮮軍の越境問題についても、『昭和天皇実録(五)』によれば、「九月二十一日　月曜日　午後五時五十五分、参謀総長金谷範三に謁を賜う。金谷より、新義州付近に待機を命じた朝鮮軍隷下の混成第三十九旅団が朝鮮軍司令官の独断を以て国境を越え奉天に向け出動したこと、またその善後策に関しては更に研究中につき、暫時御猶予をいただきたいとする旨の奏上を受けられる。当初、金谷は自己の責任を以て朝鮮軍の行動につき上奏、御允裁を仰ぐ予定であったが、陸軍省より閣議の承認がないことから反対があり、また侍従武官長からも首相の承認なく天皇が允許されることはないと伝えられたことから、上奏を取り止め、単に状況のみを上聞とする」と記載されている。

ところが板垣、石原らは、奉天をわざと手薄にして朝鮮軍の出動を誘うという手を使って、九月二十一日吉林に出兵し、これに呼応した林銑十郎司令官下の朝鮮軍は天皇の命令を待たずに独断で鴨緑江を越境した。こうした関東軍の独断専行は事件の収拾を一層困難なものにした。

『昭和天皇実録(五)』を見ると、朝鮮軍の独断出兵の対応をめぐって、政府および宮中方面が振り回されている様子が、具体的に記載されている。

「九月二十二日　火曜日　午前九時二十分、内大臣牧野伸顕に謁を賜う。この日の牧野への賜謁は、午前二回、午後一回に及ぶ。午前九時四十分、内閣総理大臣若槻礼次郎に謁を賜い、昨日の会議の模様について奏上を受けられる。閣議では今回の事件を事変と見なすことを定めたが、依然朝鮮軍の派遣問題については進展なし。天皇は若槻に対し、事態の不拡大という閣議の方針を貫徹するよう努力すべき旨を御説諭になる。その際、御説諭の趣旨は陸軍大臣にも伝達すべきことをお命じになる。午後、侍従武官長奈良武次をお召しになり、参謀総長に対し軍が事態を拡大させぬよう注意したか否かを御下問になる。奈良からは、注意したこと、また参謀総長はかかる御注意を待たず、閣議の趣旨も承知し、適宜処置していること、ただし出先の軍隊は騎虎の勢いもあり、脱線が少なくなく、誠に遺憾かつ恐懼に堪えないとの旨を奉答する。奈良はその後、参謀次長二宮治重（にのみやはるしげ）を招き、拝謁時の模様を伝える。天皇は、ゴルフのため午後二時十分より吹上御苑にお出ましのところ、若槻首相よりの拝謁願いにより、直ちに御帰還になる。同五十分、若槻に謁を賜い、本日の閣議において朝鮮軍の混成一旅団の奉天への越境出動は賛成しないが、既に出動したものであることから、その事実は認め経費をすることを承認したとの奏上を受けられる。引き続き外務大臣幣原喜重郎より、政府声明書並びに国際連盟への回答書について約四十分間にわたり奏上をお聞きになる」

九月二十九日、侍従武官の奈良武次は天皇の政務室に伺候した時、ドアの前に立ってノックしようとすると、中から天皇の声高らかな独り言が聞こえてきた。

「……またか。またこういうことなのか」(保阪正康『昭和天皇』)

この頃侍従であった岡本愛祐は、天皇から直接次のような苦衷を聞いたとしている。

「夜も寝られない。こんなことでは国を滅ぼすことになる。皇祖皇宗から引き継いだ日本国を滅ぼすことになっては、祖先に対して誠に申し訳ない」(保阪、前掲書)

「九月三十日　水曜日　午後三時頃、侍従長鈴木貫太郎をお召しになり、この日の枢密院において、天皇入御後に引き続き行われた首相・外相・陸相による満州事変に関する報告会の概要についてお聞きになる。その際、鈴木からは、枢密顧問官石井菊次郎（元外交官、第二次大隈内閣で外務大臣）より朝鮮軍の独断出兵は大権干犯ではないかとの質問があり、陸相が反論したものの納得するには至らなかったことを申し上げる。

四時二十分、侍従武官長奈良武次をお召しになり、石井の質問に、南陸相が作戦計画にてご裁可を得ていることから大権干犯には当たらないと弁明したことに対し、果たしてそれならば作戦計画にそのような規定があるのかと御下問になる。奈良からは、そのような規定はなく、朝鮮軍の越境出兵には奉直命令の御裁可を要することから陸相の弁明は間違っていること、ただし大権干犯という語は当たらないとの意見を申し上げる。奈良は後刻、参謀次長に御下問及び自己の意見を示し、参謀本部の作戦計画に対する解釈を確かめ、すべて奈良の意見に一致する旨の回答を得る」（『昭和天皇実録（五）』）

十月八日、錦州を爆撃して北満ハルピンへの進出を図り、さらに十月中旬、馬占山軍によって洮昂線の嫩江（ノンコウ）鉄橋が爆破されたのを契機に、十一月五日北満侵攻を開始し、十一月十九日チチハルを占領した。

十二月十三日、犬養毅政友会内閣が成立し、幣原外交は終わりを告げる。十二月二十八日、関東軍は錦州作戦を開始し、翌昭和七年一月三日この地を占領した。こうして関東軍は、事件勃発後わずか五ヵ月足らずで、熱河省を除く満州の大部分をその手中に収めることに成功した。

✺「三月事件」と「十月事件」の発覚―相次ぐクーデター計画

話は五年ほど遡る。昭和二年三月、金融恐慌が起こり、政府系の「台湾銀行」は、神戸の貿易商「鈴木商店」に担保なしで杜撰（ずさん）な融資をしたため回収不能に陥った。その煽りを受けて、放漫経営の東京の「渡辺銀行」や「あかぢ貯蓄銀行」などの中小銀行が相次いで倒産した。時の首相の若槻礼次郎は、財界を救うため緊急勅令を作り、天皇の承認を得るべく枢密院に上程したところ、野党である政友会の手が回って否決された。このため若槻内閣は四月十四日総辞職した。

新たに政友会の田中義一に組閣が命ぜられた。新蔵相の高橋是清は、三週間の「支払い猶予令」（モラトリアム）を発令して恐慌の鎮静化を図った。ところが物価は騰貴し、庶民と農民はますます困窮化することになった。

昭和四年七月田中内閣が倒れ、民政党が再び政権の座に就いた。首相は浜口雄幸、蔵相は井上準之助、外相は幣原喜重郎の布陣である。浜口首相は、井上の緊縮財政と幣原の欧米協調外交を二本柱にしたものの、再び不況の嵐が吹き、失業者が急増することになった。

同年十月二十四日の金曜日、米国に経済大恐慌が発生した。第一次世界大戦でぼろ儲けして水ぶくれ的体質になった米国経済が破綻して、失業者が米全土に溢れた。その数は同年度四〇〇万人、翌年には一二五〇万人、その翌々年には一六〇〇万人にも膨れ上がった。そして世界恐慌となってヨーロッパを席巻し、日本をも直撃した。

昭和五年一月十一日、浜口首相は金の輸出解禁を行い、産業の合理化を進めていた。多くの労働者を解雇し、賃金を引き下げたところへ、世界大恐慌の嵐が直撃したため、たちまちのうちに七億円もの正貨が流出した。このため輸出は四割もストップし、中小企業は軒並み倒産した。

こうした中にあって、国家社会の不正を糺し、国民の困窮を救おうとするクーデター計画が秘かに練られていた。

ここで大川周明が、歴史の舞台に登場する。明治十九年山形県庄内に生まれた大川は、東京帝大を卒業し、大正七年満鉄に入り、その後ファッショ的な国家革新を唱えて、大正八年北一輝と共に「猶存社」を立ち上げ、北と別れてからは、大正十三年「行地社」を創設した。

大川の「行地社」は、大正十四年から機関誌『月刊日本』を発行し、昭和五年には部数が三五〇〇部にまで伸びた。主な読者は軍人と小学校教員だった。軍人は隊付の青年将校で、彼らは部下の兵士を通して労働者や農民の困窮ぶりと社会的矛盾を知り、腐敗した政治に反感を抱くようになった。

軍人の中には、資産家の子弟のように高校や大学に進学する学費がないため、学費と就職の心配のない士官学校に入る者が多くいた。士官学校を出た少尉の月給は八十円ほどで、そこから自費で軍装一切を賄った。このため少尉・中尉では結婚が出来ず、三十歳過ぎた大尉になってようやく妻帯出来た。このため「尉官は遺憾ながら食えず」とまで揶揄されていた。

小学校教員も同様で、児童を通して父兄の困窮ぶりをよく知っていた。当時の教員の給与は非常に安かった。師範学校を出ていない代用教員は半数以上いたが、生涯働いても月給六十円以上にはならなかった。軍人と小学校教員は、明治以来の日本帝国を支えた二本柱だったが、ここから革命運動に奔る者が多く出た。

このような中で昭和五年四月、革命の火付け役として登場したのが、トルコ駐在武官から帰国した砲兵中佐の橋本欣五郎であった。橋本は福岡県門司市の生まれで、この時四十歳だった。大正九年に陸軍大学校を卒業した橋本は、満州里の特務機関長となった後、昭和二年にトルコ駐在武官となってケマル大統領と親交を結び、トルコ革命の実際を見聞した。

橋本はトルコの地政学史から人類の将来を予想した。これによれば、過去三百年間アジアはヨーロッパの膝下に屈従していたが、それが今や台頭期に入っているとして、日本が盟主となってアジアの団結を図り、ヨーロッパを追い越さなければならないと考えた。

昭和五年六月、橋本は参謀本部のロシア班長になるや、軍内に革命組織を結成し、その年の九月、「桜会」を発足させた。

「桜会」は、昭和六年三月、浜口内閣が議会で野党の政友会と激突し、政権奪取の乱戦を繰り広げている隙に乗じて武力クーデターを計画した。この計画には、民間から大川周明の「行地社」、清水行之助の「大行社」、水戸の「愛郷塾」の農民決死隊、社会民衆党、全国大衆党、労農党などが加担した。スポンサーとして、侯爵徳川義親（よしちか）が運動資金として二十万円を提供した。変わったところでは、彫刻家朝倉文夫らもこれに加わった。

橋本は、軍の上層部も引き入れて、陸軍大臣宇垣一成、次官杉山元、軍務局長小磯国昭、参謀次長二宮治重、情報部長建川美次を先頭に立てた。ところが当の宇垣陸相が、合法的に政権奪取する可能性が出てきたため変節してしまい、結局失敗に終わることになった。その後「桜会」は、宇垣一成の排斥を行いながら、次の革命工作に突進した。

この時「桜会」は二つの問題を抱えていた。一つは、当時満州において利権を持つ日本と張学良の間は一触即発の状態にあり、これをどうするかであり、もう一つは国内革命の問題だった。橋本は国内革命先決論者であったが、情勢はそう簡単ではなかった。

「三月事件」の際、橋本は、東京騒乱のために三百発の爆弾（模擬弾）を大川と清水に引き渡したが、事件収拾後もこれが大川の手許に残った。これを憂慮した二宮参謀次長が、橋本に返却を命じた。橋本が大川にこのことを伝えると、大川はこれを断り、『三月事件』は残念ながら失敗したものの、軍首脳の尻を叩いて紛争中の満州問題の処理をさせる。だがどうせ軍首脳は九分九厘までわれわれについて来るが、あと五厘と言う際には必ず変身する。それは『三月事件』で証明済みである。その時にあの爆弾をもって軍首脳を脅迫し、変身を許さぬ決意じや」と語った。橋本はこの大川の言葉に納得して、そのまま二宮参謀次長に報告した（中野雅夫『満州事変と十月事件』)。

橋本は支那班の長勇(ちょういさむ)と共に「桜会」の拡大方針を検討したが、彼はその「手記」の中で、次のように述べている。

「『三月事件』当時の『桜会』の会員は約百名内外にして、主として陸大出身、在京者大部を占めたり。重大決行時に至るや、殆んど決意薄く、保身主義者多く、一種の研究機関たるの態度より出でず、予の行動を以て意外に感ずる模様なり。茲に於て予は、将来国家改造の重大事を決行するに、殆ど頼むにたらずと判断す。抑々(そもそも)陸大出身者は、時勢に迎合する出世病者大部を占めるが、当時の通弊なりき」

橋本が指摘する陸軍大学校出の欠陥とは、人物よりも学歴を尊重するところにあった。「三月事件」を通して、陸大制度の欠陥に気付いた橋本は、従来の方針を転換して、現地の隊付の中小尉に呼びかけることにした。隊付の中小尉には立身出世の意図がなく、兵士を通じて国民の生活の困窮ぶりをよく知っていた。したがって隊付将校の心は、軍内では最も純情かつ精鋭であるということが出来た。

こうして士官学校生徒、戸山学校生徒、砲工学校生徒、陸軍大学校学生、近衛師団第一連隊、第三連隊、第一師団麻布第三連隊の隊付将校たちが相次いで「桜会」に入会した。

「桜会趣意書」には、「現今の社会層を見るに高級為政者の悖徳(はいとく)行為、政党の腐敗、大衆に無理解なる資本家、華族、国家の将来を思はず、国民思想の頽廃を誘導する言論機関、農村の荒廃、失業、不景気、各種思想団体の進出、糜爛文化の台頭、学生の愛国心の欠如、官公吏の自己保全主義等々邦家の為の寔(まこと)に寒心に堪へざる事象の堆積なり。……此の情勢は、帝国の前途に一大暗礁を横ふるものにして、之が排除に向ひ、絶叫する吾人の主張が為政者により笑殺し去られつつある現状は、此邦家の前途を思ひ、寔に痛憤に堪へざる処なり」と記載されていた（高橋正衛『昭和の軍閥』）。

橋本中佐、長勇少佐ら「桜会」の急進派によって練られたこの計画では、軍隊を使って首相以下を斬殺し、要所を占拠して、荒木貞夫中将を首班とする軍部政権を樹立せんとした。しかしこのクーデターの実行をめぐって、橋本たちと他の青年将校との間で意見の分裂が生じ、結局未遂に終わってしまった。陸軍当局は、橋本ら主謀者に対して名目だけの処分を行い、この事件をうやむやのうちに闇に葬り去った。

昭和七年三月九日、木戸幸一は自宅に陸軍省軍事課長の永田鉄山大佐を招いて、近衛文麿らとともに最近の軍部の情勢に関して意見交換した。この際永田は、前年の昭和六年に密かに練られていた「三月事件」および「十月事件」に関して、次のように語った。

「三月事件に就て―軍部に於て近来軍以外の政治方面に関心を持つに至りしには相当原因あり。其の主なるものは、(一)、軍縮問題に伴ひ、軍に対する世間の人気の悪くなり、兎もすれば軽んぜられること、(二)、ロンドン会議の際に於ける所謂統帥権の問題、(三)、減俸問題、(四)、陸軍に於ける人事行政の不手際等、なりとす。三月事件の輪郭は議会開会中に政変を起し、一方、宮中方面を抑へて上奏を敢行し、自己の意中の人物をして超然内閣を組織せしめ、国家社会主義的の政策を行はんと計画せしものにして、大川周明一派が中心主動（ママ）者となれるものなり。大川は宇垣に面会し、今日の時勢は此儘にては済されざることを語り、右の計画を説明し、且つ右の計画の一向に移りたる場合に軍の積極的援助は敢て之を望むにあらざるも、之を阻止鎮圧等の手段に出でず傍観的の態度を執られたく、且右の実行に必要なる爆弾等の供給を懇請したる趣なるが、之に対し宇垣陸相は同意せられたりと、大川等は称して居った。そこで陸軍の或方面では、陸相が賛成なればと云ふので、之に参画し爆弾様なものも供給したるが、又一面、軍は如斯外部と手を結びて政治の変革を行ふべきにあらず、軍の神聖を汚すものなりと云ふが如き正論の出るに及び、彼らも自己の非を反省し、遂に此計画は途中にて消滅したるものなり」（『木戸日記（上）』）

永田は、さらに「十月事件」のことについても言及した。

「十月事件―そこで参謀本部の一部では先輩の此の失敗に憤慨し、外部と連携をとらず、軍のみにて之が推行を期せむとするものを生じ、漸次其の計画は進められたるが、今回は全く外国等にて行はれたるクーデターを模したるものにして、先ず彼らの手にて、（一）、陸軍の統制ある行動を阻止する為め首脳部を強力にて抑へ、（二）、是と同時に彼らが動かし得る兵力を以て警視庁を占領して彼等の強力行動の阻止を不可能ならしめ、（三）、宮中方面をも拘束して上奏を敢行し、彼等自ら内閣を組織せむとするものにして、総理、内務、陸海軍等は同志にて占むる計画なりしが如し。此計画は相当準備せられ進展し居りしが、進展するに伴ひ同志の中（同志は十数人なり）にも此行動に不審を抱くものを生じ、其等のものより遂に事前に暴露するに至りしものなり」（『木戸日記（上）』）

最後に永田は、今後の彼らの動向について言及し、「其の後の軍部の思想―大川一派と接触せるもの、北一輝、西田税等の思想に心酔せるもの及び純真に統帥権問題等に憤激するものの三つに分かつことを得べし。而して又別の見地よりするに外部の団体等と連絡を策するを非とするもの少なからず。現在に於ては此の方が多数と見るべく、急に盲動するが如き形勢はなきも、既成政党に対する反感は相当深刻なれば、建設的の計画に就きてもより同志の間にて研究しつつあり。西田に私淑せる一派の目標は同氏の著社会改造法案なり」(『木戸日記(上)』)と述べた。

つまり、「三月事件」と「十月事件」は国内から国家改造を図るクーデター計画であり、一方「張作霖爆殺事件」と「満州事変」は国外からクーデターの誘発を謀ろうとするものだった。

十一月二日、元老西園寺公望は天皇に拝謁した。この拝謁は「天皇が目下の情勢を憂慮し、関係国務大臣を召致して訊ねたしと希望されていたことから、これら責任者に対して余り立ち入った御指図は良くないと内大臣牧野伸顕が懸念し、公爵〔西園寺〕に上京を願った」ものであった(『昭和天皇実録(五)』)。

席上天皇は、外務大臣に意見を聞きたいと述べたが、西園寺は、「直接の責任者を招いても、それぞれ意見が異なる場合は却って適切でなく、御質問は止めた方が良い」と奉答した。また西園寺は、「自分は第一に欽定憲法の精神に傷のつかないようにこれを守るべく、天皇に忠節を尽くすこと、第二に国際条約を守り不信のないようにすることが、自分の国家に対しなすべきことと思うとの言上に対し、天皇も尤もである」と答えた(『昭和天皇実録(五)』)。

ところが、日本が英国のように立憲民主政治が根づいている国家であれば、この西園寺の答えは正解であるが、立憲政治の歴史が浅く、軍部に対するシビリアン・コントロールがまったく効かない現状にあっては無答責になり、天皇が統治権を放棄することになった。

✺裕仁天皇は軍令部の権限拡大に反対

ロンドン条約をめぐる日本海軍内の「条約派」と「艦隊派」の対立は、条約派の山梨勝之進と堀悌吉、「艦隊派」の加藤寛治と末次信正の最高幹部を更迭する形で収拾されることになった。形の上では両派相殺だったが、将来の海相候補だった山梨と堀の二人を相次いで辞職させたため、実質的には「艦隊派」の勝利になった。

加藤や末次の「艦隊派」が海軍内で勢力を拡大する中で、昭和六年十二月、陸軍が閑院宮(かんいんのみや)載仁(ことひと)親王を参謀総長に据えると、翌七年二月二日、海軍もまた谷口尚真(たにぐちなおみ)軍令部長に代えて、「艦隊派」の伏見宮博恭(ふしみのみやひろやす)を軍令部総長に擁立した。さらに「艦隊派」は、十一月八日、就任以来わずか四か月の百武源吾(ひゃくたけげんご)に代えて、加藤寛治直系の高橋三吉中将を軍令部次長に据えることに成功した。

無定見な宮様軍令部長を担ぐ軍令部の実質的な権力者は次長の高橋三吉であった。高橋三吉は、海軍大学校、軍令部、連合艦隊と相次いで加藤(寛)の幕下にあり、加藤が軍令部次長時代には一班二課長として仕えた腹心だった。高橋は次長に就任すると、早速軍令部令の改定に取り組むことにした。しかしこの改定には大きな抵抗が予想されるため、すぐに行うことをせず、その第一段階として、「戦時大本営組織の改定」から着手することにした。

高橋三吉は、軍令部第二課長時代（大正十一年十一月〜十三年五月）に、一度「軍令部令の改定」を試みたことがあった。

大正十一年第四十六帝国議会において加藤(友)海相は、「主義として、軍部大臣は武官でなければならぬとは考へておらぬ。主義の問題でなくして実行上において円満に行くかどうかが問題である」と答弁した。『加藤(友)伝言』でも、「文官大臣制度は早晩出現すべし。これに応ずる準備を為し置くへし。英国流に近きものにすべし。これを要するに思い切りて諸官衙を縮小すべし」と述べており、英国流の文官大臣制確立に強い期待感を示していた。

そこで高橋は、近い将来予想される文官大臣の出現に対処すべく、出来るだけ軍令部の権限を拡大することを目論んだ。しかし加藤(寛)次長と末次班長らは、日本海軍の大御所たる加藤友三郎の叱責を恐れて、高橋の意図に積極的に応じようとはしなかった。

大正十二年六月、加藤(寛)に代わって堀内三郎が次長に就任した。堀内は「これは現行のものと比べて大改革だ。正式に商議しても、事は面倒だ。軍令部の意見として提出しよう」という態度をとった。

日本海軍においては、山本権兵衛海相時代から海軍省の権限は絶大なものがあり、伝統的に軍令部に対し海軍省が絶対優位を誇っていた。

佐藤鉄太郎は、軍令部次長時代(大正四年八月〜同年十二月)に、この改定を企てたものの、加藤(友)海相の忌避に触れて、突然次長から海軍大学校校長に左遷された。このような経緯からして軍令部側は、その権限強化の第一歩として、「戦時大本営編制」と「職員勤務令」の改定から行うことにした。昭和八年九月中旬には省部の案が確定し、九月二十一日、大角海相は軍事参議官会議を招集した。

昭和八年九月二十五日、大角海相が天皇にこの「軍令部条例の改定」の裁可を願い出たところ、裕仁天皇は、次の三点について質した。

（一）従来海軍軍令部長御允裁ヲ仰キタルモノハ海軍大臣ニ於テ伝達スルコトトナリ居リシニ、今回ノ改定ニ依リ軍令部長カ之ヲ伝達シ、外見上業務一方的ニ偏シ、慎重ヲ欠ク嫌アリ。之ニ対シ如何ナル手段ヲ取ルヤ。
（二）海軍大臣ノ権限縮少ニ関スル事項ナルニ拘ラス、内閣総理大臣ニ諒解ヲ求メサリシ理由。
（三）御内裁ノ字句アリ、其意義如何。
（『昭和天皇実録（六）』）

このため大角海相は、帯同の海軍省軍務局長の吉田善吾少将に命じて奉答文を作成して、同日午後三時十分、再び拝謁して奉答した。天皇は大角海相への下問において、「この改正案によると一つ運用を誤れば、政府の所管である予算や人事に、軍令部が過度に介入する懸念がある。海軍大臣としてこれを回避する所信は如何。即刻文書を出すように」と強く言った。

大角海相の拝謁後、天皇は侍従武官長本庄繁を召して、「海軍軍令部条例等の改定」に関して、東郷元帥への諮詢の伝達を命じた。そこで本庄は直ちに上京して、東郷に対して諮詢の沙汰を伝達した。東郷の同意を得ると、本庄は葉山に戻って復命し、その翌日の九月二十六日、ようやく裁可を得た。

「新軍令部条例」は九月二十六日付で、「軍令部令」と名称を変え、また「新省部互渉規定」は「海軍省軍令部業務互渉規定」と名称を変えて、同年十月一日付で発令された。

「海軍軍令部」を「軍令部」に変更し、「海軍軍令部長」を「軍令部総長」に改めるとともに、総長が国防用兵計画を掌り、海軍大臣を経ずして用兵事項を伝達することによって、参謀総長と同格の地位を得ることになった。十月一日付で、海軍軍令部長の伏見宮博泰王は「軍令部総長」となった。

✺「国防方針の改定」を憂慮する裕仁天皇

明治四十年「帝国国防方針」が制定されたものの、陸海軍の主導権争いから仮想敵国を一つに絞ることが出来なかった。このため陸海軍は、ロシアと米国をそれぞれの主な仮想敵国として、軍備を整えてきた。大正七年の「国防方針の第一次改定」では、これにさらに支那（中国）も仮想敵国の範疇に加えられることになった。

ところが第一次世界大戦でロシアが崩壊したことから、大正十二年の「国防方針の第二次改定」に際しては、米、ソ、支を仮想敵国として、米国を第一位に昇格させた。

昭和六年九月、満州事変の発生によって日ソ間で緊張が高まったが、在極東ソ連兵力に対する日本軍の劣勢の観点から、満蒙における日本の国防の脆弱性が認識されるようになった。昭和十一年末には、海軍軍縮条約が失効して無条約時代に突入することから、「国防方針」の抜本的改定が必要になった。

参謀本部作戦課長石原莞爾大佐は、既定の「国防方針」、「用兵綱領」、および「年度作戦計画」を知るに及んで、「わが陸海軍には作戦計画はあるが、戦争計画はない。今や世界列強は、国防国策を基として外交を律し、軍備を整える準戦時代に入っている。漫然と仮想敵国を列挙し、外交と国力と別個にして、軍備だけで国防を全うすることは出来ない。早く戦争計画を策定して国防国策大綱を立てなければならない」と考え、「まず対ソ軍備に重点を向けて、北方の脅威を排除し、中国との破局を防止して、極力米英との和協を図り、この間満州国の育成を図らねばならぬ」との考えを抱くようになった。

石原は、国防国策に関しては、まず海軍と考え方の一致を図ることが先決であると思い、昭和十年十二月十七日から軍令部作戦課長福留繁大佐との間で交渉を開始した。ところが陸軍側の「北方重視＝陸軍軍備優先」に対して、海軍側は「北守南進＝海軍軍備充実」を主張したため、折り合いがつかなかった。

海軍では、陸軍側が提案した「国防国策大綱」に対処するため、昭和十一年三月十九日、長谷川清次官を長とする「海軍政策及び制度研究調査委員会」を立ち上げた。

この委員会は、第一、第二、第三の三つの委員会からなっていた。この中の「帝国の国策並びに之が実現に必要ある海軍政策の具体案を調査研究立案」することを目的とした第一委員会は、同年四月、次のような答申をまとめた。

国策要綱

帝国国策要綱は、内は庶政を更張し、外は帝国の地歩を確保すると共に、南方に発するを根本方針とし国力充実、国権の伸張を図り……。

対外政策

(三) 南方諸邦は帝国の国防強化、人口問題解決、経済発展時上最重視すべき方面にして、之が経綸はまた対満、対支、対ソ政策大成上にも必須のものなり。……之が為……他方当然覚悟すべき英米蘭等の圧迫阻碍に対し常に慎重の用意を以て臨み、万一に対する実力の準備完成を要す。

（四　略）
（五）対英国　英国の執ることあるべき列国、殊に米ソ支を利用する対日抑圧の策動に対し慎重警戒すると共に……英国権益推移の間隙に乗じ、我勢力の進出を図り、又英国属領に対しては経済的、文化的連繋を密にし、彼の対日政策に対する牽制に努む。

この海軍の「国策要綱」は、四月十六日、海軍次官、軍令部次長の連名で第三艦隊司令長官宛に、「海軍としては概ね左記方針を以て今後帝国の対外国策上採るべき最も妥当緊要のものなりと定められ、既に新内閣に対し之が確立遂行を要望し折角努力中に有之」との申し添を付けて、全文申進した。

それでは何故この「国策要綱」が、第三艦隊司令長官に申進されたのであろうか。

国策要綱決定に先立って及川古志郎第三艦隊司令長官は、岩村清一参謀長をして、中国と満州を視察させ、次の意見書を作成して、昭和十一年三月二十七日、永野海相、伏見宮軍令部総長に上申した。

（一）帝国の執るべき国策に南方進出と北方進出の二策あり。……南進は英あるいは米を対象とする結果となり、北進はソ国との衝突を意味す。国家終局の発展は収穫大なる南方においてせざるべからずと雖も、帝国は未だ好んで英米と衝突を誘起するが如き時機に達せず。寧ろソ国との衝突を惹起するも後顧の憂なからしめたる後、南進に転ずるも遅からざるべし。

（二）他国と衝突を避け得ざる場合、敵を最小限に止むるは絶対必要なり。今直接の敵は英あるいは米に求めんが、ソ支その他の列国挙げて敵に組する場合あることを予想せざるべからず。……米もまた好んで我に挑戦することなかるべく……。

(三) 海軍軍備を整備する上の理由に欠たる所なし。要は国力が海陸並行の軍備を幾何程度堪へ得るやの問題に帰すべし。

岩村は、大正十一年五月より海軍省副官兼海相秘書官として加藤友三郎海相に仕え、その合理主義的国防観の薫陶を受けていた。また岩村は、昭和三年十一月からは第一遣外艦隊参謀として、米内光政同艦隊長官の下で勤務した。

この岩村の意見書は、仮想敵国を陸海共通の一国に絞り、対米不戦主義を堅持するという点で、非常に評価されるものであった。ところが福留繁軍令部作戦課長は岩村の意見書に対して、「先ず北を然る後南へとする如き思想に共鳴せらるるが如き点は是正を要す。殊に此の思想に基づき国防も先ず陸、然る後に海とする如きは誤れるも甚し。……本論は陸軍を先ず整備し、然る後海軍と言う誤解あらしむ」との附箋を添えたのだった。これには近藤信竹第一部長や中原義正部長直属も同様の見解を示した。

さて海軍の国策要綱は、「北守南進」をもって日本の対外政策の本旨とするというものであるが、陸軍側が危惧した日本軍の対ソ兵力の劣勢については、全く不問にしていた。そして新たに対南方諸邦に対する国策を挙げ、当然覚悟すべき国として英米蘭を掲げていた。

昭和十一年六月の「帝国国防方針の第三次改定」では、英国が仮想敵国に加えられることになった。

参謀本部としては、軍令部との討議を通して陸軍側が公正妥当な結論を求めようとすれば、かえって海軍側の南進論を高めさせることになり、国論の分裂を招きかねないことを、痛切に思い知らされた。そこで石原は、参謀本部内に新たに第二課（戦争指導課）を設けて、ここで徹底的に国防国策の検討を行うと共に、陸海軍の不一致の場合は天皇の欽定によって解決を図ることにした。ところが軍令部側は、この際国防国策を論ずるよりは、むしろ「帝国国防方針の第三次改定」をすべしとして、昭和十一年一月二十三日、これを参謀本部側に提議した。その理由として軍令部は、大正十一年の改定以来国際情勢に大きな変化が起きていることや、昭和十一年末で海軍軍縮条約が失効することを挙げた。

一方参謀本部側は、従来の「国防方針」は軍部の国防であって国策には繫がらず、ただ仮想敵国を挙げるだけであり、列強に対して如何なる順序で国防を解決していくかの長期的展望がないと批判した。従って現下の情勢に対処するためには、「国防国策大綱」を確立する方が実際的であるとした。こうした意見の相違があったことから、参謀本部と軍令部間の協議は難航したが、結局参謀本部側が軍令部側に折れる形で妥協することになった。陸海の妥協によれば、「国防国策大綱」を政府・統帥部間で決定し、それに基づいて軍部の狭義国防として「帝国国防方針」を改定することになった。

こうして昭和十一年一月下旬に始まった参謀本部と軍令部間の改定交渉は、二・二六事件のために中断されたものの、その後も続行され、六月三日、前回の「国防方針」と「用兵綱領」の改定と同様の手続きを経て天皇の裁可を得た。しかし石原の「国防国策大綱」の狙いは、完全に骨抜きにされることになった。

第三次改定の「帝国国防方針」では、米ソいずれが主要仮装敵国であるかについて、次のように規定して、軽重をつけないことにした。

「帝国の国防は、帝国国防の本義に鑑み、我と衝突の可能性大にして且つ強大なる国力殊に武備を有する米国、露国を目標とし、併せて支那、英国に備ふ」

海軍はその所有兵力として、主力艦十二隻、航空母艦十隻、巡洋艦二十八隻、水雷戦隊六隊、潜水戦隊七隊を基幹とし、その他常備航空基地航空兵力六十五隊を整備することにした。これによって今後十年間は、対米七、八割の比率を保有できるものと見込んだ。

「用兵綱領」では、記載の順序を米露とするか、それとも露米とするかで形式的な論争が続いたが、結局「国防方針」では「米露」、用兵綱領では「露米」の順序にすることで妥協が成った。

昭和十一年五月十三日、元帥会議は、「国防方針」と「用兵綱領」の第三次改定について審議し奉答した。その直後、裕仁天皇は伏見宮軍令部総長を呼んで、次のように質問した。

天皇　国防方針に示す兵力は相当なるが、財政との関係如何？

伏見宮　軍備の充実は国際情勢にも財政にも関係ありますが、国力の許す限り出来るだけ本方針の兵力を整備せんとす。財政を無視して無理を言うにあらず。所有兵力に比し、建造費嵷当りの高価なる駆逐艦、潜水艦を減じ、嵷当りの廉なる主力艦、航空母艦を増しあれば、全経費として全所要兵力より増加なし。

天皇　新聞報に依れば、英、米にして大に建造を行なう如し。これに対しては如何？

伏見宮　英米にては主力艦を始め、大拡張を行なふようでありますが、我国は一々之に応ずることを致せずとも、無条約なれば日本伝統の特徴ある軍艦を以て他国の有せざる大口径砲、重装備の主力艦とか重雷装艦とか種々特徴を有し、敵の現有兵力を以て応じ得ざる艦を造れば宜しく折角研究中であります（『戦史叢書・海軍軍戦備（一）』）

この伏見宮軍令部総長の奉答からも明らかなように、日本海軍として対米戦略の要として大艦巨砲主義にますます頼ることになった。

昭和十一年五月十三日付『昭和天皇実録（七）』には、次のように記載されている。

「五月十三日　水曜日　午前十時五分　枢密院会議に臨御される。議題は『陸軍省官制中改正の件』『海軍省官制中改正の件』にて、陸軍省・海軍省の官制中大臣及び次官の任用資格に関する規定を改正して現役将官に限定することにつき審議が行われ、全会一致を以て五月一八日公布され、即日施行される。午前十一時三十分、御学問所において参謀総長載仁親王に謁を賜い、去る十一日の御諮詢を受け本日宮中において開催された帝国国防方針及び帝国軍の用兵綱領改定に関する元帥会議の結果につき、奉答を受けられる。引き続き軍令部総長博恭王をお召しになり、国防方針の示す海軍兵力と財政の関係等につき御下問になる。終わって、侍従武官長宇佐美興屋（うさみおきいえ）を経て、内閣総理大臣に国防方針に関する御下問の御沙汰を伝えられる」

この日の模様は、西園寺公の個人秘書である原田熊雄のアンテナにしっかりキャッチされていた。

「（原田熊雄が）十二日の朝外務大臣（有田八郎）に官邸で会ったところ、大臣は、『総理から話をきかなければ、これはまだ自分から話したといふことは、言はないでもらいたい。実は統帥府で参謀総長、軍令部総長が揃って拝謁して国防方針を上奏してをられる。陸軍の方針の大体の内容は、戦時五十個師団、平時に二十個師団で、なほ満州における六個師団もその中に加へ、かういふ場合の整備は、また別にいろいろ計画があるやうだ。なほ海軍に至っては、主力艦十二隻、航空母艦十四隻、巡洋艦二十八隻である。これはその内に内閣に内示され、そうして陛下の御下問があり、答申することになるだらうけれども、所謂内覧を賜はってお下渡しになる内容及び本質について、自分にちょっと判らないところがある。』と言って、心配してをったから、自分の知ってをる範囲を話したけれども、なほ確かなところを突止めるために、木戸（幸一）内大臣秘書官長に電話で話してすぐに来て貰って、木戸と二人で外務大臣からいろいろ話を聞いた。しかし、今直ぐにこれが直接現はれて来て大きな問題になるやうなことはない。第一、広田総理に参謀本部及び軍令部、或は陸海軍大臣から内容を見せられたが、ただ一応ちょっと見せただけでも、陛下から『内閣総理大臣はこれを承知したか。』といふやうな御下問でもあった時に、ただ一目見ただけなのに、『承知してをります』と申し上げるやうなことがあっては困る。実際承知してをりますといふには、内閣全体が内閣としてよく検討した上で、『これならば宜しい』といふことで始めて承知した意味をなすので、ただ一目ぐらゐ見せて『もう承知してをります』といふ風にやられては非常に困る。

そこで、木戸はすぐに宮内省に帰って、多分宮中で内大臣がその様子を知ってをるかどうかといふことについて確かめたものらしい。十四日に総理に会ったところが、『昨日陛下からお召があって参内したところが、国防方針について御下問内覧賜はった。関係大臣とよく相談して答申するつもりだ。もう既に手続きとかの準備等についても、陛下がすっかり御承知であるから、順調に行ってをるといふやうな次第で、あとは関係大臣が相談して大体奉答すればいいことになってゐる。なほ、枢密院で軍部大臣を現役に限る制度が決まった。まだ御裁可にはならないけれども』といふことであった」（『原田日記（五）』）

「帝国国防方針」の策定と並行して、陸海軍間で極秘の内に国防国策に関する検討が進められ、昭和十一年六月三十日、参謀本部戦争指導課は「国防国策大綱」を立案し、閑院宮参謀総長の決裁を得た。この大綱は石原の構想を基本にしたものであり、その中心は次の点にあった。

（三）先ずソ国の屈服に全力を傾注す。而して戦争持久の準備について欠くる所多き今日、英米少なくも米国との親善関係を保持するに非ずんば、対ソ戦争の実行は至難なり。

（四）兵備充実成り、且つ戦争持久の準備概ね完了せば、ソ国の極東攻勢を断念せしむる為、積極的工作を開始し、迅速に目的の達成を期す。

しかし対ソ先決を主旨とする「国防国策大綱」は、軍令部側の容れるところとはならず、六月三十日、海軍側は陸軍の「対ソ先決」と「北守南進」を組み合わせて「国策大綱」なるものを策定した。これは八月七日、広田首相、寺内陸相、永野海相、馬場蔵相、有田外相の五相会議において決定されたところの次の「国策の基準」になった。

「帝国として確立すべき根本国策は、外交国防相俟って東亜大陸における帝国の地歩を獲得すると共に、南洋に進出発展する」

この「国策の基準」の第一要綱には、「国防の軍備」について次のように記載されていた。

（一）陸軍軍備はソ国の極東に使用し得る兵力に対抗するを目途とし、特にその在極東兵力に対し、開戦初頭一撃を加え得る如く在満鮮兵力を充実す。

（二）海軍軍備は米国海軍に対し、西太平洋の制海権を確保するに足る兵力を整備充実す。

結局、日本がとるべき戦略は統一されることなく、陸軍はソ連、海軍は米国と分裂して固定化されることになった。

ともかく日本海軍は、これによって海軍軍備充実の陸海並行充実、および昭和十二年度海軍補充計画の予算（③計画）を獲得することに成功した。

昭和十一年一月十五日、日本はロンドン軍縮会議から脱退を通告し、無制限建艦競争が始まることになった。翌十六日午後一時四十分、御学問所において岡田啓介首相より、一月十五日付をもってロンドン海軍軍縮会議を脱退した件について、奏上があった。

続いて一月二十日、裕仁天皇は、岡田首相、高橋（是清）蔵相、および広田（弘毅）外相と謁見したが、広田外相との謁見の際、ロンドン海軍軍縮会議からの脱退に関連し、「英国との関係を特に慎重にすべき」と述べた（『昭和天皇実録（七）』）。

日本はアジアの雄として、強引に世界のパワーゲームに割り込んだものの、国策進路は南北に、陸海の仮想敵国は米ソにそれぞれ分裂し、一本化することが出来なかった。このような状況を裕仁天皇は非常に危惧した。しかしながら次第に力を増す軍部の圧力の前にあっては、天皇といえども如何ともすることが出来なかった。

本来天皇と軍部の調整を掌っていた元老も、昭和に入ると西園寺ただ一人となったため、軍部の横暴を抑止できなくなった。天皇も元老も軍部をコントロールすることが出来ないとなれば、日本が無法地帯化するのは必然であった。

✺二・二六事件――「速やかに暴徒を鎮圧せよ」

昭和七年の歌会始の題は「暁鶏声」で、裕仁天皇は「ゆめさめて我が世をおもふあかつきに長なきとりの声そきこゆる」と憂いに満ちた歌を詠んだ。

一月二十八日、第一次上海事変が発生した。この事件は満州事変から世界の目をそらせるために関東軍参謀の田中隆吉中佐が仕組んだ謀略だった。

二月九日、前蔵相の井上準之助が血盟団の一員によって射殺され、三月五日には三井合名会社理事長の團琢磨も暗殺された。この間隙を縫って三月一日、満州国の建国が宣言された。そして五月十五日夕刻、首相官邸において犬養毅首相が海軍の青年将校らによって暗殺された

昭和十一年（一九三六）二月二十六日払暁、春雪が降り積もる中、二・二六事件が発生した。村中孝次、磯部浅一、安藤輝三、栗原康秀ら隊付将校国家改造グループの一部は、第一師団と近衛師団の将兵約一千五百名を率いて、クーデターによる国家改造を目指して、裕仁天皇の最側近と政府と軍部の首脳を襲った。

最初即死と伝えられた岡田首相は奇跡的に難を逃れたものの、斎藤実内大臣、高橋是清蔵相、渡辺錠太郎教育総監などは暗殺され、鈴木貫太郎侍従長は瀕死の重傷を負った。

この青年将校の決意を最初に天皇に伝えたのは、当直侍従の甘露寺受長（かんろじおさなが）だった。甘露寺は宮内庁の当直職員から連絡を受けると、すぐに天皇のもとにかけつけ、この報を伝えた。甘露寺の報告を受けた後、天皇は「とうとうやったか。……まったく私の不徳の致すところだ」とつぶやいた。裕仁天皇の表情は深い悲しみに満ちていた。そこで甘露寺は、「お上、今お泣きに

なっている場合ではありません。……今こそしっかりしておかなければなりません！」と必至に励ました（甘露寺受長『背広の天皇』）。

当時陸軍省軍事課高級課員の武藤章は、その日の模様について、「出勤してみると、参謀本部や陸軍省が軍隊によって占領されていた。……陸軍省裏門に近づくと、栗橋（保正）主計課長が飛んで来て『君！　危ない』と叫んで私を押し止めた。……昨夜在京部隊が蹶起して、重臣を殺し、……君も殺すと云っているそうだ、とのことであった。……各局長や部長は途方に迷っていたようであった。私は……いわゆる蹶起部隊を反乱軍として一刻も速やかに鎮圧すること、……速やかに粛軍の実を挙げることの方針を、軍事課員に示して一切の処置に当たった」（武藤章『比島から巣鴨へ』）と回想している。

宇垣一成は、昭和十一年二月二十九日付日記に、次のように記している。

「此度の事変中にも片手に燐寸（マッチ）を、片手に消火器を持ち、放火と消火を兼業して、其の間に何かをせしめんとする曲者の横行しあるが如くに見えるに誠に醜怪であり、又不愉快である。純真無垢の青年将校を煽動教唆して事を起こさしめ、隠然之を保護し、鎮撫するの態度に出て、其の間に、名聞や地位を獲得せんとする怪物の現存するのは、断じて排除せねばならぬ」（『宇垣一成日記』）

決起した青年将校の後ろには、彼らを持ち上げ、けしかけた将官たちがいた。結局、蹶起部隊によるクーデターは失敗し、隊付青年将校の国家改造運動は壊滅した。結果的に彼らをおだてあげた真崎甚三郎、荒木貞夫、柳川平助、小畑敏四郎ら皇道派の将官は予備役に編入され、陸軍から追放され、それと抱き合わせの形で、南次郎、阿部信行、建川美次ら宇垣系の将官も予備役となった。こうして政治色の強い将官は相次いで陸軍から姿を消した（川田稔『昭和陸軍全史（二）』）。

二・二六事件の時、宮中では、殺された斎藤内府に代わって木戸幸一内大臣秘書官長が事態収拾に重要な役割を果たすことになった。『木戸日記(上)』には、二月二十六日の宮中の様子が、生々しく記述されている。

「午前五時二十分、小野秘書官よりの電話なりとの市川（寿一）の声に夢を破らる。直に電話に出しに、内大臣は只今私邸にて一中隊の兵に襲撃せられ、奥様（春子）もお二人ともいけないようですとのことなり。……一大不祥事の発生を直感し、直に警視総監に電話をかく。通話することを得たれども、警視庁の手配については要領を得ず。よって役所より、自働車を招き、午前六時参内す。自働車を待つ間に、近衛公、原田男に通知す。いずれも未だ知らざりき。午前六時四十分頃、興津の西園寺公邸に電話を以て事件を御知らせす。公爵始め一同未だ御休み中との女中の返事にて、大いに安心す。直ちに常侍官室に至る。湯浅宮内大臣、廣幡侍従次長等既に在り、侍従長、岡田総理、高橋蔵相等も襲われたることを知る」

裕仁天皇および宮中側近たちの驚愕ぶりが目に浮かぶようである。

『木戸日記』には、川島義之陸軍大臣の拝謁の模様についても、記載されている。天皇は川島陸相に対して、「今回のことは精神の如何を問わず甚だ不本意なり。国体の精華を傷くるものと認む」と断言した。これに対して川島陸相は、「誠に恐懼の至に堪へず」と述べ、頭を垂れた。陸軍部隊によるクーデターの発生とあって、軍事参議官たちは急遽参内したが、閣僚は一人も参内しなかった。このため、政治の中心を速やかに確立する必要があるとの認識から、木戸と廣幡は湯浅倉平宮相の指図を仰いで、児玉（秀雄）拓相と電話連絡を取り合い、閣僚の参内を求めることにした。また斎藤実内大臣が死亡したため、差当って一木喜徳郎枢密院議長にも参内を願うことにした。

天皇機関説の代表的論者である一木枢府議長のことを心配した裕仁天皇が「なるべく側近に居るように」と申し伝えたため、結局一木は、この日から三月八日まで宮城内に宿泊することになる。

一方軍事参議官の間では、奉直命令によって決起した部隊を解散させるべきであるとする意見と、「戒厳令」を敷くべきであるとする意見の二つに分かれた。要するに決起部隊を、天皇に対する反逆と位置づけるのか否かによってその評価が分かれたのである。

この日の朝、伏見宮軍令部総長が慌ただしく参内して、速やかに新内閣を組織すること、および戒厳令の発令だけは見合わせたい旨を上申した。これに対して裕仁天皇は、岡田首相の消息が不明であることや、また今回のクーデターは自分に対する反逆であって許し難いなどの理由をあげて、この上申を憤然と退けた。

この日午後六時半、大角海相が拝謁した。用件は、後藤（文夫）内務大臣を首相代理に任命されたいとするものだった。さらに大角は軍事参議官の申し合わせにより、「国体の顕現と云ふ諸君の主張は自分等も同感なれば、これが達成に努力す。又内閣に向ても之が実現を要求するが故に、汝らの目的は達せられる。故に此辺にて兵を引くべし」として、手分けして決起将校らを慰撫し、穏便に事を収めたいと上奏した。大角の言上を聞くや、天皇の怒りは頂点に達した。

『木戸日記(上)』には、「陸軍省参謀本部の青年将校は暫定内閣を作ることを申合せ、進言せりと云ふ。之はファッショ的傾向多分にあるものならん。此希望は蜂起せし部隊にもあり。戒厳令を布くことに陸軍大臣より要求あり。之は主として石原（莞爾）大佐が主張せしによると云ふ。海軍大臣は其の必要を認めざれど陸軍が責任をとれずと云ふのなれば致方なしと云ふ。後藤内相は相当反対したるも、遂に同意せりと云ふ」と記述されている。

裕仁天皇は、「暫定内閣などは認めない」と切言し、さらに「陸軍は自分の頸を真綿で締めるのか！」と、本庄侍従武官長に言った。この言葉を聞いた木戸は涙が溢れるのを禁じ得なかった。

天皇の明確な意思表明にもかかわらず、軍部の態度はいまだに定まらなかった。

「八時半、大角海相は宮相に、暫定内閣の首班には伏見宮又は東久邇宮を希望するものあり、また真崎大将と云へるものあり、伏見宮に内大臣を御願ひしては如何等と話せりと。陸相は戒厳令を布きても現在の軍を解散整理するの自信はなき模様なりと。陸相は後藤内相に辞表の提出と共に、暫定内閣の詮衡を此の内閣にてなしたしとの話をなしたるが、それは大権の私議となり不可能なりと説かれ、意外の面持ちなりし由なり。午後九時、後藤内相総理大臣臨時代理を拝命、引続き閣僚の辞表を取纏め、辞表を捧呈す」（『木戸日記（上）』）

裕仁天皇は後藤首相臨時代理に対して、「速やかに暴徒を鎮圧せよ。秩序回復する迄職務に励精すべし！」と命じた。そして午後十一時半、天皇の臨席の下に、枢密院は戒厳令を布くことを決議した。後日、木戸は「日記に関する覚書」の中で、次のように記している。

「私は、二十六日の朝、湯浅宮内大臣、廣幡侍従次長と最初の善後処置について会合したる際に、『此際最も大事なことは全力を反乱軍の鎮圧に集中することである。内閣は責任を感じて辞職を願出で来ると思はれるが、若し之を容れて後継内閣の組織に着手することとなれば……実質的には反乱軍の成功に帰することとなると思ふ。であるから此際は陛下より反乱軍を速に鎮定せよとの御諚を下されて、此一本で事態を収拾すべきであり、時局収拾の為めの暫定内閣と云ふ構想には絶対に御同意なき様に願い度い』との意見を開陳した。両氏とも之には全く同感で、宮内大臣より陛下に言上した」（『木戸幸一関係文書』）

次に『昭和天皇実録』に沿って、事件の推移を日を追ってみてみたい。

事件二日前の二月二十四日に、東京では珍しいほどの春雪の中、天皇がスキーを楽しんだことが記載されている。

「二月二十四日　月曜日　東京地方においては二十三日午前四時四十五分より同日午後八時まで降り続けた雪は、一時は吹雪となり、午後七時の積雪は一尺一寸七分に及び、去る四日の一尺四分の積雪記録を更新する」

「二月二十六日　水曜日　午前五時四十五分　当番侍従甘露寺受長は、当番高等官宮内事務官高橋敏雄（大臣官房総務課書記官）より、侍従長官邸が軍隊に襲われ侍従長鈴木貫太郎が重傷を負った旨の連絡を、続いて内大臣私邸が襲撃され内大臣斎藤実が即死した旨の連絡を受ける。六時頃、甘露寺は皇后宮女官長竹屋志計子を通じ、御目覚めを願う旨を言上す。ついで、各所に電話連絡し総理大臣官邸等の襲撃につき情報を得る。六時二十分、御起床になり、甘露寺より事件の報告を受けられる。午前六時五十五分、宮内大臣湯浅倉平に謁を賜う。午前七時十分、侍従武官長本庄繁に謁を賜い、事件発生につき恐懼に堪えない旨の言上を受けられる。これに対し、事件の早期終息を以て禍を転じて福となすべき旨の御言葉を述べられる。また、かつて武官長が斯様の事態に至る憂慮を言上したことにつき触れられる。以後、頻繁に武官長をお召しになり、事件の成り行きを御下問になり、事件鎮圧の督促を行われる。御格子までの間、武官長の拝謁は十四回に及ぶ。午前七時二十分、侍従次長廣幡忠隆をお召しになる。以後、度々侍従次長をお召しになり、この日の侍従次長の拝謁は六回に及ぶ。午前七時三十分、侍医高橋信より、侍従長鈴木貫太郎の容態につき言上を受けられる。これより先、侍医八代豊雄を病気御見舞として侍従長邸に差し遣わされる。また、天皇・皇后より侍従長にスープを賜う。爾後、三月十日に至るまで連日スープを賜う」

鈴木（貫太郎）海軍大将は、裕仁天皇の侍従長として七年間にわたって忠節を尽くしてきた、最も信頼する忠臣だった。この時生命を拾った鈴木は、太平洋戦争の最末期に、内閣総理大臣として裕仁の意を体して戦争終結に持ち込んだ。

さらにまた孝夫人は、かつて皇孫御殿の御用掛として迪宮やその弟たちを世話した女性であり、晩年、裕仁天皇が「孝はお母（たた）さまのように、私たちの面倒をみてくれました」と述べたほど、恩義のある夫人だった。

「午後二時七分、第一艦隊を東京湾に第二艦隊を大阪湾に集合させる件、横須賀警備戦隊中の軍艦木曽・第三駆逐隊・特別陸戦隊一個大隊を東京に派遣する件につき、軍令部総長よりの書類上奏を受けられ御裁可になる」とあるように、裕仁天皇は、万一に備えて海軍の主力艦隊を東京湾に集結させるとともに、反乱部隊の鎮圧のため、海軍陸戦隊を東京に呼ぶことを許可した。

「午後六時七分、御学問所において海軍大臣大角峯生に謁を賜い、内大臣後藤文夫に内閣総理大臣臨時代理を仰せ付ける件につき内奏を受けられる。六時十五分、同件を御裁可になる。七時五五分、御学問所において内閣総理大臣臨時代理後藤文夫に謁を賜い、閣僚の辞表の奉呈を受けられる。その際、速やかに暴徒を鎮圧すべき旨、並びに秩序回復まで職務に励精すべき旨の御言葉を述べられる。……なお、これら辞表に関して、天皇は後刻侍従武官長本庄繁に対し、最も重い責任者である陸軍大臣の辞表が他の閣僚と同一文面である点をご指摘になり御不審の念を漏らされる。また後日侍従次長廣幡忠隆に対しても、同様の御不満の意を示される」

本庄繁侍従部官長の娘婿の歩兵第一連隊長山口一太郎大尉は、決行当日、歩一の週番司令として反乱軍に協力した。山口は伊藤常夫少尉を使者として本庄の許に送り、兵五百が出動したことと、推測される襲撃目標を伝えた。山口が伊藤に託したメモには、「今出たからよろしく頼む」と記されており、事件首謀者たちと山口、本庄の間で事前に了解があったことを示唆していた。

「午前一時十三分、御学問所において、参謀総長代理杉山元に謁を賜い、戒厳司令官の編制及び戒厳司令官の指揮部隊に関する件につき上奏を受けられる。その際、徹底的な鎮圧を望まれる旨、並びに戒厳令の悪用を禁じる旨の御言葉を述べられる」

「二十七日　木曜日　午前七時二十分、侍従武官長本庄繁をお召しになる。以後、頻繁に武官長をお召しになり、事件の状況を御下問になる。午後五時二十七分の最後のお召しに至るまで、この日の武官長の拝謁は十二回に及ぶ。なおこの日、天皇は武官長に対し、自らが最も信頼する老臣を殺傷することは真綿にて我が首を絞めるに等しい行為である旨の御言葉を漏らされる。また、御自ら暴徒鎮定に当たる御意思を示される。翌二十八日にも同様の御意思を示される」

「二十八日　金曜日　午前七時三十八分侍従武官長本庄繁をお召しになる。この日の武官長の拝謁は十五回に及ぶ。……午後、侍従武官長本庄繁に謁を賜い、陸軍大臣川島義之・陸軍省軍事調査課長山下奉文より、首謀者一同は自決して罪を謝し、下士官以下は原隊に復させる故、自決に際して勅使を賜りたい旨の申し出があったことにつき、言上を受けられる。これに対し、非常な御不満を示され御叱責になる。第一師団長堀丈夫が部下の兵を以て部下の兵を討ち難いと発言している旨の言上を受けられる。これに対し、自らの責任を解さないものとして厳責され、直ちに鎮定すべく厳達するよう命じられる」

本庄の拝謁は、二月二十七日に十二回、二十八日には十五回にも上った。

「午後五時五十三分、御学問所において、参謀次長杉山元及び戒厳司令官香椎浩平に謁を賜う。両者より、事件首謀者の言動が反復して定まらず、奉直命令にも反抗の態度に出たことを以て武力解決に着手するも、諸般の関係にて明二十九日朝に攻撃を実施する旨、また討伐準備と併せて平和裡の解決手段を続行する旨の奏上を受けられる。杉山次長・香椎司令官の退下後、侍立していた侍従武官長本庄繁より、事件に関する陸軍の風評及びその誤解の甚だしきにつき涙ながらの訴えを受けられる。暫くして武官長をお召しになり、武官長の所感を軍事参議官に伝え、且つ速やかに事態を収拾すべく取り計らうよう仰せになる」

「侍従武官長本庄繁の拝謁願い出により、御格子後の午後十一時二十四分、鸚鵡御杉戸前廊下にお出ましになり、戒厳司令部より帰着の侍従武官後藤光蔵から報告された明朝討伐決行の情報につき、奏上を受けられる」

「二十九日　土曜日　この日午前六時、戒厳司令部より、戒厳令第十四条全部を適用し断乎反徒の鎮圧を期す旨、並びに強行解決を図るに決した経緯が発表される。……六時三十分、近衛師団に対し第一師団の前進開始に伴い攻撃前進を開始すべき旨の命令が下される。攻撃開始に先んじ、戦車・飛行機等による兵士説得ビラの散布、気球掲揚、拡声器、ラジオ放送等を以て、奉直命令下達の宣伝並びに帰順勧告が行われる。攻撃前進開始と共に、反乱兵士は漸次帰順し、事態は兵火を交えることなく収束に向かう。午前十一時三四分、戒厳司令部は間もなく鎮定に至る見込みを発表し、午後三時には、午後二時頃を以て反乱部隊の帰順は完了し完全に鎮定した旨発表する」（『昭和天皇実録（七）』）

ロンドン海軍軍縮条約締結に奔走した岡田、斎藤、鈴木の海軍の三長老が襲われたのは、この事件が昭和五年のロンドン海軍軍縮条約締結に端を発していることを物語っている。

二・二六事件以後、「皇道派」は陸軍内から一掃され、実権は梅津美治郎陸軍次官、石原莞爾参謀本部作戦部長の手に握られることになった。しかしながら陸軍による「粛軍」は、陸軍が政治干渉を自重することを意味せず、却って巧妙に政治機構の中に溶け込んで、その中で政治力を発揮することになった。

二・二六事件の余熱もまだ冷めやらぬ中、同年三月、「庶政一新」を掲げる広田内閣に対して、陸軍はあからさまに干渉してきた。広田内閣の当初の閣僚予定者で、実際に代わらなかったのは大蔵大臣の馬場鍈一だけだった。

さらに軍部は、独裁の第一段階として「軍部大臣現役武官制」を要求してきた。これは大正二年六月、山本権兵衛内閣において、それまでの陸海軍大臣・次官の現役将官制を改めて予備役の大将・中将まで枠を広げたものを、また以前の制度に戻すというものであった。

昭和十一年五月、広田弘毅内閣の下で、軍部大臣現役武官制が復活することになった。この弊害は、宇垣一成の大命拝辞、すなわち宇垣内閣の流産となって間もなく現われることになった。これによって軍部は、内閣の生殺与奪権を完全に握ることになった。

二・二六事件によって岡田内閣は総辞職し、後継首相には斎藤・岡田内閣で外相として「協和外交」を推進してきた広田弘毅が任ぜられることになった。裕仁天皇は広田新首相に対して、(一) 憲法の順守による政治、(二) 国際親善を基調として、殊に無理をしないこと、(三) 財政面で急激な変化は宜しくないこと、など異例の指示を与えた。

✺「関東軍の行動は統帥権の干犯である」

昭和十二年一月二十一日、衆議院において、軍部の横暴を攻撃した浜田国松と寺内正毅陸相の間で、いわゆる「腹切り問答」が発生した。「僕が軍を侮辱した言辞があったら割腹して君に謝する。無かったら、君割腹せよ!」と果敢に迫る浜田代議士の啖呵に激昂して、寺内陸相は、「懲罰解散すべし!」と息巻いた。海軍側はこれに同意しなかったため、一月二十三日、広田内閣は総辞職した。さらに後継の林内閣が瓦解すると、昭和十二年六月四日、近衛文麿内閣（第一次）が成立した。この内閣では広田が外相に、陸相に杉山元大将、海相に米内が留任し、山本五十六は引き続き海軍次官として留任することになった。

その一か月後の昭和十二年七月七日の夜、日中戦争の発端となる盧溝橋事件が勃発した。この事件について、裕仁天皇の許に報告があったのは、翌七月八日午後二時半ごろだった。『昭和天皇実録（七）』には、事件の拡大を恐れる裕仁天皇について、次のように記載されている。

「八日　木曜日　午後二時三十五分、水泳のため海岸にお出ましの際、御庭において侍従武官長宇佐美興屋に謁を賜い、この払暁、北支地方盧溝橋付近において日支両軍が衝突、戦闘行為に及んだ旨の上聞を受けられる。水泳よりお戻りの後、再び武官長より同事件に関する上聞を受けられる」

「九日　金曜日　この日鮫島方面において御採集、御昼餐の御予定のところ、北支における日支両軍の衝突事件のため、お取りやめになる。……午後二時十九分、謁見所において参謀総長載仁（ことひと）親王に謁を賜い、北支における日支両軍衝突事件の拡大防止のため、昨日支那駐屯軍司令官に対して兵力行使を回避するよう指示した旨の奏上を受けられる。ついで同五十五分より約一時間にわたり、内閣総理大臣近衛文麿に謁を賜い、事件の原因・経過・閣議において決定の事件に対する不拡大方針等につき奏上を受けられる。なお、この日未明、現地において停戦交渉が妥結した結果、両軍共に盧溝橋の衝突現場を退却するも、翌十日夕刻に至り、龍王廟付近において再び衝突する」

「十一日　日曜日　午前九時三十五分、内大臣湯浅倉平に謁を賜う。内大臣より、昨夜の日支両軍再衝突をうけ、参謀総長より拝謁の願いがあった件に関し、北支への派兵は日本と支那との交戦、ついで日本対支那・ソ連邦との戦争につながる恐れがあり、参謀総長の奏請に対する勅答は重大なる結果を生ずべきにつき、参謀総長への謁見に先立ち総理を召されては如何との言上を受けられる。その際、天皇は、満州事変時の如く陸軍が統帥権干犯を持ち出す恐れがあるため、総理を召すのは参謀総長奏上後にすべきこと、及び参謀総長の奏上内容によっては、総理の意見を聞くまでは裁可を保留する旨を仰せになる。十一時二十五分、参謀総長載仁親王に謁を賜り、日支両軍衝突事件の昨日の状況及び事件への対策につき奏上を受けられる。これに対し、万一ソ連邦が武力を行使した場合の措置につき御下問になる。……なお、この日午後五時三十分、政府は今次北支において発生の事件を『北支事変』と称する旨を発表、ついで六時二十五分、北支派兵に関して帝国の方針を声明する」

このように事件直後には軍部、政府とも不拡大方針を採り、七月九日、閣議は現地解決を決定した。ところが陸軍部内では、この際中国に一撃を加えるべきだとする参謀本部作戦課長武藤章大佐や陸軍省軍事課長田中新一大佐らを中心とする拡大派が、対ソ作戦重視の観点から今は自重すべきだとする参謀本部次長多田駿中将、参謀本部第一部長石原莞爾少将、同戦争指導課長河辺虎四郎大佐、陸軍省軍務課長柴山兼四郎大佐ら不拡大派に勝ちを収めつつあった。かくして閣議は、参謀本部の華北派兵案を承認した。これに対して蒋介石は、七月十九日、江西省廬山で「最後の関頭」声明(廬山談話)を発表して、徹底抗戦の方針を打ち出した。

九月二十日付『昭和天皇実録(七)』には、「午後九時四十分より五十分にわたり、御学問所において外務大臣広田弘毅に謁を賜う。昨夜現地の宗哲元軍との間に停戦協定の実施条項が成立したものの、国民政府がこれを拒絶したこと、及び蘆溝橋方面における両軍間の戦闘再発のため、この夜の閣議において三個師団の動員を決定した旨の奏上を受けられる」と記載されている。

「二十一日　水曜日　午前十一時十分、御学問所において陸軍大臣杉山元に謁を賜い、内地三個師団の北支派兵の必要につき奏上を受けられる。これに対し、今後国民政府側が当方の解決条件を受諾した場合につき御下問になり、その場合には派兵は行わない旨の奉答を受けられる」

しかし七月二十五日に「廊坊事件」、二十六日には「天安門事件」が発生すると、天津軍司令官香月清司(かづききよし)中将は武力行動を決意し、二十七日、閣議も内地三個師団の華北派兵を決定し、華北総攻撃を開始した。

八月十五日には、海軍航空隊（三十八機の九六式陸攻）が、台湾の台北と長崎の大村海軍航空基地から悪天候をついて、上海を空襲して戦果を挙げた。

十月一日、四相会議は「支那事変対処要綱」を決定した。これには、「なるべく速やかに終結」するために「支那及び第三国に対して機宜の折衝及び工作をなす」とされていた。第三国の和平斡旋で、広田外相が期待していたのはドイツだった。十一月から駐華トラウトマン独大使による日中和平工作が行われていた。しかし中国戦線における日本軍の優勢に伴って、日本の和平条件が当初より著しく釣り上がったため、結局不調に終わることになった。

昭和十三年一月十六日、近衛首相は「爾後国民政府を対手にせず」との声明を発表した。

この三日前の一月十三日、裕仁天皇は侍従長の百武三郎から、「御慰安と御健康増進のため生物学御研究所へのお出ましを願う」旨の言上があった。これは、「この非常時に生物学の研究などけしからん」という軍内で囁かれていることに対応したものだった。主である天皇が、軍部に気を遣ってびくびくしているさまが見てとれる。

この間、極東ソ連軍の増強は、日本にとって脅威であった。その最中の七月十三日朝、現地よりソ連軍が十一日からソ満国境の張鼓峰に陣地を構築しているとの報告があり、さらに十五日にはソ連兵による日本兵射殺事件が発生した。大本営では、稲田正純大佐を中心に中堅幕僚の間で「威力偵察論」が台頭し、稲田は第十九師団を使用する反撃計画を作成した。

七月二十日、張鼓峰における実力行使と応急動員下令について天皇の裁可を得るため、閑院宮参謀総長と板垣征四郎陸相が参内、上奏しようとしたところ、宇佐見侍従武官長を通して、天皇の不許可の内意が伝えられてきた。

『昭和天皇実録(七)』には、次のように記載されている。

「午前十一時十五分、御学問所において外務大臣宇垣一成に謁を賜い、張鼓峰をめぐるソ連邦との外交交渉の経過に鑑み、出兵の必要なかるべき旨の奏上を受けられる。午後四時二分、御学問所において参謀総長載仁親王に謁を賜い、張鼓峰問題につき朝鮮軍の兵力使用に関する奏請を受けられる。政府の諒解の有無、ソ連邦との全面戦争の可能性等につき御下問になり、全面戦争の可能性皆無とは確信できない旨の奉答を受けられる。遂に御裁可なく、書類を御手元に留め置かれる。終わって内大臣湯浅倉平をお召しになる。また、侍従武官長宇佐美興屋を通じ、陸軍大臣に対し、同件に関する拝謁は無益である旨を伝達される。しかるに、陸軍大臣板垣征四郎よりの強いての拝謁願いにより、五時五十二分、御学問所において陸軍大臣に謁を賜う。関係閣僚との相談につき御下問になり、決定には至らざるも委細協議した旨の奉答、及び速やかなる実力行使の必要な所以につき奏上を受けられる。これに対し、語気を強められ、満州事変・支那事変勃発時の陸軍の態度につき御言及の上、命令に依らずして一兵たりとも動かさないよう訓諭される」

翌二十一日午後四時二十分、裕仁天皇は御学問所で近衛首相と謁見した。近衛は、昨日拝謁後板垣陸相が辞意を表明したことを報告した。天皇は二十二日、百武三郎侍従長に対して、「板垣陸相への訓諭は、陸軍全体或は陸軍大臣個人に対する不信任の意図ではなく、信任すればこその訓諭である」と述べ、その旨侍従武官長を通じて板垣陸相に伝達するように命じた。

七月二十九日、張鼓峰南方国境稜線でソ連兵数名が越境し陣地を構築し始めた。現地の第十九師団長尾高亀蔵中将は、この事件をもって対ソ一撃の好機と判断して三十一日未明、独断でソ連陣地に対して夜襲を決行した。

八月一日、五相会議は不拡大方針を決定した。ところがソ連軍による猛反撃が開始されたため日本側は第二次攻撃を余儀なくされ、日ソ両軍による本格的戦闘へと発展することになった。

この戦闘でソ連軍は日本軍よりも歩兵は三倍、砲兵は四倍という機械化兵力をもって圧倒した。このため第十九師団は、戦死者五二六名、負傷者九一四名、死傷率二一％という大損害を蒙ることになった。しかし幸いにも八月十一日、モスクワで重光葵駐ソ大使とリトヴィノフ外相との間で停戦協定が成立した。

昭和十四年五月十二日、今度は満蒙国境のノモンハン付近で、ソ連軍と日本軍の衝突事件が発生した。七月十四日付『昭和天皇実録（七）』には、当直侍従武官より、ノモンハン事件は限定的で拡大の恐れなしとする報告を受けたことが記載されている。

「十四日　日曜日　午後四時二十三分、当直侍従武官よりの上聞として、ノモンハン付近外蒙国境において去る十二日発生した外蒙軍と満州軍による衝突事件につき、拡大の恐れ無しとの参謀本部の判断をお聞きになる」

東京の陸軍中央部は、支那事変の最中に事件が拡大することを懸念していたが、現地では、この際断固たる決意を示すべきであるとする積極論が勝ちを収めた。一方天皇は、満州事変のように、ずるずると戦線が拡大することを恐れていた。

「六月二十四日　午後一時三十分、御学問所において参謀総長載仁親王に謁を賜い、ノモンハン国境事件処理に関し、新たに野戦重砲兵二個連隊を満州へ派遣することにつき上奏を受けられる。その際、満州事変を引き合いに出されて事件の拡大の虞につき述べられ、また国境画定を今考慮しては如何と御提案になる。さらに、聯隊派遣につき大蔵大臣が同意済みであるか否かを御下問になる」

六月二十七日、日本軍は独断で外蒙タムスク飛行場を急襲した。このことが天皇に伝えられたのは、二日後の六月二十九日のことであった。

「六月二十九日　木曜日　午後二時三十分　御学問所において参謀総長載仁親王に謁を賜い、外蒙国境方面における航空部隊の戦闘状況に関する奏上、関東軍司令官の任務並びに国境処理方針につき上奏を受けられる。一昨二十七日、関東軍は独断にて越境爆撃を行ったが、今後国境紛争については事態を局地に限定すること、関東軍司令官植田謙吉の独断攻撃に関する処分の件は慎重に研究する旨の奏上を受けられる」

天皇は参内した中島鉄蔵参謀次長に対して、「この関東軍の行動は、統帥権干犯である」と、厳しく叱責した。

七月一日、関東軍は総力を挙げて攻撃を行ったものの完敗した。七月二十三日の第二次攻撃も失敗して、月末までに日本軍は全滅する事態に立ち至った。ところが九月一日、ドイツ軍がポーランドに侵攻し第二次欧州大戦が始まったこともあり、九月十五日、東郷茂徳駐ソ大使とモロトフ外相との間で停戦協定が結ばれ、突如ノモンハン事件は終結をみることになった。

✺日独伊防共協定強化問題―大島・白鳥両大使の越権行為を憂慮する裕仁天皇

昭和十二年十月、海軍省軍務局長に井上成美（しげよし）少将が就任し、ここに日本海軍は、米内海相、山本次官、井上軍務局長の良識派トリオの時代を迎えることになる。

この時期わが国の中枢を揺るがしていたのは、「日独伊防共協定強化問題」といわれるものであった。太平洋戦争の開戦原因を考えた時、その第一に挙げられるのが、昭和十五年九月に締結された「日独伊三国軍事同盟条約」であるが、この前哨戦となったのが日独伊防共協定強化問題」であった。これは昭和十一年十一月二十五日に締結された「日独防共協定」を拡大して軍事同盟にするというものだった。

わが国の閣内は大揺れに揺れ、インナー・キャビネットに当たる首・外・陸・海・蔵相による五相会議は、何と七十数回以上にわたって小田原評定を繰り返した。「日独伊防共協定強化問題」を強力に推進したのが陸軍であり、これに対して山本五十六を中心とする海軍側は断固反対した。このため昭和十三年と十四年の両年にわたって、陸海間で激しい論争が展開されることになった。

それでは、ここに至るまでの経過を振り返ってみよう。

一九三三年一月、政権の座についたナチス党首のヒトラーは、一九三五年三月再軍備を行い、翌年三月、ラインラントの非武装地帯に進駐した。

一九三八年一月二日、ナチス党外交顧問リッベントロップは、対仏英牽制を狙いとする日独伊同盟結成の覚書をヒトラー総統に提出した。リッベントロップは新年の挨拶のためベルリン郊外のゾンネンブルグの別荘を訪れた大島浩駐独武官に、日独関係の一層の強化を希望した。

これを契機に日本側も、日中戦争（支那事変）の長期化とソ連の軍備強化に備えて、陸海外の三省間で「日独伊防共協定強化問題」について研究することになった。

七月十九日、五相会議（近衛首相、宇垣外相、板垣陸相、米内海相、池田斉彬蔵相）は、「日独及び日伊間政治的関係強化に関する方針案」が協議され、「ドイツに対しては防共協定の精神を拡大してこれを対ソ軍事同盟に導き、イタリアに対しては対英牽制に利用し得る如く秘密協定を締結す」る旨を決定した（『現代史資料（一〇）』）。

八月十九日、岡敬純（たかずみ）海軍省軍務局第一課長より、「海軍として執るべき態度」に関し、海相・次官に説明が行われた際、山本次官より左記の事項について強い疑問が出された。これに対して主務である軍務局第一課は、直ちに各事項についての反論を纏め上げた。両者の考え方の違いを比較するため、山本の疑問とそれに対する三国同盟推進派の反論を紹介したい。

山本　独伊関係の強化は、対支那事変処理上、対英交渉に有害になるのではないか？

反論　日本が独伊と結び英国と対立の立場を執る事は、将来日独伊ブロックとの対立を意味するから、英国は最後まで援蒋の決意をするという議論は、英国外交史を知らない者の意見である。なぜならば英国が援蒋の態度を続ける事は、在支権益を全部失うことになるから、このような損な外交はしないと思われる。

山本　日独伊の防共協定は、かえって日本にとっては不利になるのではないのか？

反論　防共協定は政治協定ではないので、大したことにはならないだろう。

山本　本問題を対ソ問題に限定するとすれば、どうなるのか？

反論　南洋開発などの国策遂行に利用する事は出来ないだろう。

山本　三国同盟締結の時機が早いのは、かえって不利ではないのか？

反論　今から急いで準備したとしても、遅すぎるほどである。

山本　日ソ戦争が起こった場合、ドイツから実質的な援助は期待できないのではないか？

従ってこのような協定は結局無意味なのではないか？

反論　万一戦争が起こった場合、例え砲火を交えなくとも、ソ連兵力の多くを西部方面に牽制することになるので、無いよりは大いに意義がある。

山本　三国条約を結んだとすれば、独伊に対して支那の権益を分け与えなければならなくなるのではないか？

反論　英国に与えるよりはましだろう。独伊を富ます事は、欧州において英仏を押さえる事に繋がる。

（『現代史資料（一〇）』）

今から振り返ってみると、山本五十六の国際政治の読みが的確だったことがわかる。

この間、大島とリッベントロップの間の話し合いは一段と進展して、大島が私案として、対ソ協定を提示するまでになった。これに対してリッベントロップは、一般的相互援助条約を希望した。

大島とリッベントロップは相談の結果、この件に関して、まず日本の陸海軍に打診して見ることにして、滞在中の笠原幸雄陸軍少将に託すことにした。帰国した笠原は、八月七日、陸海軍首脳会談の席上、このドイツ案を披露した。陸軍側は直ちにこの案に賛成したものの、海軍側はこの種の重大問題は五相会議にかけるべきだと主張して、慎重な態度をとった。しかしその内容がソ連に限定されるものだとしたならば、趣旨として異議のない旨も同時に述べた。

八月二十六日の五相会議は、笠原少将が携行して来た対象国を、「ソ連に特定せず一般的に第三国とする」としたリッベントロップ案を検討した。その結果五相会議は、対ソ軍事同盟の枠内で日独提携を図らんとする主旨の日本側回答を決定した。

しかし日本側回答文は、同盟の対象としてソ連を主としているものの、英仏など第三国も必ずしも対象から除外されていないと解釈できる余地が残されていた。実際大島はそのように解釈したため、その後の日独交渉は、日本政府と現地武官の思惑の違いから非常にギクシャクすることになった。

十一月十一日、五相会議は、英仏がソ連に味方した場合においてのみ対象国になるという、やや陸軍側の主張に沿った案文を採択した。これに対して大島大使（十月、東郷茂徳に代わって駐独大使に就任）より、「八月に行われた五相会議の日本側回答文の理解とは異なる」との強硬な反対意見が送られてきた。この電報に接するや、板垣陸相と他の四相は完全に対立することになった。そして昭和十四年一月四日、近衛内閣（第一次）は、閣内不一致のため瓦解した。

同日、枢密院議長平沼騏一郎に組閣の大命が下り、翌五日、平沼内閣が成立した。この内閣では、陸相の板垣、海相の米内、外相の有田八郎などの主要閣僚は留任し、蔵相に石渡荘太郎が就任した。外相の留任を求められた有田は平沼と会談して、日独伊三国軍事同盟の対象をソ連に限定することで意見の一致を見た。平沼内閣成立直後、ドイツから正式に「三国同盟案」が、日本とイタリアに送られてきた。

一月十七日、平沼内閣のもとでの五相会議が開かれ、ドイツ案を支持する板垣陸相と他の閣僚との間で、左記のような激論が展開された。

板垣陸相　陸軍案提案、ソ連を対象とすることは固よりなるも、英仏をも対象たらしめる事を排除することなし。武力援助においては、ソを対象とする場合は、これを行なうこと勿論なり。英仏を対象とする場合は、これを行なうや否や及びその程度は、一に状況に依る。……三国同盟関係強化の議起こりおる時に比し、今日は情勢が変化せるに付、自主外交が必要なり。これ陸軍案を可とする所以なり。

米内海相　昨年八月より十二月迄の間は、本件は進展せず。そのままとなり居たるものにして、十二月以降今日までの間に特に情勢変化せしや？

板垣陸相（黙して答えず）

米内海相　十一月中旬において第三の解釈に対する自分の考えを明らかにせり（自ら鉛筆を取り記入し外相に渡せること）。その後において特に情勢変化せりと認められるや？　余はこれを認めず。数年後ソと戦わんが為、今日よりその準備を為すための協定なら賛成できず。

板垣陸相（答なし）

米内海相　三国提携を強化せば、英米を向こうに回して成算ありや？　蔵相の意見を承り度。又国際協定に於て自国の不利を忍んで迄、先方の利益の為、これを締結せざるべからざるものなりや。独伊日それぞれ対象とする国を若干異にするものを一纏めにせんとする所に無理ありと認む。

石渡蔵相　我経済の対手を、今回英米より独伊に変更する事は困難なりと認む。しかし独伊が英米に付く様になる事は恐るべき事なり。少なくとも独伊を我より離さぬ様にする程度の協定は必要なりと思う。

米内海相　陸軍案の如きものまとまりしものと仮定したる場合、支那事変の解決上直接如何なる効果ありや？

（『現代史資料（一〇）』）

このように五相会議は、米内海相と板垣陸相の意見が全面的に対立したため、行き詰まってしまった。そこで有田外相は、一月十九日、「対象―ソを主たる対象とすることは固よりも、状況により第三国をも対象とすることあるべし。秘密了解事項―（イ）兵力援助はソが単独に又は第三国と協同して締約国の一を攻撃したる場合に行わるるものとす。（ロ）第三国に対しては本協定は防共協定の延長にして、共産主義の破壊工作に対する防衛を目的とするものなりとの趣旨にて説明す」とする妥協案を提出し、ようやく採択するところとなった。

この決定に基づいて、外務省から伊藤述史（のぶみ）公使、陸軍から辰巳栄一大佐、海軍から阿部勝雄少将らが、駐独大島・駐伊白鳥両大使の許に派遣されることになった。

ベルリンに到着した伊藤使節団一行は、三月二日から三日にかけて、大島・白鳥両大使に対して、訓令および日本側対案についての説明を行った。しかしながら両大使はこれに納得せず、

「(イ) 秘密了解事項は第一項第二項共に有害無益にして、之を削除するを可と認む、(ロ) 特使携行の政府案にては独伊の反対すること明白なるを以て、之を以て正式交渉に移すことは到底同意すること能わず」とする趣旨の反対意見を本省に具申してきた。

このためこれ以降四回にわたって五相会議が開かれ、三月二十二日、次の訓令を打電することを決定した。

「(イ) 特使携行の案で兎に角一応正式交渉をすべし

(ロ) 独、伊側が右に応ぜざる場合の妥協案として

第一条　秘密了解事項を伊国をして加入し易からしむる如く修正す。但し左記精神に基き細目協定す。「蘇を対象とする場合は、武力援助を行ふこと勿論なるも、其の他の第三国を対象とする場合には、条約文の趣旨は之を行ふを原則とするも、帝国諸般の情勢より見て現在及び将来に於て、之を有効に実施することを得ず」

「三月二十五日　土曜日　午後一時三十五分より五十分にわたり、御学問所において内閣総理大臣平沼騏一郎に謁を賜い、防共協定強化交渉に関し、去る五相会議における決定、及びこれに基づきこの日外務大臣より駐独大使大島浩・駐伊大使白鳥敏夫宛に発電予定の訓令案につき奏上を受けられる。種々御下問になり、大島・白鳥が訓令に従わない場合は両名を召還すること、訓令の範囲内で独伊との妥協の見込みがない場合は交渉を打ち切る旨の奉答を受けられる。よってこの旨を文書にて差し出すことを求められ、二十八日、五相連名の念書を受けられる。なお、これより先大島・白鳥両大使は連名にて、ソ連が単独又は第三国と共同して締約国を攻撃した場合のみ武力援助の義務を生じるとする日本案では、到底独伊側は

受諾しないとて、秘密了解事項の削除を要望する」(『昭和天皇実録(七)』)

ところが四月二日、大島・白鳥の両大使は、東京からの訓令を逸脱して、独伊に対して「自動参戦義務」の言明をしてしまった。裕仁天皇は、大島・白鳥両大使の越権行為を深く憂慮した。

『昭和天皇実録(七)』には、次のように記載されている。

「昭和十四年四月八日　土曜日　午後三時、御学問所において外務大臣有田八郎に謁を賜い、この日の五相会議の結果等につき奏上を受けられる。これより先、駐独大使大島浩・駐伊大使白鳥敏夫がそれぞれ駐箚国の外務大臣に対し、防共協定強化案につき外務大臣よりの訓令を曲げて、独伊がソ連以外の第三国からの攻撃を受けた場合も日本は参戦義務を有ることを明言する。よってこの日の五相会議において、両大使の言明を間接的に取り消す趣旨の訓令を発することを決定する。なお、この日内大臣湯浅倉平をお召しになること三度に及び、午前より正午過ぎにかけて約一時間十五分、外務大臣の拝謁前後にそれぞれ三十分謁を賜う」

四月八日、有田外相は大島大使宛第二一四号において、次のように訓令した。

「帝国諸般の情勢より見ては現在及近き招来に於て有効に之を実施することを得す(況んや独伊の外相か希望を表明せる東洋に於ける英仏の兵力の処分の如き現在及ひ将来に於て之を実行し得さる実情なり)。この点に関し独伊をして誤解を懐かしめさることは我方の特に重視する次第なるを以て、之に何等かの文書の形式に於て相互の間に明にす」

この有田電に対して、大島・白鳥両大使より折り返し、「独伊は日本に全面戦争を期待せず、ただ独伊側に立ち、極東に於て応分の兵力使用を希望しあり。従って此の程度のことを日本が躊躇するに於ては成立の見込なし」（『現代史資料（一〇）』）とする反駁電報が接到した。

「四月十日　月曜日　正午前、内大臣湯浅倉平をお召しになり、去る八日開催の五相会議において、陸軍大臣が訓令に反した大島・白鳥両大使を擁護したことにつき、陸軍大臣に叱言を与えることの可否を御下問になる。内大臣より、陸軍大臣の発言は議論の中での意見であり、既に会議において一致した結論が出た以上、御叱言には及ばない旨の奉答を受けられる。午後二時三十分、御学問所において、陸軍大臣板垣征四郎に謁を賜う。その際、出先の大島・白鳥両大使が訓令に反し参戦義務を明言したことは大権を犯すものとのお考えを示され、陸軍大臣が五相会議においてこれを擁護したこと、また会議ごとに決定事項を逸脱すること に対しご注意になる」（『昭和天皇実録（七）』）

かくして四月十三日、有田外相は平沼首相に対して、本件が最後の段階に達し、既に交渉の余地のないことを報告した。

同日、平沼首相は米内海相、板垣陸相を招いて協議したが、その際米内海相は「我案は最後案なるを以て、之にて交渉の打ち切り、両大使を召還するの外なかるべき」と断言した。

翌十四日にも五相会議が開かれ、有田外相が交渉打ち切り案を提出した。ところが板垣陸相は、一旦日本を代表する大使が言明した以上、何とか尻拭いをしてやらなければならないとして、有田の交渉打ち切り案に反対したため、五相会議は再び紛糾することになった。そこで有田外相は事態解決のため、日本政府の意向を平沼首相のメッセージに託して独伊両首相に送付することを提案し、五月四日、このメッセージは在京独伊両大使に対して直接手渡された。

その前日の五月三日、ドイツ側より一つの妥協案（いわゆる「ガウス案」）が送られてきた。

五月七日、五相会議はガウス案について協議したが、参戦問題に関して陸軍と海軍は鋭く対立した。

続いて五月十七日、ドイツ側より、「ガウス第二案」が送付されてきた。五月二十日、有田外相は大島大使宛に「ソ連以外の場合は自主的に決定する」との訓電を発した。ところがあろうことか、大島、白鳥両大使はこれを独伊両政府に取り次ぐことを拒否し、反対に本国召還を要求する旨の強硬な反対電報を送付してきた。

これは日本陸軍と外務省革新派を後ろ盾にした大島、白鳥の居直りだった。このため五相会議はまたもや小田原評定を繰り返すことになった。その最中の八月二十三日、突如「独ソ不可侵条約」の成立が発表された。

独ソの関係は「不倶戴天の敵」と固く信じていた日本政府および日本陸軍には、国際政治のダイナミズムを理解することが全く出来なかった。このため平沼内閣は、「欧州の天地は複雑怪奇なり」との「迷言」を残して総辞職することになった。ともかくここにひとまず「防共協定強化問題」は終りを告げることになった。

✺米内内閣を強く支持する裕仁天皇

平沼内閣の総辞職の後を受けて、昭和十四年八月二十八日、阿部信行陸軍大将に組閣の大命が下った。裕仁天皇は、「阿部を総理として、適当な陸軍大臣を出して粛清しなければ、内政も外交も駄目だ」と考えていた。

阿部内閣が発足した直後の九月一日、ドイツ軍はポーランド進撃を開始した。九月三日、イギリスはドイツに対し宣戦布告を発して、ついに第二次欧州大戦が開始された。

九月四日、阿部内閣は欧州大戦への不介入の声明を発表した。日本国内には、ソ連と手を握ったヒトラー・ドイツに対する不信感が充満していた。このような中にあって親独派の影響力は小さくなり、反対に海軍、外務、財界方面の親英米派が一時勢力を盛り返すことになった。

九月二十五日、親英米派として評判の高かった野村吉三郎海軍大将が新外相に就任した。一方、大島・白鳥の両大使は更迭され、代わりに来栖三郎（くるすさぶろう）と天羽英二（あもうえいじ）が、駐独と駐伊大使に任命された。

ところが阿部内閣は、外交面では英米の信頼を回復すべく努力したものの、国内経済面で無能ぶりをさらけ出し、昭和十五年一月十四日、発足以来わずか四か月半という短期間で崩壊してしまった。一月十六日、世間の予想を裏切って組閣の大命が米内光政海軍大将に降下した。米内内閣成立の背景には、天皇の意を体した湯浅倉平内大臣の働きがあった。

阿部内閣の末期、天皇は湯浅に対して、「次は米内にしてはどうか」と語った。これは従来の元老による首相推薦という従来の慣行からして、天皇自身が後継首相の選任にイニシアチブを発揮したものであり、全く異例なことだった（高宮太平『米内光政』）。

一月十四日、侍従職から畑俊六陸相に「参内すべし」との電話があった。陸軍側ではてっきり大命降下と思っていたが、畑が参内してみると、既に米内に大命降下されていた。参内した畑に対して裕仁天皇は、「陸軍は米内内閣にはどんな様子か？」と訊ねた。畑は「新内閣について参ります！」と答えざるを得なかった。「それは結構だ。（米内に）協力してやれ！」と天皇は述べた。こうした経緯からして、陸軍は米内内閣に対して始めから含むところがあった。

一九四〇年春、ヨーロッパ西部戦線における独軍と英仏軍の対峙の状況、いわゆる「偽りの戦争」が終わりを告げた。四月九日、ドイツ軍はデンマークを占領し、さらにノルウェーのオスロ、ベルゲン、トロンハイム、ナルヴィクに上陸して、この地を占領した。五月十四日、オランダが降伏し、十七日にはベルギーの首府ブリュッセルが占領され、六月四日にはイギリス軍がダンケルクからの撤退を余儀なくされた。さらに六月十四日、ドイツ軍はパリに入城し、二十二日にペタン政権との間で休戦協定を結んだ。

欧州戦線におけるドイツ軍の怒涛の進撃は日本の朝野を沸き立たせ、それまで暫く鳴りを潜めていた国内の親独派を活気づけた。

東南アジアは、フランスやオランダの撤退によって力の空白地帯となった。すると日本国内では、ドイツ軍の勝利に目を眩(くら)まされて、「バスに乗り遅れるな！」の大合唱の下に南進論が台頭し、ドイツとの提携を望む声が再び高まりを見せるようになった。陸軍内では、ドイツ軍による英国本土上陸作戦が間もなく始まるという観測が有力になった。

こうした声に押されて有田八郎外相は、日本の参戦が義務付けられないことを条件に、ドイツと最大限に提携しようとした。しかし陸軍側にすれば、これでは余りにも消極的過ぎると思われた。

「バスに乗り遅れまい」と焦る陸軍は、畑陸相を辞任させることによって米内内閣を倒す強行策に出た。七月十一日、武藤陸軍軍務局長は石渡内閣書記官長に、「この内閣はすでに国民の信望を失っている。速やかに退陣すべきである」と述べた。翌七月十二日、畑陸相は米内首相を直接訪ねて、①独伊との積極的提携、②総辞職の勧告、③陸軍部内統率の困難性、についての申し入れを行った（高宮、前掲書）。

米内には、畑のバックにいる陸軍強硬派の存在が容易に察せられるため、怒るどころか反対に畑を慰める始末だった。それにもかかわらず七月十四日、畑陸相は米内に対して、今度は文書にして総辞職を迫った。同日、裕仁天皇は木戸内府に対して、今もなお米内内閣を信任していることを伝えるように依頼した。

『昭和天皇実録(八)』には、次のように記載されている。

「昭和十五年七月十四日　日曜日　……（木戸）内大臣に対し、内外の情勢による内閣の更迭は已むを得ないとするも、自分は現内閣を信任している旨を内閣総理大臣に伝えるよう仰せになる」

「十六日　火曜日　正午、内大臣木戸幸一に謁を賜い、今朝陸軍大臣畑俊六が辞表を提出したため、米内内閣の総辞職が予想されること等につき奏上を受けられる。午後、再び内大臣に謁を賜い、予て研究の上決定の内閣更迭の場合における後継首班者の選定方法につき内奏を受けられ、御聴許になる。手続きの要領は左の如し。

一、陛下より内大臣に対し、後継内閣班者を選定につき枢密院議長、元内閣総理大臣たりしものの意見を徴し、尚、元老と相談の上奉答すべき旨、御下命あり。同時に侍従長をして是等の者を宮中に会同して一緒に協議す。

一、内大臣は是等の者を宮中に会同して一緒に協議す。

一、其上、大臣自ら或は秘書官長をして元老を訪問、相談の上、奉答すること。

その後宮内大臣松平恒雄より、内閣総辞職の場合には宮城へ還幸啓を願う旨の内奏をうけられ、御聴許になる。

午後七時十九分、内閣総理大臣米内光政に謁を賜い、全閣僚の辞表の奉呈を受けられる。米内に対し、後継内閣の組閣まで暫時政務を執るように御下命になる。なお、総理の拝謁に先立ち、内大臣より十四日の米内内閣に対する御信任の思召しが総理に伝えられる。……なおその際、去る一月に海軍大将米内光政に組閣を命じた際、陸軍大臣畑俊六に米内大臣への協力意思を質した事情につき語られる」

当時陸軍の立場に近かった木戸は、天皇の意向をすぐ米内に伝えようとはせず、十六日の米内内閣総辞職後に伝えたことがわかる。辞職する直前、米内は畑を招いて、「陸軍の所見は現内閣と異なるから、都合が悪ければ辞めてもらいたい」と言うと、畑は辞表を提出した。もちろん陸軍側は畑に代わる後継陸相を推薦してこなかった。このため七月十六日午後七時、米内は葉山に滞在中の天皇を訪ねて、辞表を提出した（緒方竹虎『一軍人の生涯―回想の米内光政』）。

翌七月十七日、組閣の大命が近衛文麿公爵に降下した。組閣に先立って近衛は、七月十九日、陸海外相に予定されている東条英機陸軍中将、吉田善吾海軍中将、松岡洋右（ようすけ）を、近衛の私邸である荻窪の「荻外荘（てきがいそう）」に招いて、今後の基本方針について協議した。その結果、ドイツとの提携強化の方針を決定した。欧州戦争以前、より正確に言えばドイツの西方攻勢以前の日独提携強化論と決定的に違うのは、次の点にあった。

（伊）提携強化論と決定的に違うのは、次の点にあった。

（一）ドイツの軍事的成功に幻惑されて、英国の早期敗北を予想していること
（二）南方資源地帯の確保を、「千載一遇のチャンス」と露骨に捉えていること

(三) 南進に際しては、米国が障害になると捉えていること

七月二十二日、第二次近衛内閣発足の当日、水交社において陸海首脳懇談会が開催された。陸軍側から阿南惟幾(あなみこれちか)陸軍次官、武藤章軍務局長、沢田茂参謀次長、富永恭次参謀本部作戦課長、海軍側から住山徳太郎海軍次官、阿部勝男軍務局長、近藤信竹軍令部次長、宇垣纏(まとめ)軍令部第一部長らが出席して意見を交わした。

席上独伊との提携問題についても話し合われた。陸軍側が日独伊三国軍事同盟の締結を主張したのに対して、海軍側は七月十六日陸海外の三省事務当局間で決定された日独伊提携強化案以上のものは考えていないと述べた。このように陸海軍の間には大きな隔たりがあった。

松岡は外相に就任した直後、担当の安東義良(あんどうよしろう)課長から日独伊提携強化問題の経緯についての説明を聞いた。安東は、陸海外三省事務当局間で決定された日独伊提携強化案を提出した。翌日、松岡は安東に「こんなものでは駄目だ！」と言って、書類を突き返してきた。その書類の欄外には、松岡の手による「虎子に入らずんば虎子を得ず（大きな成果を得んと欲すれば、多少の危険は犯さなければならないの意味）」とのメモがあった。このメモによって安東は、松岡が陸軍側の主張に同調して日独伊三国同盟を望んでいることを知った（鹿島出版会『日本外交史（二一）』）。

七月二十六日、近衛内閣は「基本国策大綱」を決定し、翌二十七日、大本営政府連絡会議は「世界情勢の推移に伴う時局処理要綱」を決定した。しかしこの時点では、日独伊三国間の提携を軍事同盟にまで進めることは、海軍の反対のため止っていた。

七月三十日、松岡の意を体した外相側近の手によって、「日独伊提携強化ニ関スル件」と題

する文書が作成された。七月十六日の「日独伊提携強化案」に比較すると提携の度合いがはるかに強化されていたこの文書が、近衛内閣の日独提携強化の基礎案になった。

八月二十三日、来栖三郎駐独大使はリッベントロップ外相より、スターマーを公使の資格で派遣したい旨の連絡を受けた。そこで松岡は、八月二十八日斎藤良衛(りょうえい)と白鳥敏夫を外務省顧問に任命して人事の刷新を図った。

九月一日、斎藤、白鳥両顧問、および大橋忠一次官、西春彦欧亜局長らは、すでに陸海軍の承認を得ていた「日独伊提携強化ニ関スル件」を再検討した。

九月六日、四相会議（九月五日吉田海相は病気のため辞任、後任に及川古志郎大将が就任）が開催された。

九月七日、シベリア鉄道経由で東京に到着したスターマー公使は、九月九日と十日の両日、オットー大使を同伴して、密かに千駄ヶ谷にある松岡の私邸を訪れた。スターマーは、「まず日独伊三国間の約定を確定せしめて、然る後直ちにソ連に接近すべきである。日ソ親善のためにドイツは『正直なる仲介人（オネスト・ブローカー）』たる用意がある」と述べ、さらに日独伊三国同盟は米国を欧州大戦に参加させせないための牽制策であること、そしてソ連を引き込んで四国同盟に発展させせる用意があると語った。一方の松岡試案は、日独伊の世界分割案であり、独伊は日本の極東、東南アジアにおける指導的地位を承認するというものだった。

翌十一日、スターマーは松岡案の第三条を、「日独伊は、前述の趣旨に基づく努力について相互に協力しかつ協議すること、並びに右三国のうち一国が現在の欧州戦争または日支紛争に参入していない一国によって攻撃された場合には、あらゆる政治的、経済的および軍事的方法によって相互に援助すべきことを約す」と修正して、対米同盟の性格を明確にしたドイツ側の「第一次案」を示した。十二日朝、四相会議が開かれ、松岡と東条陸相は「スターマー対案」の受諾を主張したが、及川海相が留保の態度を示したため結論を得ることができず、海軍と外務省の間で再度の意見調整が必要となった。

同夜、松岡外相と豊田貞次郎海軍次官、岡敬純軍令部第三部長が会談した。

海軍側は、本文の他に付属議定書と交換公文を設け、その中で参戦の自主的判断を各国政府が保留するという趣旨の規定をし、さらにまた日本が委任統治する旧ドイツ領南洋諸島問題や対ソ国交調整問題にも触れるということで最終的に同意した（戦史室史料「基本国策関係・其の二」）。

翌九月十三日、海相官邸において、省部首脳（伏見宮軍令部総長を除く担当部局長、すなわち及川海相、豊田次官、阿部軍務局長、近藤軍令部次長、宇垣第一部長）による会議が開かれ、このことを最終的に確認した。

この会議の席上、及川海相は、日独伊三国同盟が日本の今後にどのような影響を与えるかの分析を怠ったまま、「もう大体やることにしてはどうかね」と述べた。反対は宇垣第一部長一人だけだった（宇垣纏『戦藻録』）。

かくして九月十四日、四相会議と連絡会議準備会が開かれた。出席者は、近衛首相、松岡外相、大橋外務次官、東条陸相、阿南陸軍次官、武藤陸軍軍務局長、沢田参謀次長、及川海相、豊田海軍次官、阿部海軍軍務局長、近藤軍令部次長だった。

近藤軍令部次長は、「速戦即決ならば勝利を得る見込みがある」と述べるとともに、「来春

（昭和十六年）になれば戦争は一段と有利である」との楽観的見通しを語った。この時海軍首脳部の頭を支配していたのは、日本海軍の対米比率がこれまで最高の七割五分に達しているということであった。この比率ならば速戦即決に持ち込め、負けることはあるまいと判断した。そして英仏の撤退に伴って生じた東南アジアの空白をドイツに占められる前に話し合っておこうと考えた。

松岡外相は、「前々内閣のように曖昧にしてドイツの提案を蹴った場合、ドイツは英国を倒し、最悪の場合は欧州連合を作り、米と妥協し、英蘭等を植民地にして、日本に一指も染めさせないだろう。残された道は独伊との提携以外にはない」と語った。

これを受けて及川海相は、「それ以外道はあるまい。ついては海軍軍備の充実について、政府や陸軍当局も考慮願いたい」と語った。この及川の発言は、三国同盟問題をあたかも海軍の予算獲得の手段に使ったかのような印象を会議の出席者に与えた。

話は遡るが、昭和十四年七月、山本がまだ海軍次官だった頃、「海軍という所は誰が来ても、その統制と伝統には少しも変わりは無く、誰が大臣になろうとも誰が次官になろうとも、無責任な、いわゆる独伊との攻守同盟のようなものに乗ることは絶対に出来ない」と述べていた。しかしこれは日本海軍の良識に対する山本の買い被りだった。当時の日本海軍は、米内、山本、井上たちを除くと、中堅層のほとんどが親独派で占められていた。米内に代わって海相に就任した吉田善吾は、山本と同期（三十二期）であり、政治信条を共にする同志であった。

日独伊三国軍事同盟に米内や山本たちが反対する最大の理由は、日本がドイツに引き込まれて米国と戦うようになった場合、日本に勝ち目がないことにあった。

軍令部では、昭和十五年五月十五日から二十一日にかけての一週間、蘭印を占領した場合における「対米持久戦」に関する第一回図上演習を実施した。ところがその結果は、左記の如く悲劇的だった。

（一）開戦当初の日本の作戦は極めて順調に経過したが、損傷艦艇の修理に手一杯で、新造艦艇の増加も、米軍に比較して格段の差を生じた。米軍はその国力に物を言わせて海上兵力の増勢が目覚しく、日米両軍の兵力比は、開戦後一年半にして一対二となった。

（二）作戦の様相は完全に持久戦となった。日本軍の頽勢顕著で、勝算はいかに贔屓目に見ても全く認められなかった。（中沢佑刊行会『海軍中将中沢佑―海軍作戦部長、人事局長の回想』）

したがって吉田海相としては、日米戦争の可能性が増大するような日独伊三国軍事同盟の締結には絶対に反対だった。八月二日、海相官邸で開かれた海軍省部の会議においても吉田海相は、欧州戦争でドイツが対英戦に勝つというような甘い希望的観測を戒めていた（実松譲『最後の砦―提督吉田善吾の生涯』）。

ところが日一日と、吉田と中堅層との時局認識のズレは拡大していった。このため吉田は深刻なノイローゼに罹り、職務の遂行が出来なくなった。

昭和十四年八月末、平沼内閣が総辞職する際、山本は米内海相に対して、「吉田とは同期です。吉田の強みも弱みも知り尽くしています。彼の弱みは私でなければ補強できません。私を次官として残してください！」と迫っていたが、右翼による山本の暗殺を懸念する米内の聞き入れるところとならなかった。米内としては、山本の出番はもう少し後になると考えていた。

吉田海相の下の住山徳太郎海軍次官は温厚な人柄であり、米内海相時代の山本のような働きは到底期待できなかった。また軍令部次長の近藤信竹は親独派であり、以前は中立的だった阿部勝雄軍務局長までも次第に枢軸派に傾いて行った。

昭和十五年八月、吉田の精神状態は最悪の状態に陥った。八月のある日、大臣室を訪ねてきた近藤軍令部次長の胸ぐらを掴んで、「この日本をどうするつもりか！」と叫んだ。八月三十日、大臣室で書類の仕分けをしていた副官の福地政夫少佐と秘書官の杉江一三少佐は、吉田が「このままでは日本は滅亡してしまう……」とつぶやくのを耳にした（実松、同上書）。

九月四日、吉田海相はついに入院、辞任した。今から振り返ってみると、この吉田海相の辞任劇が、日本が滅亡に向かうターニングポイントになった気がする。

九月十五日夕刻、海軍首脳会議が開催された。参集者は、海相、次官、軍令部総長、次長ら省部首脳のほか、各軍事参議官（大角岑生、永野修身、百武源吾、加藤隆義、長谷川清）、各艦隊司令長官（山本五十六連合艦隊兼第一艦隊、古賀峯一第二艦隊）、各鎮守府司令長官だった。

上京に際して山本は、海軍首脳が本当に対米戦に勝算があると思っているのか否か問い質すべく、連合艦隊戦務参謀の渡辺安次（やすじ）中佐に命じて、日米兵力および戦略物資について詳細な資料を用意させた。ところが会議に先立って及川海相は山本に、「軍事参議官は先任の永野より、間に合えば大角より、三国同盟の締結に賛成の発言があるはずにつき、艦隊としても同意の意味を言って貰いたい」と頼み込んできた。

会議では豊田貞次郎次官の司会の下、阿部軍務局長が経過説明を行った。この後伏見宮軍令部総長が「ここまで来たら仕方ないね……」と理由にもならない理由を述べた。当時この宮様総長に対して正面から口を挟める者など誰もいなかった。続いて大角軍事参議官が立ち上がって賛成の旨の発言をした。全ては三国同盟賛成を取り付けるためのシナリオであった。

こうした会議の空気に抗するかのように山本は立ち上がって、「昨年八月まで、私が次官を務めていた当時の企画院の物動計画によれば、その八割までが英米圏の資材で賄われることになっていたが、今回三国同盟を結ぶとすれば必然的にこれを失うはずであるが、その不足を補うため、どういう物動計画の切り替えをやられたのか。この点を明確にして、連合艦隊長官としての私に安心を与えて頂きたい」と述べた。しかし及川海相は、この山本の質問に真正面から答えようとはせず、「いろいろご意見もありましょうが、先に申し上げた通りですから、この際は三国同盟にご賛成願いたい」と逃げを打ち、幕となってしまった。会議後憤懣やるかたない山本がさらに及川を追及したところ、及川は「事情やむを得ないものがあるので、勘弁してくれ……」と懇願した。山本は「勘弁で済むか！」と迫ったが、すでに後の祭りだった（反町栄一『人間山本五十六―元帥の生涯』）。

日本海軍では、海軍政策と人事は海軍大臣の専権事項であり、他の部署の者は口を挟むべきでないとする伝統があった。したがって山本の発言は、連合艦隊司令長官としてのぎりぎりの発言だった。

山本は、国家の責任者でありながら評論家然としている優柔不断な近衛に対して、嫌悪感を抱いていた。山本は嶋田宛の書簡において、近衛が海軍の突然の三国同盟賛成に関して訝（いぶか）った態度をしたことについて、「随分人を馬鹿にしたる如き口吻にて不平を言われたり。これ等の言い分は近衛公の常習にて驚くに足らず。要するに近衛公や松岡外相等を信頼して海軍が足を土から離す事は危険千万にて、誠に陛下に対し奉り申し訳なりとの感を深く致し候」と批判していた（反町、前掲書）。

十月十四日、山本は西園寺公の秘書の原田熊雄と懇談した際、次のような感想を述べた。

「実に言語道断だ。しかし自分は軍令部総長及び大臣の前で、これから先どうしても海軍がやらなければならないこと事は、準備として絶対に必要である。自分は思う存分準備のために要求するから、それを何とかして出来るようにして貰わなければならん。自分の考えでは、アメリカと戦争するつもりでなければ駄目だ。要するにソヴィエトなどというのは当てになるもんじゃない。アメリカと戦争している内にその条約を守って後ろから出て来ないということを、誰が保証するか。結局自分は、もうこうなった以上最善を尽くして奮闘する。そうして長門の艦上で討ち死にするだろう。その間に東京あたりは三度位丸焼けにされて、非常に惨めな目に遭うだろう。そうして結果において近衛なんかが、気の毒だけれども国民から八つ裂きにされるようなことになりゃあせんか。実にこまったことだけれども、もうこうなった以上は已むを得ない」（『原田日記（八）』）

山本としては、「三度位丸焼けにされる」と比喩的に言ったつもりであったが、実際にそれから五年後、日本は焦土と化した。

当時三国軍事同盟に強く反対したのは、日本海軍内では米内、山本、井上ら一握りの海軍省（軍政）首脳陣のみで、省部の課長級の中堅層には推進派の方が多かった。三国同盟絶対反対の山本と井上などは、体よく海軍省を外されて政策決定圏外に置かれていたのである。

同盟推進の中心は、海軍第一委員会のメンバーだった石川信吾、神重徳、高田利種、柴勝男ら佐官クラスであり、さらに彼等を支援支持する提督としては岡敬純（昭和十四年十月軍令部第三部長、十五年十月軍務局長）らがいた。神、高田、柴らはドイツ駐在武官の経験があり、親独的感情、反英米感情を抱いていた。三国同盟推進者は、日本が南進するためには、ドイツとの提携が絶対に必要であると考えていた。

また近藤信竹軍令部次長、中沢佑作戦部長、大野竹二第一部長直属甲部員（戦争指導）など軍令部の中心的人間たちも、ドイツの英国本土上陸の成功と英国の早期敗北を予測していた。対米戦争に陥る危険性については、三国同盟締結による威嚇で米国の欧州参戦を昭和十五年一杯阻止できれば、英国の敗北によって米国の参戦目的は無くなると考えていた。このように海軍内にも、陸軍と同じように、ドイツの勝利を無定見に当てにした機会主義者が多くいた。

このため米内、山本、井上らが中央を去ると、確固たる見識を持たない及川海相はこうした空気に流されるまま、実にあっけなく三国同盟に賛成してしまった。

昭和十五年九月十四日付『木戸日記（下）』には、「東条陸相より独伊との関係の件は、陸海本日一致せる旨内話あり」と記されている。

海軍側の同意の条件となった付属議定書と交換公文を設ける作業が、斎藤良衛顧問を中心に進められ、その結果六項目からなる議定書と二つの交換公文の案文が作成された。

九月十九日、宮中において、三国同盟締結に関する御前会議が開催された。会議には政府側から近衛首相、松岡外相、東条陸相、及川海相、河田烈（いさお）蔵相、星野直樹企画院総裁、統帥部からは閑院宮参謀総長、沢田茂参謀次長、伏見宮軍令部総長、近藤軍令部次長、それに原嘉道（よしみち）枢府議長等が出席した。

会議は午後三時より六時までの三時間にわたって開催され、「日独伊三国軍事同盟」の締結を承認した。その後、裕仁天皇の裁可が下り、条約の国内手続きは枢密院の審議を残すのみとなった。続いて九月二十六日、宮中において三国同盟に関する枢密院委員会が開かれ、全会一致をもって可決され、同夜の本会議にかけられた。

本会議では裕仁天皇の意を体した元外相の石井菊次郎顧問が、「ドイツ宰相ビスマルクはかつて『国際同盟には一人の騎馬武者と一匹の驢馬とを要す。而してドイツ国は常に騎馬武者たらざるべからず』といえり。……新興ナチスドイツ国は必ずしも帝政ドイツ国と軌を一にするものに非ずと言う者あらん。さりながらナチスドイツの総裁ヒトラーは危険少なからざる人物なりと思料す」(『極東国際軍事裁判速記録』(書証))と歴史的事例を引いて警告したが、会議の大勢を覆すまでには至らなかった。かくして昭和十五年九月二十七日、日本を亡国に追いやった日独伊三国軍事同盟はベルリンにおいて正式に締結された。

✷裕仁天皇の憂慮

昭和十五年九月十五日、木戸内府は前日に日独伊三国軍事同盟について陸海軍の間で了解がついたことを報告するために参内した。すると裕仁天皇は、「近衛は、また嫌気をさして辞めるようなことはあるまいね」と洩らした(『原田日記(八)』)。

『昭和天皇実録(八)』には、「九月十五日　日曜日　午前、内大臣木戸幸一に五十分余にわたり謁を賜う。内大臣より日独同盟に関する昨日来の経緯、並びに御前会議の奏請の議がある旨につき言上を受けられる。これに対し、米国の対日態度硬化の場合の生糸輸出対策等につき御懸念になる。また総理大臣近衛文麿について、困難が生じた場合には逃避することなく、真に自分と苦楽を共にするよう望む旨を仰せになる」と記載されている。

十六日、閣議は三国軍事同盟を承認した。近衛は閣議の報告のため裕仁天皇の許を訪れた。その際天皇は、「今回の日独軍事同盟協定については、成程いろいろ考えてみると、今日の場合已むを得まいと思う。アメリカに対してもう打つ手がないというならば致し方あるまい。しかしながら、万一アメリカと事を構える場合には海軍はどうなるだろうか。よく自分は、海軍大学の図上作戦では、いつも対米戦争は負けるのが常である、ということを聞いたが、大丈夫だろうか。……自分はこの時局が誠に心配であるが、万一日本が敗戦国となった時には一体どうだろうか。かくの如き場合が到来した時には、総理も自分と労苦を共にしてくれるだろうか」と述べた（『原田日記（八）』）。

裕仁天皇は、天皇家に最も近い公家の近衛文麿を今なお頼りにしていた。しかし近衛文麿という男ほど、国家非常時に不適格な人間はいなかった。もし近衛が評論家であったなれば、後世に名声を残したであろうが……。

天皇の憂慮に対して近衛は、「明治天皇が日露戦争直前の御前会議において、いよいよ対露態度を決した時に、その会議の後ですぐ伊藤公を別室にお招きになって、『いよいよ廟議決定の通り、我国は露国と一戦を交えなければならないことになったが、万一戦に敗れた場合は一体どうするか。この点自分は誠に深憂に堪えん』と言われて、伊藤公の考えを聞かれた。その時伊藤公は、『万一国が敗れました場合は、私は爵位勲等を拝辞いたします。単身戦場に赴いて討ち死に致す覚悟でございます』と奉答した所が、明治天皇は非常に感動されて、『よく言ってくれた』と言わんがばかりに頷かれた。という話を聞いていたので、『こういうこともあったということでございます』ということを陛下に申し上げ、なお『陛下のご診念は、誠にご同情に堪えません。自分も及ばずながら誠心ご奉公申し上げる覚悟でございます』と申し上げた所が、陛下は頷かれておられました」と述べた（『原田日記（八）』）。

九月十六日付の『昭和天皇実録（八）』には、「午後四時五十分、御学問所において内閣総理大臣近衛文麿に謁を賜い、この日の閣議において日独伊三国同盟の締結を決定した旨の内奏を受けられる。これに対し、現下時局に対する御懸念を表明され、対米開戦の場合における海軍の態度、敗戦に至る場合の総理の決意につき御下問になる。次に五時三十五分より約五十分にわたり、近衛総理並びに大蔵大臣河田烈・企画院総裁星野直樹に謁を賜う。財政及び物動計画につき御下問になり、大蔵大臣・企画院総裁より奉答を受けられる」と記載されている。

元老の西園寺公望は近衛の政治観を非常に危惧していた。ところがどうしたことか、日独伊三国軍事同盟問題については、天皇も近衛も木戸も、事前に西園寺の意見を聞こうとはしなかった。九月二十六日、原田が西園寺の許を訪れて、初めて「日独伊三国同盟条約」について説明した。この時西園寺は原田の説明を黙って聞いていたが、十月十四日、「やはり尊氏が勝ったね」（『原田日記（八）』）とポツンと言った。

それから四十日ほど経った十一月二十四日、最後の元老の西園寺公望公爵は、日本を憂いながら九十一歳で他界した。

一方米国のハル国務長官は、九月十二日グルー駐日大使から、それまでの穏健政策から積極的政策へと転換することを具申した「青信号」電報を受け取った。

グルーは十月一日付日記に、「ここ日本における事実上の諸条件と現在の観望に基づいて見れば、今や米国側が忍耐と自制の行使を継続することが日米両国政府をますます不定にする時が来たと私は信じる。私は日本政府と日本国民が、やり過ぎていると感じさせられる時が来れば、振り子は反対の方向に揺れ、その時こそ米国と日本の親善関係を再建することが出来るという希望を抱いている。私にとってこれ以外の事は絶望と思われる。九月の日記を書き終える私の心は重苦しい。これは私が知っていた日本ではない」と記述した（ジョセフ・グルー、石川欣一訳『滞日十年（下）』）。

✺図上演習では日本に勝機は全くなし―深慮する天皇

昭和十五年五月十五日から二十一日にかけて、軍令部では蘭印を占領した場合における「対米持久戦」に関する第一回の図上演習を実施した。

（一）研究項目―日米戦争生起の場合

（イ）開戦時の戦備

（ロ）作戦遂行中における彼我の兵力補充およびその増強の模様

（ハ）我が国の持久能力並びに限度

（二）演習員の構成

統監―宇垣纏軍令部第一部長、審判長―中沢佑軍令部第一課長

青軍（日本）、最高指揮官―橋本象造軍令部第四課長

赤軍(米国)、最高指揮官─松田千秋軍令部第五課長

(三　略)

(四) 研究の成果並びに所見

(イ) 開演当初の青軍の作戦は極めて順調に経過したが、時日の経過に伴い青軍の兵力は漸減し、損傷艦艇の修理は手一杯で、新造艦艇の増加も、赤軍に比し格段の差を生じた。赤軍はその国力に物を言わせ、海上兵力の増勢目覚しく、青赤両軍の兵力比は開戦後一年半にして一対二以上となる。

(ロ) 作戦の様相は完全に持久戦となり、青軍の頽勢顕著で、勝算はいかに贔屓目に見ても全く認められなかった。

(ハ) 以上の観点より、日米戦争は開戦二ヵ年以内に終結しなければ日本に勝算はない。而して日米戦争は持久戦になる事は必至である。

(ニ) 日米軍需物資の差が意外に大きく、日本に十分ありと思っていた物が米国の一〇分の一、少ない物は一〇〇分の一にも及ばないものがあった。さらに日本は、その軍需物資を南方地域より船舶によって長大な距離を海上輸送して、日本内地に持ち来たって、加工して初めて戦力化するという甚だ不利な状況下にある。南方地域には我が国の利用し得る工業力は絶無に等しい。米国はその情況全く我国と対照的である。

(中沢佑刊行会、同上書)

実際の太平洋戦争は、おおよそこの図演と同じように推移した。ともあれ図演の結果を注視していた連合艦隊司令長官の山本五十六の憂慮は、非常に深刻だった。

五月二十五日、宇垣第一部長は中沢第一課長を伴って図演の結果について吉田海相に報告したが、その際吉田は次のような所見を述べた。
（一）蘭印における資源要地を占領しても、海上交通線の確保困難にして、資源を日本に持ち帰ることは不可能ではないか。然りとせば蘭印攻略は無意味ではないか。
（二）本年度物動計画においては、海軍の要望を貫徹する事は困難なりと察せらる。重点主義にて再検討を望む。南方方面の防備強化は賛成である。
（三）七月一日頃、米国が対日前面禁輸を実行するやも知れない。軍令部はしっかり願う。
（四）一旦緩急に処し戦備を行う際、企図秘匿のため演習として行うを可とせざるや。予め配慮しおかれたし（戦時編制準備時機など検討を必要とすべし）。
（五）海軍大演習終了後、全艦隊同時に編替を行い、戦力を低下する事は洵に寒心に堪えない。例えば第二艦隊と第三艦隊はそのままとし、艦隊の半分は依然として従来の戦力を保有しあるが如き方策を取り得ざるや。人事局長をして研究せしむるも、軍令部としても研究を望む。
八月二日、海相官邸において海軍省部の会議が開催されたが、この会議の最後に吉田海相は次の見解を示した。

「帝国海軍の兵力は、米国に比較して一ヵ年だけである。米国は持久戦に持ち込むだろう。英国に対抗するならば対日封鎖を採る。国策運用に際して海軍としては牢固とした肚が必要であり、引きずられないようにしなければならない。陸軍に対しては海軍としての方針を明瞭に示すことが必要で、釘を刺しておくべきだ。……軍備と持久力の関係―軍令部にて深刻に研究することを望む。足元のない海軍ではないか。……海軍省―軍令部の意見をまとめて対策を樹立するを要す。課長、部員任せでは駄目だ。省部一体。両者提携してこれに当るを要す。事務的に事を処しては駄目である。今の内閣は断行が出来ない。……英国に対する態度（ドイツ側の曖昧な観測を）軽率に信じては駄目だ。日本は今後窮境となるかも知れない」

しかし吉田海相と中堅層との時局観のズレは次第に大きくなり、それが海軍内の人間関係の軋轢になった。吉田はその手記で次のように記している。

「大臣として義務遂行上、極めて詳細なる指導と監視を必要とすることとなり、部内の統制に辛苦すること甚大なるに至れり。毎週金曜日の局部長会議（次官が主宰）日を変更して閣議なき日を選び、直接これに臨席したるが如き重要なる案件には、次官、局長の認印あるものといえども、深くその当否を検討するの必要に迫られ、以って国策推進の方途に遺憾なきを期したる次第なり。もとより当然の事ながら細大の事務加重し心身の過労日を追うて加わるを自覚す」（実松、前掲書）

第一次近衛内閣以来、三国軍事同盟に終始反対し続けてきた海軍が、突如賛成に態度を豹変した経緯について、近衛はその手記の中で次のように批判している。

「吉田海相が組閣当初において三国枢軸強化という事には同意した。然しながら進んで軍事上の援助を含む三国同盟となっては、海軍としては大問題である。果たして吉田海相は大いに煩悶したらしい。而して心臓病が昂じ俄かに辞職した。然るに及川（古志郎）大将が海相となるや直ちに海軍は三国同盟に賛成したのである。余は海軍の余りにあっさりした賛成振りに不審を抱き、豊田（貞次郎）次官を招きて、其の事情を尋ねた。次官曰く、『海軍としては実は腹の中では三国同盟に反対である。然しながら海軍がこれ以上反対する事はもはや国内政治事情が許さぬ。故に止むを得ず賛成する。海軍が賛成するのは政治上の理由からであって、軍事上の立場から見れば、未だ米国を向こうに回して戦うだけの確信はない』。

余曰く『これは誠に意外の事を承る。国内政治の事は我々政治家の考えるべきことで、海軍がご心配にならんでもよいことである。海軍としては、純軍事上の立場からのみ検討せられて、もし確信なしというならば飽く迄反対せらるるのが国家に忠なる所以ではないか』。

次官曰く『今日となりては海軍の立場もご了承願いたい。ただこの上は出来るだけ三国条約における軍事上の援助義務が発生せざるよう外交上の手段に依りて、これを防止する外に道がない』』（近衛文麿『平和への努力』）

九月十五日夕刻、海軍首脳会議が開催された。席上、連合艦隊司令長官の山本は三国軍事同盟反対の立場から対米英戦争に対する物動計画の不備を指摘したが、推進派に押し切られてしまった。

この会議直後に、山本は近衛首相と会談する機会があった。山本は、「今の海軍本省はあまりにも政治的に考え過ぎる」と述べ、さらに「（日米英戦争は）是非やれと言われれば、始めの半年や一年の間は随分暴れて御覧に入れる。しかしながら二年三年ともなれば全く確信は持てぬ。三国条約が出来たのは致し方ないが、かくなりし上は日米戦争を回避するよう極力ご努力願いたい」と述べた（近衛、前掲書）。

さらに山本は嶋田海相宛の手紙の中で、近衛が海軍の突然の三国同盟賛成について訝（いぶか）った件に関して、「随分人を馬鹿にしたる如き口ぶりで不平を言われたり。これ等の言い分は近衛公の常習にて驚くに足らず。要するに近衛公や松岡外相等を信頼して、海軍が足を土から離す事は危険千万にて、誠に陛下に対し奉り申し訳なきことなりとの感を深く致し候」（反町、同上書）と批判していた。

日独伊三国軍事同盟締結後の裕仁天皇は、夕食前後、二度にわたって常侍官候所に来て、侍従武官が居ないことを見て、「支那が案外強く、事変の見通しを皆が誤り、特に専門の陸軍すら観測を誤ったことが今日各方面に響いてきている」と述懐した。

昭和十六年一月にも、葉山御用邸に滞在中の天皇は、常侍官候所において側近を相手に、「日本が支那を身くびりたりしこと、早く戦争を止めて十年ほど国力の充実を図ることが最も賢明である」と語った。

昭和十六年七月二十一日、連絡会議において永野軍令部総長は、「米に対しては戦勝の算あるも、時を追うてこの公算は少なくなる。明年後半期には最早歯が立ちかねる。その後はますます悪くなる。米は恐らく軍備を整うまでは問題を引きずり、これを整頓するならん。従って時を経れば帝国は不利となる。戦わずに済めばこれに越したことはない。しかし到底衝突は避くべからずとせば、時を経ると共に不利となるということを承知せられたい。なお比島を占領すれば、海軍は戦争がやり易くなる。南洋の防備は大丈夫、相当やれると思う」と語り、対米戦争の早期決行こそが勝利の鍵であると述べた（参謀本部編『杉山メモ（上）』）。海軍としては、米国に対して戦う力のあるうちに和戦の決定がなされることを望んでいた。

七月二十八日、日本軍による南部仏印進駐に対して、八月一日、アメリカは対日石油輸出全面禁止の措置をもって対抗してきた。

米蘭の対日石油輸出禁止が続行されれば、毎月四十万キロリットルずつ貯油量に喰い込むことになり、経済断行のまま日を過ごして米国から最後通牒を突きつけられた場合、日本は石油欠乏のため戦わずして全面的に屈服せざるを得なくなるのであった。したがって日本海軍としては、いざ戦争という場合、貯油量が枯渇しないためには、なるべく早期に開戦時期を決定する必要があった。ましてや戦災による喪失や輸送難などを考慮に入れれば、遅くとも九月か十月頃までには戦争開始の決定がなされなければならないと考えていた。

八月中旬、陸海軍局部長会議は今後の国策遂行方針について連日のように会議を開いた。八月十六日、海軍側から陸軍側に対して、「今年十月下旬を目途として戦争準備と対米外交を併進させる。十月中旬に至るも日米交渉が妥結しない場合には実力発動の措置を採る」（大本営陸軍部戦争指導班『大本営機密日誌』）との提案がなされた。この海軍案によれば、戦争決意を保留にしたままで戦争準備を行うというものである。これに対して陸軍側としては、まず戦争の決意が先決であり、この決意をせずして戦争準備をすることに難色を示した。

陸軍側としては、海軍がその特性からして作戦準備を完整し、外交不調にもかかわらず作戦の自信欠如を理由に対米戦回避に転ずることを懸念していた。

かくして陸軍側は海軍案に対して、まず「対米英蘭戦争を決意して」、次いで「対米英蘭戦争決意の下に」を挿入することを主張したが、海軍側の容れるところとはならず、結局「対米英蘭戦争を辞せざる決意の下に」と改められ、「実力発動の措置を採る」は、「直ちに対米（英蘭）開戦を決意す」（大本営陸軍部戦争指導班『大本営機密日誌』）と修正されることになった。

ところで岡軍務局長の解釈によれば、「開戦を決意す」は「開戦す」ではなく、「開戦を決意しながらもなお外交によって局面打開に当る」との微妙ではあるが、なお解釈の余地を残すものであった。海軍としては、日本の国策が決定されると否とに係わらず、着々と戦備促進および作戦準備を進めていた。

✺裕仁天皇自ら避戦を表明した異例の御前会議

昭和十六年九月三日、大本営・政府連絡会議は「帝国国策遂行要領」を決定し、九月六日の「御前会議」において正式に採択した。

（一）帝国は自存自衛を全うする為、対米（英蘭）戦争を辞せざる決意の下に、概ね一〇月下旬を目途とし戦争準備を完整す。

（二）帝国は右に並行して米英に対し外交手段を尽くして、帝国の要求貫徹に努む。対米交渉において帝国の達成すべき最小限度の要求事項、並びにこれに関連し帝国の約諾し得る限度は別紙の如し。

（『昭和天皇実録（八）』）

「御前会議」前日の九月五日のこと、近衛首相が参内して、「帝国国策遂行要領」について内奏したところ、裕仁天皇は「これを見ると、（一）に戦争を記し、（二）に外交を掲げている。何だか戦争が主で外交が従であるかの如き感じを受ける。この点について明日の会議で統帥部の両総長に質問したいと思うが……」と述べて強い不満を表明した。このため近衛の配慮によって急ぎ両総長が召され、裕仁天皇より下問を受けることになった。天皇は陸海両総長に対して、「外交を主とするように」述べ、さらに杉山総長に対しては、「日米戦争起こらば、陸軍としては幾許の期間で片付ける確信ありや？」と質した。これに対して杉山は、「南方方面だけは三ヶ月にて片付けるものであります」と答えると、すかさず天皇は、「汝は支那事変勃発当時の陸相なり。その時陸相として『事変は一ヶ月位にて片付く』と申せし事を記憶す。然るに四ヵ年の長きにわたり未だ片付かんではないか！」と強く叱責した。

杉山が恐懼して、「支那は奥地が開けており、予定通り作戦し得ざり……」とくどくど弁明すると、天皇は「支那の奥地が広いと言うなら、太平洋はなお広いではないか。如何なる確信があって三ヶ月と申すのか！」とさらに鋭く問い詰めた。杉山が返答出来ずにいると、永野軍令部総長が、「統帥部として大局より申し上げます。今日日米関係を病人に例えれば、手術するかしないかの瀬戸際に来て居ります。手術をしないでこのままにしておけば、だんだん衰弱してしまう恐れがあります。手術をすれば非常な危険があるが、助かる望みもないではない。その場合、思い切って手術をするかどうかという段階であるかと考えられます。統帥部としては飽く迄外交交渉の成立を希望しますが、不成立の場合は思い切って手術をしなければならんと存じます。この意味でこの議案に賛成して居るのであります」と助け舟を出した。

天皇が重ねて、「統帥部としては今日のところ、外交に重点を置く主旨と解するが、その通りか？」と念を押したところ、両総長とも「その通りであります！」と答えた（『昭和天皇実録（八）』）。

翌九月六日、午前十時から「御前会議」が開催された。席上、原嘉道枢密院議長より、「この案を見ると、外交より寧ろ戦争に重点が置かるる感あり。政府統帥部の趣旨を明確に承りたし」と、裕仁天皇の意向を体しての質問があった。これに対して政府を代表して及川海相が答弁した。しかし他に統帥部からは誰も発言しなかった。すると天皇はすかさず、「只今の原枢相の質問は、誠にもっともと思う。これに対して統帥部が何等答えないのは甚だ遺憾である」と語気強く言った。

さらに裕仁天皇は、明治天皇御製の「四方(よも)の海　みな同胞(はらから)に思ふ世に　など波風の立ち騒ぐらむ」を読み上げ、「余は常にこの御製を拝承して、故大帝の平和愛好のご精神を紹述せむと務めて居るものである」と語った。

暫しの静寂があった。すると永野軍令部総長が立ち上がって、「統帥部に対するお咎めは恐懼に堪えません。実は先程海軍大臣が答弁致しましたのは、政府、統帥部双方を代表したものと存じ、沈黙して居りました次第であります。統帥部としては、もちろん海軍大臣のお答え致したる通り、外交を主とし、万已むを得ざる場合に戦争に訴えるという主旨に変わりはございません」と返答した（近衛、前掲書）。

儀式性の強い御前会議では、天皇が自ら発言するということはなかった。このため裕仁天皇としては、和歌に託して自らの意のあるところを汲んでもらうしかなかったのである。

かくして九月六日の「御前会議」は、裕仁天皇が何度も自分の意見を表明するという異例の出来事の内に終了した。この「御前会議」において、日米交渉成否の最終期限を「十月上旬迄」と決定したことから、日本政府および統帥部ともに、このまま時の経過に任せておくことは出来なくなった。

その頃近衛首相は、日米交渉の打開に、政治家としての最後の情熱を傾けていた。

九月六日、近衛首相は日本側の真意を米国側に知らせるべく、陸海外三相の了解の下に、極秘裡にグルー大使と会見した。その際近衛首相は、「現内閣は陸海軍とも一致して交渉の成立を希望していること、そしてこの内閣以外には交渉成立の機会はないこと」を強調し、「今この機会を逸すれば、我々の生涯の間には遂にその機会はないであろう」と語り、さらに陸海外の代表の人選まで既に終わっていると語った。

この時の模様についてグルーは、「近衛公は再三再四、時の問題が大切だと言うことを力説した。完全な解釈に到達するすべての細部を研究し成就するには、半年も一年もかかるかも知れず、他国による経済的圧迫に対する憤慨が日一日と高まっていく現在、半年後あるいは一年後にこのような解決計画を実行に移せるかどうか、彼としては保証できない。しかし今ならば日本を彼が選んだ目的地へ引っ張っていくことを保証し得る」と述べている（グルー、前掲書）。

一時間半にわたる会談の後グルー大使は、「直接大統領宛に、今日の会談の結果を報告すること」を約束し、「この報告は自分が外交官生活を始めて以来、最も重要な電報になるであろう」（近衛、『平和への努力』）と感慨を込めて語った。

ところで九月二十五日の「連絡会議」において、陸海軍両総長より「日米交渉は一日も速やかにその成否を判定し、遅くとも十月十五日迄に政戦の転機を決するを要す」とした文書が提出された。そこで九月二十七日、豊田外相はグルー大使の来訪を求めて、日米首脳会談の実現への一層の努力を要請し、同日野村大使宛に、「国際情勢よりするも国内情勢よりするも、この際タイムがあらゆる関係ある主要なる要素にして、一日も速やかに両首脳者の会見決意をする必要あり」とする訓令を発電した。

九月二十九日、グルー大使もまたハル国務長官宛に、米国政府が日米交渉成立のために積極的に努力するよう具申した電報を送った。しかしワシントンでは、すでにグルーの穏健的意見は全く顧みられなくなっていた。

十月二日、ハル長官は野村大使に対して、今までの交渉経過を概観して、改めて、①主権尊重、②内政不干渉、③機会尊重、④太平洋の現状維持、の四原則を指摘した。

ハル国務長官は、「米国政府としては、予め了解成立するにあらざるは両国首脳者の会見は危険なりと思考するものなること、また太平洋全局の平和維持のためにはパッチアップしたる了解にて不可にして、クリーアカット・アグリーメントを必要とする」（外務省記録『日米交渉記録ノ部』）ことを言明した。昭和十六年春の日米了解案をめぐって米国側が見せた宥和的態度とは全く違っていることを、日本側は読めていなかった。

昭和十六年六月二十二日の独ソ開戦によって、世界のパワーバランスは大変動を起こしていたのである。ヒトラーによるソ連侵略は、必然的にソ連と米国および英国を大同盟させることになった。したがって六月二十二日以降米国は、それまでの日本に対する宥和的態度を改めて強硬な態度を示すようになった。

米国の外交史家のファイスは、日米開戦に関し、十二月二十六日のハル・ノートよりも、この十月二日の回答の方を重視している（Feis, Harbert,The Road to Pearl Harbor 邦訳大窪憲二訳『真珠湾への道』）。

十月四日、前夜到着した米国側の回答を協議するための「連絡会議」が開催された。席上永野軍令部総長は、「もはやデスカッションをなすべきにあらず。早くやって貰いたいものだ！」（『杉山メモ（上）』）と述べた。

十月七日付の『木戸日記』には、「米国の覚書につき、陸軍は望みないとの解釈なるが、海軍は見込ありとして交渉継続を希望す。しかし陸海軍とも中堅は一致して強硬決意を要望す。海軍側は、首相はこの際遅滞なく決意を宣明し、政局を指導せられたたしと要望す。先ず首相は強硬意見を有する陸相と充分意見を交換したる後、陸海外の三相を招き、自己の決意を披露し、協力を求むる筈なり」と記載されている（『木戸日記（下）』）。

十月九日、海軍の長老で前軍令部総長の伏見宮博恭王が天皇に拝謁した。席上伏見宮は、「米国とは一戦を避け難く、戦うとすれば早いほど有利であるとして、御前会議の開催を求めるとともに、人民はみな対米開戦を希望していること、開戦しなければ陸軍に反乱が起こるべきこと等、強硬に主戦論を奏上」した。これに対して天皇は、「結局一戦は避け難いかもしれざるも、今はその時機ではなく、なお外交交渉により尽くすべき手段がある」旨述べ、御前会議開催に反対した。

十月十二日は近衛首相の五十回目の誕生日に当っていた。この日の午後、近衛首相は日曜日にもかかわらず、陸海外の三相と鈴木貞一企画院総裁を荻外荘に招集して、和戦について日本の最終的態度を決定しようとした。それに先立ち十月九日頃、海軍省軍務局第二課長の石川信吾大佐は及川海相に開戦決意について質していた。さらに十二日午前にも石川は及川の許を訪れて、「陸軍は海軍に『戦争は出来ない』と言わせて下駄を預けるつもりらしい。大臣はくれぐれも下駄を履かせられては駄目ですよ。気をつけて下さい！」（日本国際政治学会編『太平洋戦争への道（七）』）とダメを押した。

十月十一日夜、富田健治書記官長は岡敬純軍務局長を訪ねて、「明日の会議において海軍は総理を助けて、戦争回避、交渉継続の意思をはっきり表明して貰えないだろうか。もし海軍の意思表示がなければ、近衛公は辞職するかもしれない」と語った。すると岡軍務局長は富田の説明に頷いて、「これは重大な問題だから、君から直接大臣に話をしてくれ給え。僕もついて行こう」と言うことになり、二人は同道して、同夜午前零時近く、海相官邸を訪れた。及川海相は、「この際日米戦争は避けたい。自分は飽く迄交渉継続を希望する。また陸軍と違って海軍の下層部が戦争しなければ収まらぬと言う事は絶対にない。その点は全然心配要らぬ。しかし海軍としては、『軍としての立場上、この戦争に反対である』と言うことを公式に言明する事は出来ぬ。戦争するや否やを決定する事は政治問題であるから、総理が決めるのが適当である」(矢部貞治『近衛文麿(下)』)と述べた。この及川の発言には、開戦の責任を近衛首相に転嫁しようとする心理が色濃く存在していた。こうしてみると、及川海相には、海軍の最高責任者としての責任感が欠如していたと言わざるを得ない。

十月十二日午前、「荻外荘会議」を前にして、岡軍務局長は富田に対して、「海軍は交渉の破壊を欲しない。すなわち戦争を出来るだけ回避したい。しかし海軍としては表面に出してこれを言う事は出来ない。今日の会議においては海軍大臣から和戦の決は首相一任することを述べる筈になっているから、そのお含みで願いたい」と連絡してきた(矢部貞治『近衛文麿(下)』)。

会議は同日午後二時から六時まで、実に四時間にわたり行われた。席上、日米交渉の打ち切りを主張する東条陸相に対して、まだ交渉に望みを捨てていない近衛首相と豊田外相は真っ向から対立した(『杉山メモ(上)』)。

この会議で及川海相は、日独伊三国同盟強化問題の際の当時の米内海相の発言のように、「海軍は戦争など出来ません！」と明確に断言することはできなかったのであろうか。かく断言すれば、日本としては米国との交渉に頼らざるを得なくなったはずであったが……。

終戦から半年後の昭和二十一年一月二十三日に行われた「海軍戦争検討会議」において、この時の及川海相の態度が問題となった。

井上成美（昭和十六年十月当時、第四艦隊司令長官）　陸海抗争も、全陸海軍を失うより可なり。何故男らしく処置せざりしや、いかにも残念なり。

及川　私の全責任なり。海軍が戦えぬと言わざりし理由は二つあり。第一は、情況異なるも、谷口（尚真）大将、軍令部長の時（五年六月加藤寛治大将に代わり軍令部長に就任、七年二月迄）満州事変を起こすべからずと言い、大臣室にて東郷（平八郎）元帥より面罵せられしことあり（富岡〔定俊〕所持の谷口大将の手記にあり）。谷口大将の反対理由は、満州事変は結局対英米戦となる恐れあり。これに備うる為の軍備に三五億を要するところ、我国にはこれは不可能なりというにありしが、ロンドン条約以後、加藤大将と谷口大将は先鋭に対立せしを以て、加藤大将が元帥に言われし為か、元帥は「谷口は何でも弱い」と言われしことあり。この折は、「軍令部は毎年作戦計画を陛下に奉って居るではないか。今更対米戦出来ぬといわば、陛下に嘘を申し上げたことになる。また東郷も、毎年この計画に対し、『宜しい』と奏上しているが、自分も嘘を申し上げたことになる。今更そんなことが言えるか』と面罵せられたりと。

第二には沢本君言われし、近衛さんに下駄を履かせられるなという言葉あり。当時海軍にして非常に警戒せしものにして、軍令部よりも軍務局よりも注意せられたり。

この二者により、今から考えれば不可なりならんも、近衛首相に「海軍にて陸軍を押さえらるると思わるるかも知れざるも、閣内一緒になり、押さえざれば駄目なり。総理が先頭に立たざれば駄目なり」と言いたり。荻外荘会見二日前、鎌倉の別荘に呼ばれし折のことなり。左様な関係にて、東条より申し込みありし際も、海軍として返事すべきにあらず。首相解決すべきものなりと言えり。すなわち近衛一任せしにあらずして、近衛を陣頭に立てんとせしものなり。

井上　近衛さんがやられるべきなるが故に、やらざりしか。近衛さんはやる気ありしか。また出来ると思われしや。

及川　首相が押さえざるものを、海軍が押さえ得るや。

井上　内閣を引けば可なり。伝家の宝刀なり。また作戦計画と戦争計画は別なり。なお不可なれば総長を代えれば可なり。

沢本　撤兵問題に関し、六人会議（大臣、総長、次官、次長、軍務局長、第一課長の会議）にて、及川大臣が「いよいよとならば陸軍と喧嘩する心算なり」と言われしに、永野総長は「それはどうかな」といわれたるため、大臣の決心鈍りたり。海軍は必ずしも団結し居らざりき。

井上　大臣は人事権を有す。総長を代えれば可なり。

及川　内閣を投げ出せり。

井上　戦争反対と明確にされしや。その手を使うべきなり。

（新名丈夫編『海軍戦争検討会議記録』）

このように、及川の職務権限に対する井上の追及は鋭く、カミソリ的頭脳を持った井上の追及に及川はタジタジとなった。結局及川には、開戦反対を明言する勇気が欠けていたと言わざるを得ない。及川は、漢籍を読むことには長けた学者然とした海軍軍人だったが、国家の命運を見据える人間ではなかった。

この時山本五十六は連合艦隊司令長官であり、実行部隊の最高指揮官であっても、国策を決する立場にはいなかった。「山本五十六が戦争に反対だったら、連合艦隊司令長官の職を擲ってでもそれを貫くべきであった」とする山本批判を聞くことがあるが、ラインの先頭に立つ山本にそれを求めるのは現実的には無理であった。当時の山本の心境は、戦争回避を望みながらも、小千谷の慈眼寺における軍監岩村精一郎との会談に臨んだ長岡藩家老の河井継之助の立場と重なるものがある。

十月十三日、参内した木戸に対して、裕仁天皇より次のような話があった。

「昨今の情況にては日米交渉の成立は漸次望み薄くなりたるように思はるる所、万一開戦となるが如き場合には、今度は宣戦の詔勅を発することとなるべし。その場合、今までの詔勅を見るに、連盟脱退の際にも特に文武恪循と世界平和と言ふことに就いて述べたのであるが、国民はこの点を等閑視しているように思はれる。また日独伊三国同盟の際の詔書に就いても平和の為と言ふことが忘れられ、如何にも英米に対抗するかの如く国民が考えて居るのは誠に面白くない。就いては今度宣戦の詔書を出す場合には、是非近衛と木戸も参加して貰って、篤と自分の気持ちを述べて、これを取り入れて貰いたいと思ふ。……戦争終結の場合の手段を、初めより充分考究しおく要あるべく、それにはローマ法王との使臣の交換等親善関係につき、方策を樹つる要あるべし」(『木戸日記(下)』)

十月十四日の閣議では、和戦に関して近衛首相と東条陸相の間で、ぎりぎりの話し合いが続けられた。この際両者の間で、次のような話が交わされた。

東条陸相　人間、たまには清水の舞台から目をつぶって飛び降りることも必要だ。

近衛首相　個人としてはそういう場合も、一生に一度や二度はあるかも知れないが、二千六百年の国体と一億国民のことを考えるならば、責任ある地位に在る者として出来ることではない。

(近衛、前掲書)

このようにぎりぎりの段階に来て、ようやく近衛はまっとうな見解を示すようになった。しかし、時すでに遅しだった。

十月十四日午後、武藤陸軍軍務局長が富田を訪ねてきて、「どうも総理の肚が決まらないのは海軍の肚が決まらないからだと思われる。海軍が本当に戦争を欲しないのならば陸軍も考えなければならない。……しかし『海軍がこの際は戦争を欲せず』と言うことを公式に陸軍の方に言ってくるならば、陸軍として部下を押さえるにも抑えやすい。何とかそういうふうに言うて来る様仕向けて貰えまいか」と言ってきた。そこで早速富田が岡海軍軍務局長に話すと、「海軍としては戦争を欲しないと言う事は、どうも正式には言えない。海軍として言いえる事は、『首相に裁断一任』と言うことが精一杯である」(近衛、前掲書)と返答した。

十四日夜、東条陸相の使いとして鈴木企画院総裁が荻窪の近衛の私邸を訪れて、「海軍大臣が全部責任を総理にしている形がある。これは誠に遺憾である。海軍がそういうふうに肚が決まらないならば、九月六日の御前会議は根本的に覆るのだ。従って御前会議に列席した首相初め陸海軍大臣も統帥府の総長も皆輔弼の責を充分に尽くさなかったと言うことになるのであるから、この際は全部辞職して、今までのことをご破算にして、もう一度案を練り直す以外にはないと思う。……後継内閣の首班には今度は宮様に出ていただく以外に途はないと思う。その宮様は東久邇宮殿下が適当と思う」と述べた。

十月十日近衛は参内して、現下の政情と東条による東久邇宮の後継首相の要望について報告した。これに対して裕仁天皇は、「東久邇宮は、参謀総長としては実に適任であると思っていた。しかし皇族が政治の局に立つ事は、これは余程考えなければならないと思う。殊に平和の時ならばよいけれども、戦争にでもなるという恐れのある場合には、なおさら皇室の為から考えても皇族の出る事はどうかと思う」と慎重な態度を示した（近衛、前掲書）。

この天皇の判断は、極めて見識のあるものといえる。すなわち裕仁天皇は、元老西園寺公望が目指したところの英国流の立憲君主制を理想としていたのであり、東久邇宮の首相就任はこれを危くするものだったからである。また皇族の政治の失敗は、直ちに天皇制の危機に繋がることから、この意味からも好ましいことではなかった。

十月十六日朝、近衛は木戸に電話を掛け、東久邇宮後継首相の話を持ち出したところ、木戸は、「宮殿下の問題は、宮中方面においても到底行われ難い」と述べて反対した。ここにおいて近衛は、時局柄一刻の猶予も許されないとして、この日の夕方参内して辞表を提出した。

✺東条内閣の出現と裕仁天皇

十月十七日、組閣の大命が東条英機陸相に降下した。大命降下の前日の十六日、木戸と会見した東条は、「近衛首相が今になって踏み切りがつかない事情はよくわかる。それは海軍が自信を表明しないからである。……もし本当に海軍が戦争を出来ないというのならば、九月六日のご決定を再検討することも止むを得ないであろう。……海軍が今になって自信がないというならば、一切ご破算にして出直す外あるまいと思う」（田中新一『大戦突入の真相』）と述べていた。この東条の言葉を聞いた木戸は、九月六日の「御前会議」の決定を白紙に戻し、陸軍を抑え得るとの意図から、東条内閣を推挙することにした。

大命降下の際、東条と及川に対して、天皇の命により木戸は、「国策の大本を決定せられますに就いては、九月六日の御前会議の決定に捉われる所なく、内外の情勢を広く検討して、慎重なる考察を加えうることを要すとの思し召しでございます」（田中、前掲書）と語った。

十月十八日、東条内閣が成立した。東条首相は陸相を兼任し、海相には嶋田繁太郎大将、外相に東郷茂徳（そえむ）、蔵相に賀屋興宣が就任した。海相の第一候補は、当時呉鎮守府司令長官をしていた豊田副武であったが、大の陸軍嫌いで通っていた豊田を、東条は忌避した。

国家重大時局のこの際に海相に就任することになった嶋田繁太郎は、長らく中央を離れていて、九月十日に横須賀鎮守府司令長官になったばかりだった。ところがその嶋田は、及川海相から何の申し継ぎも受けず、「金庫の中に重要書類が入っている」（「嶋田繁太郎大将開戦日記」）と言われただけであった。就任直後嶋田は、九月六日の「御前会議」の内容を読んで、その重大さに衝撃を受けた。及川にせよ後継の嶋田にせよ、日米開戦か否かの緊迫した最中にもかかわらず、さほどの緊張感はなかった。

十月二十日、嶋田海相が宮中に蓮沼蕃侍従武官長を訪問した際、蓮沼は「陛下ご心痛恐懼に堪えず。及川前海相の態度明確を欠きたり。六月には陸海軍共不戦なりしに、海軍省某課長（石川信吾）の反対にして一夜に変じ、次いで七月、九月の御前会議となりたり。この態度に導きたるは、海軍なりと考えられたり。陛下には、東条に大命降下の時には内大臣を通じて、九月六日の会議の決定を白紙に戻し、再検討せよと命ぜられた。先頃伏見宮博恭王殿下拝謁の時、殿下より、速やかに開戦のご決意可然と奏上ありしに、陛下よりご詰問あらせられしやに拝す」（「嶋田繁太郎大将開戦日記」）と語った。

東条新内閣では、十月三日から十一月二日早暁にかけて連日のように連絡会議が開催され、国策の再検討が行われた。メンバーは、東条首相兼陸相、東郷外相、賀屋蔵相、嶋田海相、鈴木貞一企画院総裁、杉山参謀総長、永野軍令部総長であり、その他に星野内閣書記官長、武藤陸軍軍務局長、岡敬純海軍軍務局長、塚田攻（おさむ）参謀次長と伊藤整一軍令部次長らが出席した。

十月三十日をもって諸検討は終了し、十一月一日、（一）戦争を極力避け臥薪嘗胆す、（二）開戦を直ちに決意し、政戦諸施策をこの方針に集中す、（三）開戦決意の下に作戦準備を完整すると共に外交施策を続行す、の三案の中から結論を求めることにした（『杉山メモ（上）』）。

一方陸軍参謀本部では十月三十一日に部長会議を開き、「即時対米交渉断念、十二月初頭戦争発起」とする旨を決定した（種村佐孝『大本営機密日誌』）。

十一月一日午前九時から開かれた大本営・政府連絡会議は、二日深夜の午前一時半まで及んだ。会議は、いよいよ第一案の「臥薪嘗胆案」についての検討に入った。

軍令部総長　臥薪嘗胆案は最下案である。臥薪嘗胆、戦わずして切り抜けんとすれば、ジリ貧となることは必至である。自滅自屈に甘んずることを欲しない限り、やがて戦わねばならなくなる。その時には日本海軍は最早戦う力はなくなっているであろう。海軍の見地からすれば、対米戦争の時期は唯今日のみである。明年後半期になれば彼我海軍戦力の関係からも、また石油の関係からも、戦えなくなることは明らかである。

蔵相　臥薪嘗胆案は不可であるとして、然らば長期戦争第二年の後、即ち戦争第三年、敵が決戦を求め来った時、我は軍需その他の関係で勝利の確算がないと思われるが如何？

外相　長期戦争の場合、国際情勢の推移は必ずしも特に好転するとは思われない。長期の将来に多くの疑問がある。

軍令部総長　戦争第二年までは確算あることを申し上げる。第三年以降は予断を許さない。

蔵相　然らば戦うべきはいつか。いつなら勝てるのか？

軍令部総長　今である。戦機は唯今日に在る。

このような論議を通して、まず「臥薪嘗胆案」は採用不可となった。代わって第二案と第三案を一括して審議することになった。

蔵相　作戦準備と外交を併行する第三案を選ぶべきである。

参謀総長　開戦を決意せよ。そして外交は開戦準備に奉仕せしむるべきである。

参謀次長　外交交渉の見込みはない。国家存亡の鍵たる作戦を重視して、直ちに開戦を決すべきである。

外相　国運の決する大転機が今である。最後の効力を外交に傾けねばならない。
蔵相　同意見である。
参謀次長　外交をやるにしても、直ちに開戦を決意せよ。戦争発起を十二月初頭とすることを決定すべきである。この決定なくしては統帥部の作戦準備はこれ以上進められない。
軍令部次長　海軍の立場からは、十一月二十日から作戦発動期に入るものと考える。それまで外交をおやりになる事は差し支えない。
参謀次長　陸軍としては、十一月十三日を外交の限度としたい。
外相　十一月十三日とは余りに窮屈である。少なくとも海軍案のように、十一月二十日を希望する。その期日までは外交で妥結したら戦争発起は取り止める事はもちろんであると了解する。
参謀次長　請合い得る時期は、十一月十三日である。それ以後は困る。

（『杉山メモ（上）』）

外交打ち切りの日時について、統帥部と外交当局とは真っ向から対立した。このため両統帥部長が各々の作戦部長を呼んでさらに協議した結果、「十一月三十日までは外交交渉を行ってもよい」ということになった。そして最終的な外交打ち切りの日時を「十二月一日午前零時」とした。

十一月二日午後五時、東条首相は陸海両総長と共に「連絡会議」の結論を上奏した。

これに対して天皇は、「日米交渉による局面打開の途を極力尽くすも、しかしながらも達し得ずとなれば、日本は止むを得ず英米との開戦を決意しなければならぬのかね」と語り、「事態かくの如きであれば、作戦準備もさらに進むるは已むを得なかろうが、何とか極力日米交渉の打開を図って貰いたい」（栗原建『天皇―昭和史覚書』）と希望を述べた。

十一月四日、天皇臨席の下に陸海軍合同の軍事参議官会議が開かれ、「帝国策遂行要領」中の「国防用兵」に関する事項についての審議が行われ、全会一致でもってこれを可決した。

十一月五日、御前会議は最終的に、「帝国国策遂行要領」を採択した。

十一月四日、東郷外相は野村大使宛に、甲案と乙案を打電するとともに、「本交渉は最後の試みにして、我対策は名実共に最後案なりとご承知ありたく」旨の最後的訓令を発した。そして十一月五日、交渉の期限を十一月二十五日とすることを訓令した。

十一月三日、東郷外相は、野村大使を援助するために来栖三郎大使を急遽ワシントンに派遣することにした。来栖は、五日東京を発って、飛行機を使って香港経由で米国に向かい、十五日ワシントンに到着した（来栖三郎『泡沫の三五年』）。

一方七日、野村大使は、東京からの訓令に基づいてハル国務長官を訪ね、「日本の国情は六ヶ月の交渉の後痺れを切らし、事態重大であるから、本交渉の速やかなる成立を熱望する次第である」と述べると共に、甲案を提示した。

その後ワシントンでは、野村と来栖の両大使とルーズヴェルト大統領およびハル国務長官との間で数回にわたって会談が行われたが、何ら成果を得ることは出来なかった。

そこで東郷外相は十一月二十日、甲案による妥結を断念し、「乙案ご提示相成度、尚右は帝国政府の最終案にして絶対にこの上譲歩の余地なく、右にて米側の応諾を得ざる限り交渉決裂するも致し方なき次第」との訓令を、野村大使に発電した。

しかし十一月二十六日になって、ハル国務長官は日本側甲案を拒否し、いわゆる「ハル・ノート」を提示してきた。

ビアードの表現を借りるならば、これは「米国の東洋全般にわたる最大限の要求」であった。すなわち中国、仏印よりの日本軍の完全撤退、三国同盟の否認など厳しい条件が書かれており、これまでの日米交渉の積み重ねを全く無視したものであった。

翌二十七日、ハル国務長官はスティムソン陸軍長官に対して、「私はそれから手を引いた。今や君とノックス海軍長官の手中、つまり陸海軍の手中にある」と語った（Beard, President Roosevert and Coming of War）。日本政府は、これをもって米国側の最後通牒であると判断した。

御前会議前日の十一月三十日、裕仁天皇の許を高松宮が訪れた。その模様について『昭和天皇実録（八）』には次のように記載されている。

「午前十時五分より同四十五分まで、御在所において宣仁親王と御対面になる。その際、親王より海軍は可能ならば日米戦争の回避を希望している旨をお聞きになる。また、親王より統帥部では戦争の結果は無勝負又は辛勝と予想している旨の言上あり。これに対して天皇は敗戦の恐れありとの認識を示される。親王より、敗戦の恐れある戦争の取り止めにつき提案を受けられ、これに対し御答えなし。午後、内大臣木戸幸一をお召しになり、宣仁親王より海軍はできるならば日米戦争の回避を希望している旨を聴取したとして、その真相をお尋ねになる。内大臣より、今回は一度御決意になれば後へは引けない重大事項につき、些細の御不安もなきよう十分御納得の必要あり、よって直ちに海相・軍令部総長をお召しの上、海軍の本心を確認され、併せて首相にも隔意なくお話し置き願いたき旨の奉答を受けられる」

その後天皇は、午後四時から五時まで東条首相から、昨日の重臣会議および大本営政府連絡会議の模様の奏上を受けた。

東条は、「連絡会議における慎重研究の結果はすで内奏済みにして、事ここに至りては自存自衛上開戦は已むを得ない」旨の奏上があった。

さらに海軍大臣嶋田繁太郎と軍令部総長永野修身を召して、「長期戦が予想されるも、予定どおり開戦するや否や」と尋ねたところ、永野は「大命が降りれば予定どおり進撃すべきこと、明日委細を奏上すべきも、航空艦隊は明日ハワイ西方千八百浬に達する」との奉答があった。

両名が退下した後、天皇は内大臣を召して、「海相、軍令部総長に下問した結果、両名共相当の確信を以て奉答したため、予定どおり進めるよう首相に伝達すべき旨」下命した（『昭和天皇実録（八）』）。

かくして十二月一日午後二時より宮中東一の間において、開戦の聖断を仰ぐべく最後の「御前会議」が開かれた。そして午後四時、裕仁天皇は「御前会議」の決定を嘉納し、ここに対米開戦は決することになった。

第4章

太平洋戦争と裕仁天皇

✺真珠湾奇襲作戦――「開戦は自らの意思にあらず」

太平洋戦争の幕開けとなったハワイ真珠湾への奇襲攻撃の発案者は、連合艦隊司令長官山本五十六大将だった。駐在武官として都合五年間にわたって米国に駐在していた山本は、その圧倒的な資源力と産業力を目の当たりにして、長期戦になれば、とても日本に勝ち目はないと思っていた。

従来日本海軍が想定していた対米作戦とは、米艦隊を日本近海までおびき寄せて主力艦同士が決戦するという漸減邀撃（ぜんげんようげき）作戦であった。ところがこの戦法には致命的欠点があった。それは、米海軍が必ずしも日本側の想定している航路を辿って来航するわけではないということであった。そこで山本が着想した対米作戦は、空母を中心とした機動部隊で米太平洋艦隊の根拠地である真珠湾を奇襲して一挙に潰滅するというものだった。この奇襲が成功すれば、米国民の士気は急激に落ち、早期講和に持ち込むことが出来るかも知れないと考えた。

奇襲作戦は、山本の初陣であった日露戦争の緒戦で、日本海軍が旅順港に停泊しているロシア極東艦隊に対して先制攻撃をかけた戦法でもあった。山本の頭にはこの時の戦法が深く焼き付いていた。しかしこの奇襲作戦を実現するにはいくつかの障害があった。その最大のものは、山本の計画に反対している軍令部を説得することだった。

戦艦攻撃に最も有効な戦法は魚雷攻撃であるが、浅海の真珠湾では無理と思われていた。このため軍令部は、山本の戦術を「余りにも投機的過ぎる」として反対した。またこの作戦には、当時六隻あった正規（大型）空母の全てを投入するため、あまりにもリスクが大き過ぎた。

これに対して山本は、「もし奇襲作戦を採用しなければ、連合艦隊司令長官を辞任する」とブラフをかけて強引に押し切った。永野軍令部総長は進退をかけた山本に、「そこまで山本がいうなら」と、あっさり同意した。結果的に魚雷使用の問題は、パイロットの猛訓練と新型魚雷の開発によって何とか解決することが出来た。

昭和十六年十一月二十六日朝、択捉島単冠湾を出港した南雲忠一中将率いる機動部隊は、秘匿上から北方航路を採ったため、途中で米軍に発見されることもなく、現地時間十二月七日午前六時、ハワイのオアフ島北三五〇キロ地点に到達して攻撃機を発進させることに成功した。

十二月七日（日本時間は十二月八日、月曜日）日曜日の朝を迎えた真珠湾には、米太平洋艦隊の戦艦群がほぼ揃っていた。ただし米空母群は、ウェーク島への輸送業務に当たっていたため、ここにはいなかった。

攻撃機を率いた淵田美津雄中佐は、湾内に無防備なまま繋留されている戦艦を確認するや、「我奇襲ニ成功セリ」を意味する「トラ、トラ、トラ」の略字暗号を打ち、日本海軍機動部隊の第一次攻撃隊一八三機は、湾内に碇泊している戦艦や飛行場に一斉に襲いかかった。第一次攻撃隊の三十分後には、第二次攻撃隊一六七機も殺到して、さらに攻撃を加えた。

日本海軍の奇襲攻撃によって米側の戦艦五隻が沈没または擱座、三隻大破、一隻中破、航空機多数に被害が及び、米太平洋艦隊はほぼ全滅した。これに対して日本側の被害は、航空機二十九機、搭乗員五十四名と極めてわずかだった。

ところがその後米太平洋艦隊司令長官に就任したチェスター・W・ニミッツ大将は、「真珠湾攻撃で米側が被った損害は軽微だった」と語った。その理由としてニミッツは、①日本軍の攻撃対象が湾内の艦戦や飛行場に集中したため、機動艦隊は無傷だったこと、②沈没・損傷した戦艦アリゾナとオクラハマ以外は、修理後再び日本軍と戦えたこと、③石油タンクや修理施設に対する日本の攻撃がなかったこと、④「騙し討ちをした」として米国の世論が激昂し対日参戦で米国民が一致したこと、などをあげた。

米国の参戦を促し続けてきたチャーチル英首相なども、「これで戦争に勝った」と確信した。

開戦当日の十二月八日付『昭和天皇実録(八)』には、「午前六時五十五分、再び御起床になる。七時十分、御座所において侍従武官山県有光・同城英一郎より、我が軍のマレー半島上陸、ハワイ奇襲の成功、シンガポール爆撃、ダバオミンダナオ島・グアム島・ウェーキ島への空襲の戦況につき上聞を受けられる。ついで七時十五分、御学問所において軍令部総長永野修身に、同三十分、参謀総長杉山元にそれぞれ謁を賜い、対米英戦の開始につき奏上を受けられる」と記載されている。

なお『昭和天皇実録』中に、「再び御起床」とあるのは、この日の午前零時十五分、駐日米国大使グルーより、ルーズヴェルト大統領の親書を直接天皇に手渡したいとの申し出があったため、裕仁天皇は午前二時五十分に一旦起床し、午前三時に御学問所において東郷外相と大統領親電に対する回答方について協議したためであった。

実は宣戦の詔書は、内閣書記官長星野直樹の命を受けた内閣官房総務課長稲田周一によって、十一月中旬頃原案が作成され、その後内閣書記官長や陸海軍務局長と外務省アメリカ局長その他で審議され、さらに首相と内大臣の意見も交えつつ、徳富蘇峰などによる推敲を経て作成されていた。

開戦決定後、東条首相より詔書案について内奏を受けた際、裕仁天皇は、日英両国は明治期より特別な関係にあり、また皇太子時代に渡英した際には非常な優遇を受けたことから、今回の開戦は全く忍び得ず、自らの意思でないことを詔書中に挿入するように希望した。このため詔書には、「今ヤ不幸ニシテ米英両国ト釁端（きんたん）ヲ開クニ至ル、洵ニ已ムヲ得サルモノアリ。豈朕カ志ナラムヤ」の文言が挿入されることになった。

＊マレー・シンガポール攻略戦

海軍による真珠湾奇襲攻撃と同時に、陸軍では東南アジア一帯に対する攻略作戦が開始された。中でも最も早く行われたのが、マレー・シンガポール作戦だった。日本軍が進攻した所は、マレー半島南部の現在マレーシアとなっている地域であり、当時は「英領マレー」と呼ばれていた。ここを攻略するのは、マレー半島の先端にあるシンガポールを日本の支配下に置くためだった。当時のシンガポールは、東アジアでは、香港と並ぶ英国の拠点で、英東洋艦隊の根拠地だった。蘭印はじめ南方の各地に日本から将兵を安全に送るためには、是非ともこの海域の制海権を確保しておく必要があった。

それならば初めからシンガポールに上陸すれば済むことだったが、シンガポールの軍港に据えてある大口径要塞砲は全て海に向けて固定化されていたため、そこに近づくことは非常に危険だった。このため日本軍はマレー半島を南下して、背後からここを攻めることにした。

日本陸軍は、南方作戦を担当する「南方軍」を置いて、司令官に寺内寿一（ひさいち）大将を任命した。

実際に各地を攻略するのは、南方軍下の各軍で、マレー・シンガポール方面は山下奉文（ともゆき）中将が率いる第二十五軍だった。第二十五軍は三つに分かれ、タイ領内のシンゴラとパタニ、そして英領マレー内のコタバルに上陸した。

第十八軍の一部である侘美支隊（司令官・侘美浩（たくみひろし）中将）がコタバルに上陸したのは、日本時間の十二月七日の午前一時三十分だった。これは日本海軍による真珠湾攻撃よりも二時間も早かった。コタバルには英国の航空部隊が進出していたため、日本軍としてはまずここを攻略して、その後の作戦を容易にしたいと考えた。

マレー・シンガポール攻略戦において、日本軍が戦った英印軍は、指揮官がイギリス人で、兵はインド人だった。マレー半島の各地には英印軍の防御陣地が置かれ、日本軍の行く手を阻んだが、日本の「銀輪部隊」の活躍によって、マレー半島とシンガポールとを隔てるジョホールバル水道までわずか五十五日で到達することが出来た。進攻速度は何と一日当たり約二十キロにも達した。

英印軍の抵抗が無かったわけではなかった。タイ・マレー国境には「ジットラ・ライン」という強固な防御線が張られており、英印軍はここで日本軍を二、三ヶ月間足止め出来ると考え、最終的にはシンガポールで日本軍を迎え撃つつもりでいた。

日本軍の主目的であった英東洋艦隊の潰滅は、開戦から三日目の十二月十日のマレー沖海戦で達成された。航空機が戦闘中の最新鋭艦を撃沈するなどということは、従来の常識では考えられなかった。

上陸から五十五日目の一月三十一日、日本軍の最も早い部隊がジョホールバル水道に到達した。一週間かけてシンガポール攻略の準備をした後、二月八日に総攻撃を開始した。ジョホールバルからは、四四〇門もの大砲がシンガポールの石油タンクや飛行場に向けて撃ち込まれた。

以前からシンガポール空襲を行っていた陸軍第三飛行集団の一六二機が激しく攻撃を加えた。当初日本軍としては、二月十一日の紀元節までにシンガポールを制圧したいと考えていたが、実際には四日遅れて、二月十五日になって英印軍は降伏した。

二月十五日付『昭和天皇実録(八)』には、「午後九時五十分、参謀総長杉山元参内につき、御学問所において謁を賜い、シンガポール陥落につき奏上を受けられる。十時五分、御杉戸において侍従長百武三郎より、祝詞の言上を受けられる。同十分、大本営は、我が陸軍部隊が本日午後七時五十分、シンガポール島要塞の敵軍をして無条件降伏せしめた旨を発表する」と記載されている。

降伏交渉は、ブキチマ村近くにあるフォード自動車工場で、英印軍のパーシバル司令官と山下司令官の間で行われた。山下はパーシバルに対して、「降伏するか、しないか、イエスかノーで答えよ」と鋭く迫った。

二月十六日付『木戸日記（下）』には、「陛下にはシンガポール陥落を聴き召され天機殊の外麗しく、次々に赫々たる戦果が挙がるについても、木戸には度々云う様だけれど、全く慎重に充分研究したからだとつくづく思ふと仰せり。真に感泣す」と、嬉々として語ったことが記述されている。

「十八日　午後一時四十五分、御料馬白雪に乗御され、宮城正門二重橋鉄橋上にお出ましになる。宮城前外苑における戦捷祝賀の旗行列をご覧になり、万歳、君が代の奉唱を受けられ、御会釈を賜う。二時二十分、還御される。その後、皇后が皇太子・成子内親王・和子内親王・厚子内親王を伴って二重橋鉄橋上へお出ましになる。なお、政府はこの日を戦捷第一次祝賀日と定め、戦捷第一次祝賀行事を催す。また、日比谷公園において大政翼賛会その他の共催による国民祝賀大会が挙行される。またこの日、昭南（シンガポール）市街において我が軍の入城式が行われる」（『昭和天皇実録（八）』）

人々は自発的に万歳を叫び、君が代を斉唱した。天皇、皇后、皇太子の三人が揃って人々の前に現れるのは、戦前では、これが最初にして最後であった（原武史『可視化された帝国―近代日本の行幸録』）。

✳蘭印攻略戦

蘭印は現在インドネシアとなっている地域とほぼ重なるが、当時この地域は「オランダ領東インド」と呼ばれていた。日本にとって蘭印攻略作戦の主目的は、アジア最大の油田を抱える蘭印を占領して石油を獲得することであり、米国から石油の輸入を止められた日本にとっては是が非でも必要だった。また蘭印には、石油の他にも、ボーキサイト、ゴム、錫、マンガン、ニッケル、タングステン、屑鉄、クローム、工業塩、ひまし油、キニーネ、モリブデンなどの戦略資源が豊富にあった。これまでの日本軍の南方作戦は、総て「蘭印攻略」を容易にするための布石だった。蘭印の石油資本のほとんどが米英系の資本だったため、石油を入手しようとすれば、米英と衝突するのは不可避だったからである。

石油獲得のための蘭印占領だったため、日本軍の進攻もジャワ島ではなく、主要な油田のあるボルネオ島やスマトラ島だった。この攻略を担当した指揮官は今村均中将であるが、昭和十七年一月十日、坂口支隊が行動を開始してボルネオ島のタラカンに上陸するや、油田のあるパリクパパンを目指した。ジャングルを切り開いて進まねばならなかったが、一月二十五日、パリクパパンを、二月十一日にはパンジェルマシンを占領し、一か月間でボルネオの要所を押さえた。ところが肝心の油田は、既に破壊されていた。そんな中でスマトラ島のパレンバンの油田だけは無傷で手に入れることが出来た。

その際に実施されたのが、落下傘部隊による奇襲作戦だった。二月十四日に第一次、翌十五日に第二次の落下傘部隊が降下し、二月二十日までに日本軍は主要な製油所を占領することが出来た。

蘭印支配の中核のオランダ総督府が置かれていたのが、蘭印の全人口の六千万のうち四千万が暮す、ジャワ島のバタビア（現在のジャカルタ）だった。日本軍は、ジャワ島攻略の前に、セレベス島のメナド、ケンダリー、マカッサル、バリ島など周辺の島々や要地を次々に占領していった。

ジャワ島へは三月一日、総兵力四万人の日本軍が三か所から一斉に上陸した。軍司令官の今村均中将と第二師団から成る本隊は島の西側のバンタム湾から攻め、第三十八師団の一部から成る東海林支隊はバンドンに近いエレタン海岸から、そして島の中心より西のスラバヤ付近のクラガン岬からは第四十八師団と坂口支隊が上陸した。

クラガン岬の部隊と本隊は、上陸時に連合軍（米英蘭）艦艇から攻撃を受けた。まずクラガン岬で攻撃を受けたため、日本の護衛の海軍艦艇が敵主力艦三隻を撃沈した。さらに連合軍艦隊の残存部隊が、今度はバンタム湾の本隊を攻撃したため、護衛に当っていた日本側艦艇は残りの二隻を撃沈した。

第四十八師団は、一発の銃弾も撃つことなくスラバヤを占領し、三月七日には坂口支隊がジャワ島中央部南側のチラチャップを占領した。

三月九日付『木戸日記(下)』には、「お召により御前に伺候したるに、竜顔殊の外麗しくにこにこと遊ばされ、『余り戦果が早く挙り過ぎるよ』との仰せあり。七日ジャバ方面にてはバンドンの敵軍は降伏を申し出で、目下軍は蘭印の全面降伏に導かんとしつつあり、スラバヤの敵軍も降伏し、またビルマ方面にてはラングーンも陥落せりとの御話あり。誠に御満悦の御様子を拝し、感激の余り頓(とみ)には慶祝の言葉も出ざりき」と、天皇の大満足ぶりを記述している。

一方東海林支隊は、カリジャナ飛行場を占領した後、ジャワ島最大の軍事拠点になっていたバンドン要塞付近に進出した。第二師団がバンドン要塞を攻略するはずだったが、連絡が途絶えていたため、兵力四千名の東海林支隊は自らバンドン要塞に攻撃を開始した。

三万五千名を有するバンドン要塞への攻撃は無謀だったが、何度も突撃を繰り返して、三月七日ようやく要塞の一角を占領した。その直後、ボールテン蘭印司令官とチャルダー蘭印総督は降伏した。

第二師団は、三月五日に首都バタビアを占領し、翌日、バイテンゾルフを占領した。三月八日、降伏が承認され、蘭印攻略戦はここに終了した。こうしてジャワ攻略はわずか八日で終わることになった。日本軍に対する蘭印軍の士気は極めて低かった。このためジャワ攻略戦における日本軍の被害は、戦死二五五名、戦傷七〇二名と、その作戦の規模に比べて驚くほど少なかった。

『昭和天皇実録(八)』には、「三月九日　午後十時五分、再び御学問所において参謀総長に謁を賜い、本日午後三時ジャバ全島における敵軍の無条件降伏につき奏上を受けられる。なお、大本営はこの日午前十一時五十分、ラングーンの占領を、また午後十時二十分、ジャバ全島における敵軍の無条件降伏をそれぞれ発表する」と記載されている。

こうして日本軍は、緒戦におけるハワイ作戦の勝利によって、米艦隊を半年間動けなくしようという初期の戦略目標を達成した。

ハワイ空襲の翌々日の十二月十日、海軍基地航空隊はマレー沖で、英艦隊のプリンス・オブ・ウェールズとレパルスの新鋭戦艦二隻を撃沈した。

比島進攻も、航空撃滅戦によって進展した。日本軍は、西太平洋と東南アジアの制空権と制海権の両方を押さえることに成功した。

日本軍は、昭和十七年年一月二日マニラ市攻略、二月十五日シンガポール占領、三月八日ラングーンを占領した。こうして日本軍は、開戦からわずか三か月で、「大東亜共栄圏」の基盤となる蘭印の油田地帯を押さえることに成功した。

ここで日本は、「守り」か「攻め」かの選択に迫られることになったが、大本営海軍部は、「積極攻勢作戦」を選択した。他方陸軍はこれには反対で、ドイツの春季コーカサス大攻勢に期待するとともに、欧州戦線の変化を睨み、これに乗ずる機会を覗っていた。このため対ソ大陸作戦に多くの兵力を温存した。したがって南方総軍としては、蘭印攻略の終了した時点で、進撃作戦を中止する方針だった。

✺ミッドウェー海戦の敗北は天皇に正しく報告されなかった

日本海軍の第二段作戦には二つの案があった。まず一つはミッドウェーを攻略し、最終的にはハワイへ出撃して、艦隊決戦によって一挙に米海軍を撃滅しようというものであった。もう一つは軍令部の案で、石油をはじめとする重要物資を獲得して、長期自給態勢を固め、その後に太平洋に点在するフィジー・サモア諸島を攻略した上で、豪州北部を占領して米豪遮断を図るという案だった。

山本連合艦隊司令長官は、安易に豪州方面に出て行って長期戦になれば、日本に不利と判断していた。そこで、①四月上旬ポート・モレスビー攻略作戦、②六月上旬ミッドウェー作戦、③七月上旬フィジー・サモア作戦、④十月実施を目標にハワイ攻略作戦を進めることにした。

昭和十七年四月十日、日本海軍は第二段作戦を発令し、東部ニューギニアの「ポート・モレスビー攻略戦」に着手することになった。その前段として、五月七日から八日にかけて、初の空母同士による戦闘である「珊瑚海海戦」が起こったが、これは相撃ちに終わった。日本側は改装空母祥鳳を失い、翔鶴は大破し、一方米国側もレキシントン沈没、ヨークタウン大破の損害を受けた。この結果、「ポート・モレスビー攻略戦」は延期になった。これが日本軍の初めての躓き（つまづ）きになった。

海軍としては、いまだ戦艦・空母とも厳然とあり、その強大さも揺るいでいない中で、敵側が息を吹き返さないうちに完全に攻略して長期不敗態勢を築きたいと考えていた。そこで「ミッドウェー島攻略」が計画されることになった。

ところが緒戦の勝利が続く中で、日本海軍内に驕慢の風潮が蔓延し始めた。一方の連合軍はこれを転機として捉えて、八月七日、突如ソロモン群島のツラギとガダルカナル島に陸戦隊を揚陸させた。

大本営は、連合軍の大反攻の時期を昭和十八年以降と判断していたため、敵のガダルカナル上陸を単なる偵察程度と軽く考えていた。ところが実際は、約二万人の海兵師団が二十二隻の輸送船に分乗して、機動部隊に護られながら押し寄せて来た本格的反攻だった。

長年日本陸軍は、中国大陸において、老朽化した装備の軍隊と戦ってきたため、進歩した火器や戦車などで重装備した近代的な米軍というものを知らなかった。

開戦劈頭の真珠湾奇襲作戦によって米太平洋艦隊はほぼ壊滅したが、空母部隊だけは免れていた。航空主兵論者の山本五十六連合艦隊司令長官としては、米機動部隊がいまだに無傷でいることを強く警戒していた。山本が警戒した通り、米機動部隊は機動力を生かして、その後太平洋上の日本軍の拠点を攻撃しては離脱するという「ヒット・エンド・ラン」攻撃を繰り返した。

昭和十七年四月十八日、日本近海に迫った空母から発進したドゥーリットル爆撃機（Ｂ25）十六機による空襲が、東京、川崎、横須賀、名古屋、四日市、神戸などに対して行われた。こうしたこともあって、以前から米機動部隊の壊滅を期していた山本長官は、米機動部隊をおびき寄せるために、ミッドウェー島の攻略を企てることにした。ミッドウェー島は東京から四千キロ東にあり、そこから二千キロ東にハワイがあった。

山本は、日本側がミッドウェーを占領しようとすれば、米機動部隊は必ず現れるはずと確信していた。一方連合艦隊側からこの作戦を提示された軍令部は強く反対した。しかし山本長官は、真珠湾奇襲作戦の時と同様に、辞任をちらつかせることによって、昭和十七年四月三日、軍令部側の同意を取り付けた。

作戦直前の五月初旬頃から、日本側の通信の中に頻りに〈ＡＦ〉という暗号が使われるようになった。これを傍受していた米軍側は、〈ＡＦ〉は「ミッドウェー」を指すと推定していたが確証はなかった。そこで米軍は、「ミッドウェーに真水が不足している」という一文を平文で発信したところ、日本軍は東京に、「〈ＡＦ〉では現在真水が欠乏している」と打電した。

「ミッドウェー作戦」を探知した米軍は、五月八日の珊瑚海海戦で損傷し、当初三か月とされたヨークタウンの修理をわずか三日間で済ませて、エンタープライズ、ホーネットとともに作戦に投入することにした。

一方日本海軍の方は、「珊瑚海海戦」の後遺症から空母の翔鶴と瑞鶴の投入を見合わせ、四隻の空母を投入することにした。日本側の予想では、日米の空母の数は四対二となり、空母の数の上からは日本側の絶対有利と踏んでいた。

五月二十七日、南雲忠一中将が率いる機動部隊（赤城、加賀、飛龍、蒼龍）は広島湾を出港した。六月五日午前一時半、第一次攻撃隊が母艦を飛び立ち、その約二時間後、ミッドウェー島を攻撃したが、事前に日本の攻撃を把握していた米側は、巧みにミッドウェー島にある飛行機を退避させた。日本の攻撃隊は、第一次攻撃だけでは不十分とみて、第二次攻撃を要請した。このため空母の甲板上では、急遽艦艇用魚雷の装備から陸上攻撃用への爆弾の転換作業が慌ただしく行われることになった。

ちょうどその時、偵察機から、「米機動部隊発見！」の報告が入った。そこでせっかく取り付けた陸上用爆弾を取り外して、また再び元の艦船攻撃用の魚雷を取り付けることにした。その最中に、燃料切れ寸前の第一次攻撃隊が帰艦してきた。

午前七時二十分、ようやくすべての作業が終わって、攻撃隊の発進の準備に取り掛かったその時、ドーントレス急降下爆撃機が、日本の空母に襲いかかった。攻撃の精度は低く、赤城に命中した爆弾はわずか三発だけだったが、甲板には爆弾や魚雷を装備した攻撃機が一杯いたため、たちまちこれに引火することになった。加賀と蒼龍も同じく炎上し、やがて飛龍も米攻撃機によって炎上した。赤城、加賀、飛龍、蒼龍の空母四隻、重巡一隻、航空機三百二十二機を失ったが、一方米側は、飛龍の攻撃によってヨークタウンが大破した。

日本側にとって、それ以上に痛手だったのは、優秀な兵士を多数失ったことだった。戦死者は三百人以上を数えたが、その内二一六人は、戦闘機や爆撃機、雷撃機の搭乗員だった。ミッドウェー海戦で、こうした熟練兵士を多数失ったことは、その後の作戦を遂行する上での致命傷となった。

裕仁天皇が永野軍令部総長より、ミッドウェー島への空襲について奏上を受けたのは六月五日午後四時のことだった。翌六日も永野からミッドウェー海戦についての報告があった。

六月七日は日曜日だったが、永野は天皇に謁を求め、ミッドウェー海戦の戦況について、より詳細に奏上した。天皇は永野に、「今回の損害により士気の沮喪を来さないようよう」注意し、また「今後の作戦が消極退嬰とならないように」と命じた（『昭和天皇実録（八）』）。

八日、裕仁天皇は木戸内大臣を召して、ミッドウェー海戦の戦果と、昨七日の軍令部総長への言葉について協議した。さらに九日午後三時三十分、御学問所において、裕仁天皇は永野より、ミッドウェー海戦における重巡洋艦最上の損傷等の戦況についての奏上を受けた。

六月十日付『昭和天皇実録(八)』には、この日永野軍令部総長より裕仁天皇が、ミッドウェー海戦の結果について、さらに詳細な奏上を受けたことが記載されている。

「午後四時、御学問所において軍令部総長永野修身に謁を賜い、戦況につき奏上を受けられる。なお、この日午前十時三十分からの大本営政府連絡懇談会において、海軍側よりミッドウェー海戦の戦果に関し、航空母艦一隻を撃沈、その他航空母艦一隻・巡洋艦数隻を大破したこと、我が方の損害は航空母艦一隻喪失、航空母艦・巡洋艦各一隻大破であることを報告する」

永野総長は、戦果を何と二倍以上、一方被害は半分以下にメーキング(虚偽)して報告した。

『木戸日記(下)』にミッドウェー海戦のことが最初に出てくるのは、六月六日である。

「一時、鮫島武官来室、ミッドウェー島附近にて日米両艦隊の間に海戦あり、今回は不幸にして我航空戦隊大損害を受けたる旨の話ありたり。武官長も来室、同様の話を聴く」

続いて六月八日にも、午前十時四十分から十一時四十分までの一時間にわたって、拝謁があったことが記述されている。

「ミッドウェー海戦につきお話あり。航空戦隊の蒙りたる損害誠に甚大にて、宸襟を悩ませられたるはもとよりのことと拝察せるところなるところ、天顔を拝するに神色自若として御挙措平日と少しも異らせ給はず。今回の損害は誠に残念であるが、軍令部総長には之により士気の沮喪を来さざる様に注意せよ、尚、今後の作戦消極退嬰とならざる様にせよと命じて置いたとの御話あり。英邁なる御資質を今日の当り景抑し奉り、真に皇国日本の有難さを痛感せり」

筆者は、もし裕仁天皇が永野総長から日本側の損害について粉飾のない報告を受けていたならば、泰然自若で居られたかは、極めて疑わしいと考えている。

「ミッドウェー海戦」の敗因としては、①暗号が解読されていたこと、②作戦目標がミッドウェー島の占領なのか米空母殲滅なのか明確でなかったこと、③兵装転換による時間のロスがあったこと、などをあげることが出来る。

ミッドウェー海戦の敗北以降、日本海軍は積極的作戦をとることが出来なくなった。

✺ガダルカナル争奪戦を機に裕仁天皇は戦局の前途を悲観

オーストラリアが米軍の反攻基地になることを恐れた軍令部は、米豪の連絡路を遮断するため、オーストラリア攻略と占領を企図した。そこで連合艦隊の根拠地となっていたトラック諸島と、それを防備するため占領していたラバウルを防衛するため、周辺の要地を占領することにした。そのため軍令部は、「ポート・モレスビー作戦」を立案した。しかしながらこれは、「珊瑚海海戦」で挫折した。一緒に立案した「フィジー、サモア諸島攻略戦」は、「ミッドウェー海戦」で空母四隻を失ったため実施不能となった。大規模な兵力の海上輸送は、空母の護衛がなければ、実施出来ないからである。

このため日本海軍は、ソロモン諸島東部のガダルカナル島に飛行場を建設して、ここに航空隊を進出させて米豪遮断を図ろうと考えた。これが成功すれば、オーストラリアを経由する連合国側の反攻作戦は、難しくなるはずだった。

昭和十七年八月五日、ガ島のルンガ飛行場（米軍占領後は「ヘンダーソン飛行場」と呼称）がほぼ完成した。ところがその二日後の八月七日、突如米軍の大部隊がガ島に上陸した。

『昭和天皇実録（八）』によれば、永野総長より裕仁天皇に、米軍のガダルカナル島・ツラギ島への上陸について最初に報告があったのは八月十日である。

日本軍の飛行場建設を手伝っていた現地住民が、工事の進捗状況を逐一米軍側に報告していた。そして米軍の上陸の前日までに、現地住民は日本軍の前から忽然と姿を消していた。米軍が上陸した時、ガ島には、飛行場の設営隊を除くと、わずか二四七名の日本軍しかいなかった。このため米軍にはまったく歯が立たず、ジャングル内に撤退せざるを得なかった。これと同時に対岸のツラギも占領されて、二五〇名の日本軍守備隊は全滅した。

三川軍一中将の率いる第八艦隊は、反撃を期して直ちにガ島を目指した。このため八月八日夜中、「第一次ソロモン海戦」が発生した。

ガ島を奪回すべく、海軍の要請を受けた陸軍は、一木支隊二千名の投入を決め、司令官一木(いちき)清直(きよなお)大佐を含む九百名を先遣隊としてガ島へ送り込んだ。八月二十日と二十一日、一木支隊はガ島の飛行場に突入したものの失敗に終わり、一木司令官は自決した。

八月二十四日夕刻、御学問所において、裕仁天皇は杉山参謀総長にガ島奪回作戦について下問した。

同日、ミッドウェー海戦敗北後に再建され新編成された南雲忠一中将率いる機動部隊は、ガ島に南下する途中で米海軍機動隊と激突し空母同士の決戦となった。この海戦で日本側は空母龍驤（りゅうじょう）を失い、米側は空母エンタープライズが損害を被った（第二次ソロモン海戦）。

一木支隊の本隊はガ島上陸を試みたが、米爆撃機による妨害のため失敗に終わった。当初日本軍は一木支隊だけで簡単に片付くものと思っていた。日本兵が二千名もいれば、九百名の米軍に勝てるものと考えた。さらには三千名の川口支隊であれば、やすやすと勝てると極めて安易に考えていた。

裕仁天皇が一木支隊の全滅を知ったのは、八月二十八日のことであった。

「二十八日　金曜日　午後御学問所において参謀総長杉山元に謁を賜い、独ソ戦の戦況、並びにガダルカナル島における一木支隊第一梯団の全滅等について奏上を受けられる。……夕刻、御学問所において軍令部総長永野修身に謁を賜い、一木支隊第二梯団・川口清建（きよたけ）支隊のガダルカナル島上陸の予定、ソロモン群島周辺の米軍艦隊の動向、ニューギニア東端のラビ方面における上陸部隊の苦戦等につき奏上を受けられる」

「二十九日　夕刻、御学問所において軍令部総長永野修身に謁を賜い、昨二十八日、第二十駆逐隊川口支隊搭乗がガダルカナル島へ進撃中に敵機の空襲を受け、駆逐艦朝霧が沈没する等の被害が生じた旨の奏上を受けられる」

「九月十五日　夕刻、御学問所において参謀総長杉山元に謁を賜い、戦況について奏上を受けられる。ガダルカナル島確保の見通しにつき御下問になり、参謀総長より弾薬と食糧さえあれば絶対に確保できる旨の奉答を受けられる」

（『昭和天皇実録（八）』）

一木支隊と川口支隊が相次いで敗れたことから、日本側は米軍に対する認識を改め、一転して大部隊をガ島に送り込んで、ガ島奪還に乗り出すことにした。一木支隊と川口支隊を統括する部隊であるラバウルの第十七軍司令官百武晴吉（ひゃくたけはるよし）中将や、大本営から派遣された参謀辻政信（つじまさのぶ）中佐をガ島入りさせて、米軍との決戦に備えた。

丸山政男中将が率いる第二師団のガ島投入が決まったのは、九月中旬のことだった。インドネシアのジャワ島の警備に当たっていた第二師団を急遽集合して、十月三日から十四日にかけて、「ネズミ輸送」でガ島に送り込んだ。さらにインドネシアのスマトラ島を警備していた第三十八師団もガ島に派遣することにした。

第二師団は、兵力一万七千名の大部隊だったが、揚陸の際米軍機による空襲に遭ったため、六隻の輸送船のうち四隻が炎上し一隻が擱座した。このため第二師団は武器の八割と食糧の半分を失ってしまい、作戦の大幅な変更を余儀なくされた。そこで当初予定していた正面からの作戦を止めて、川口支隊と同様に背後から飛行場を攻めることにした。ところが飛行場の背後に回るためにはジャングルを切り開いて進まなければならなかった。このため十月二十一日に予定していた総攻撃を三日遅らせて、二十四日午後五時に行うことにした。

第二師団による総攻撃は、初めから不利な状況下で行われた。一週間分の食糧は攻撃の三日前には完全に底をついた。またガ島付近の制空権を米軍に握られていたため補給もままならず、日本軍将兵は空腹のまま晒されることになった。さらにガ島では数日間豪雨が降り続いたため、日本兵の体力は著しく消耗した。日本軍は重火器の大半を上陸時に失ったため、米軍に対して肉弾戦で臨まざるを得なかった。このため第二師団の総攻撃も失敗に終わった。ガ島への補給が途絶えたことにより、日本軍将兵は飢えと戦うことになった。

　ガ島争奪戦では、海軍も米側と激戦を展開した。「第一次ソロモン海戦」、「第二次ソロモン海戦」、さらに小さなものでは「サヴォ島沖海戦」、「ルンガ沖海戦」、「レンネル島海戦」、「イサベル島沖海戦」と、相次いで海戦が発生した。

　陸戦では、米軍の圧倒的な装備の前に惨敗を喫した日本軍だったが、海戦では、「珊瑚海海戦」と同様に戦術的に勝利した。しかしながら戦略的に勝つことは出来なかった。

　海戦はガ島への輸送中に起こったものがほとんどであり、小規模な海戦で米軍を打ち負かしたとしても、本来の目的である米輸送船団への攻撃や、わが陸上部隊への補給は完全に失敗した。このためガ島奪還作戦は失敗に終わることになった。

　ガ島のヘンダーソン基地の機能を破壊するため、日本海軍の誇る高速戦艦金剛や榛名から艦砲射撃を行ったが、米側は密かに別の飛行場を造って、そこに九十機あった飛行機の半分を移したため、ガ島の制空権を失うことはなかった。

　米軍機は、折を見てはガ島に接岸した日本の輸送船団に激しい空襲を加えた。このため日本側は陸軍への補給物資の大半を失い、十日後に行われた第二師団による総攻撃は惨憺たる結果に終わった。

　また日本軍の戦車砲は、米軍の戦車の装甲を打ち抜くことは出来なかったが、反対に米軍の戦車砲は日本の戦車を簡単に破壊した。さらに「サヴォ島沖夜戦」からレーダーが出現した。このため日本海軍得意の夜戦の有利さは無くなった。

　昭和十七年十二月十一日、裕仁天皇は、伊勢神宮参拝のため三重県と京都に赴いた。夕食の前後二回にわたって常侍官候所に来て、侍従長の小倉庫次、戸田康英や、侍従武官の尾形健一に対して、過去の事例を引きながら、満州事変後の政治情勢や戦況について、次のような感想を述べた。

「日露戦争・満州事変・支那事変を引き合いに出され、戦争を如何なる段階にて終結するかが重要であることを繰り返し仰せになる。また、ソ連邦への恐怖及び支那の屈服困難との点から支那事変を希望せざりしも、陸軍の強硬論一致のため何も言えざりし旨を漏らされ、さらに対米英開戦前の不安な心境、なお欧州訪問時が自身の最も良い時期なりし旨を御述懐になる」(『昭和天皇実録(八)』)

このように、これまでの楽観的見方は影を潜め、この辺りから裕仁天皇は戦局の前途を悲観するようになった。

昭和十七年十月二十四日、二十五日の第二師団による総攻撃も失敗に終わり、またしてもガ島奪回はならなかった。十一月十四日にも第三十八師団の主力五千名が十一隻の輸送船に分乗してガ島を目指したが、到着直前に米軍の空襲に遭い、輸送船十一隻のうち七隻が撃沈された。大半の将兵は救助されたものの、食糧、弾薬の大半は輸送船と共に沈んでしまい、丸腰で上陸した第三十八師団は、全く戦力にならなかった。

第三十八師団の輸送を支援するために、日本海軍は戦艦比叡と霧島を投入してヘンダーソン飛行場への砲撃を試みた。二隻の戦艦を含む十三隻の艦隊がガ島へ向かったものの、その途中で米艦隊と遭遇した。米艦隊もまた補給のため、ガ島付近まで進出していたのである。十一月十二日から十四日にかけて、「第三次ソロモン海戦」が起こり、十二日、戦艦比叡が撃沈された。それでも日本軍はその翌日の夜中に重巡二隻を投入し、再び飛行場を砲撃した。

ガ島争奪戦において、多数の艦艇と輸送船を失った日本海軍は、これ以上の損害を避けるために、これ以降、大規模な艦隊の投入を中止することにした。第二師団の総攻撃が失敗してからはガ島では大規模な戦闘がなくなった。

大本営の推定によれば、これまで上陸した二万七千名のうち一万九千名はまだ生きていると見られていた。しかも生き残っている日本の将兵の大半は飢餓や病気で苦しんでいた。ガ島の制空権は完全に米軍に握られていたため、日本側は、駆逐艦による「ネズミ輸送」から、潜水艦による「モグラ輸送」に切り替えざるを得なくなった。このためガ島の将兵の飢餓は一層深刻になり、ガ島は文字通り「餓島」の様相となった。

昭和十七年十二月三十一日、大本営は裕仁天皇の臨席を求めて、ガ島の放棄を決定した。『昭和天皇実録(八)』には、次のように記載されている。

「十二月三十一日　木曜日、午前十時、東一ノ間に開催の大本営会議に臨御される。会議には、陸軍部より参謀総長杉山元、参謀次長田辺盛武、参謀本部第一部長綾部橘樹、参謀本部第一課長真田穣一郎、海軍部より軍令部総長永野修身、同次長伊藤整一、軍令部第一部長福留繁、軍令部第一課長富岡定俊が参列し、ほかに陸軍大臣、海軍大臣、侍従武官長が列席する。会議では南太平洋方面の今後の作戦の見通し並びに爾後の方針等に就き研究が行われ、ガダルカナル島奪還作戦の中止と同島部隊の撤収、ニュージョージア島及びイサベル島以北のソロモン群島の確保、ニューギニア方面における作戦根拠の増強等の方針が結論とされる。十一時五十五分入御される」

天皇の臨席を仰ぐ御前会議は、国策や戦略を決める最重要案件の場合のみ行われたが、通常は既に事前に陸海軍間で話し合いがついており、発言内容も順番も決められた手順に従って行われた。従って普通は短時間で終わるのを常としていたが、「ガ島撤退」を決めたこの御前会議は、二時間にも及ぶ異例の長さとなった。

そして年が明けた昭和十八年一月四日から撤退作戦の検討が行われ、十一日成案をみた。そして二月二日から三回に分けて、ガ島の撤退作戦が行われることになった。

昭和十八年一月四日付『昭和天皇実録(八)』には、「ガダルカナル島からの全部隊の撤収が図られる」とのみ記載されている。

一月三十日、裕仁天皇は永野総長より、「ガダルカナル島撤収作戦の予定、並びにインド・ビルマ国境方面の戦況につき奏上」を受けた。この後、二月二日、五日、七日の三回にわたる撤退作戦で、一万六七〇名の日本軍将兵が、駆逐艦でガ島から脱出することが出来た。

『昭和天皇実録(八)』には、次のように記載されている。

「昭和十八年二月二日　午後一時過ぎ、侍従武官長蓮沼蕃をお召しになる。続いて内大臣木戸幸一をお召しになり、昨日より開始のガダルカナル島第一次撤収作戦は成功した旨をお伝えになる」

「五日　昨日ガダルカナル島第二次撤収作戦が実施される」

「八日　月曜日　午前十時三十分、内大臣木戸幸一をお召になり、昨七日夜実施されたガダルカナル島第三次撤収作戦も成功した旨をお話になる」

「十六日　火曜日　午後三時十分、東一の間に開催の大本営会議に臨御される。議題は南太平洋方面の戦況にて、今月上旬ソロモン方面を視察した参謀次長田辺盛武より、ガダルカナル撤収作戦、ソロモン群島ビスマルク諸島方面の防備状況、航空部隊作戦、ニューギニア方面の状況に関する奏上を御聴取になる」（『昭和天皇実録（八）』）

半年にわたって繰り広げられたガ島飛行場争奪戦の死者は二万一一三八名に上ったが、戦闘による死者は五千～六千名で、あとは病死や餓死であった。

大本営は、「ソロモン諸島のガダルカナル島に作戦中の部隊は、敵軍を同島の一角に圧迫し、その戦力を撃砕せり。よって二月上旬、部隊は同島を撤し、他に転進せり」と、「敗北」を「転進」とカモフラージュして発表した。

日本軍は、米軍がガ島に上陸した時点で、威力偵察部隊の規模はせいぜい二千名程度と勝手に思い込んでいたため、「兵力の逐次投入」という愚を犯してしまった。第二師団の兵力は一万七千名だったが、重火器や戦車などの装備面で、米軍とは格段の開きがあった。

日本軍の食糧の携行は、それまでの戦いの対象が中国兵だったため少なかった。それは、中国大陸では中国兵を撃退すれば食糧などはそのまま残していったからである。こうしたことから日本軍としては、ガ島でも、中国大陸同様に食糧を現地で調達できるものと安易に考えていたのだった。

✺インパール作戦、レイテ沖海戦、特攻作戦と裕仁天皇

インパールはインド東部マニプール州の州都で、ビルマ（ミャンマー）国境に位置している。

当時のインドはイギリスの統治下にあり、インパールには英印の軍事拠点があった。
ビルマは昭和十七年から日本軍の占領下にあったため、連合軍の「援将ルート」は遮断されていた。代わりに「空輸」によって補給が行われていたが、輸送量には限界があった。また峻険なヒマラヤ山脈を越える空輸には危険が伴った。そこで連合軍は、陸路の「援将ルート」を再開するために、ビルマ奪還を企図した。

昭和十八年二月、ウィンゲート少将の率いる約三千名の英印軍は、補給を空中投下に頼りながら、日本軍が踏破不可能と考えていた三千メートル級のアラカン山脈を越えて、突如ビルマ中部に現われ、以来約一か月半にわたって戦線を掻き回した。そうした最中、第十五軍司令官に牟田口廉也（むたぐちれんや）中将が就任した。牟田口は、ウィンゲート旅団の進入によってアラカン山脈踏破が可能と知り、逆にこのルートを使えば日本軍のインパール進攻が可能であると考えた。

この進攻作戦の最大の問題は補給だった。アラカン山岳地帯では自動車はほとんど使えないため、補給は人力に頼らざるを得なかった。ところが牟田口にはロジスチックスの算段が全く欠けていた。

上級司令部であるビルマ方面軍、南方軍、大本営の作戦参謀は、いずれも補給困難からこの作戦に悲観的見方をしていた。しかしながら、牟田口一人は強気を崩さず、兵員の食糧は「現地調達」で済むと簡単に考えていた。牟田口は、「インパールは三週間もあれば占領できる」と豪語し、ビルマ方面軍司令官の河辺正三（かわべまさかず）中将、南方軍総司令官寺内寿一元帥らも、「牟田口がそこまで言うのなら、やらせてみようではないか」と言って同意した。

インパール作戦が開始された頃の日本軍は、大規模な攻勢に出られる状況にはなかった。一方連合軍は日本軍の拠点であるミートキナに迫っていた。ウィンゲート空挺部隊九千名は、グライダー百機、輸送機六百機を使って中部ビルマに進入していた。

昭和十九年三月八日から十五日にかけて、作戦に参加する第十五、第三十一、第三十三師団の総勢八万五千名は、三方面からインパールに向けて出撃した。作戦期間は三週間を予定し、二、三週間分のコメを背負って出撃した。また現地住民から徴収した牛、数千頭も一緒に連れて行った。ところがその牛の大半は、チュドウィン川で溺れ死にし、厳しいアラカン山脈を越えた牛は一頭もいなかった。

それでも日本の将兵は持ち前の精神力を発揮して、約一か月後インパール近くまで迫り、形の上では英国軍を包囲した。しかしこれは英国第十四軍司令官スリム中将の計略だった。スリム中将は、日本軍を近くまで引き寄せて補給線が伸びきったところで叩こうと待ち構えていた。

一方後方から補給を受けることが出来ない日本軍の最前線では弾薬と食糧が欠乏し、深刻な飢餓に陥った。このため第三十一師団長の佐藤幸徳（こうとく）中将は、独断で指揮下の部隊に後退命令を出した。これに怒った牟田口は佐藤師団長を解任し、さらに他の二人の師団長も戦意不足を理由に更迭した。

作戦の失敗はもはや明白だったにもかかわらず、牟田口はその後も自らの面子（めんつ）から作戦を中止しなかった。ようやく退却命令が出たのは七月四日だった。前線に残された将兵の食糧はとうに尽きており、このため悲惨な退却行が始まることになった。道半ばで飢餓や病気のため死亡する将兵が続出した。六万人といわれる死者のうちの半数以上は病死もしくは餓死であった。しかし牟田口は何ら責任を問わることなく、八月参謀本部付を命じられて東京に戻った。

昭和十九年六月十五日、米軍はマリアナ群島のサイパン島に上陸した。七月七日守備隊三万人が玉砕し、住民も一万人が死亡した。七月二十六日の『昭和天皇実録（九）』には、天皇は時期尚早の帝都退去を望まず、とする、次の記述がある。

「午前、内大臣木戸幸一をお召しになり、四十分にわたり謁を賜う。その際、天皇は自身が帝都を離れる時は臣民、殊に都民に不安の念を起こし、敗戦感を懐かしめる恐れがあるため、統帥部において統帥のの必要上これを考慮するとても、できる限り最後まで帝都に留まりたく、時期尚早な実行は決して好まないところであること、なお戦争の推移によっては、あるいは一部に大陸への移動等を考える者もあらんも、あくまで皇大神宮の鎮座するこの神州にあって死守しなければならない旨のお考えを示される」

サイパンが陥落し、戦火がいよいよ日本本土に迫ると、日本軍は残存する陸海軍の兵力を集中させて、来攻する米軍を迎え撃つべく作画を立てた。必勝を期し、「捷号（勝つことの意味）」と名付けられたこの作戦は、フィリピン方面を「捷一号」、台湾・南西諸島方面を「捷二号」、日本本土を「捷三号」、北海道・千島方面を「捷四号」と、地域ごとに分けられた。

中でも次の主戦場はフィリピンになる可能性が高く、「捷一号」に重点が置かれた。フィリピンを失えば、石油などの戦略物資を、南方から日本本土へ運ぶ海上輸送ルートが遮断されてしまうことになる。

昭和十九年十月二十日、米軍はフィリピン南部レイテ島への上陸作戦を開始した。これを見て、大本営は「捷一号作戦」を発動した。

この日天皇は御学問所において、軍令部長及川古志郎と参謀総長梅津美治郎から、「捷一号作戦」発動の上奏を受けた。これに対して天皇は、「皇国の興廃がかかる重大な一戦につき、陸海軍真に協力、現地軍・中央一体となり、万遺憾なきを期し、邁進すべき」と述べた（『昭和天皇実録（九）』）。

日本海軍は、航空兵力の圧倒的な劣勢を補う奇策に出た。それは航空機の台頭によってこれまであまり活躍できなかった戦艦や重巡洋艦を一気に投入するやり方だった。

大和、武蔵を含む戦艦九隻と、重巡洋艦十三隻を三つの艦隊に分け、それぞれレイテ湾突入を目指し、湾内にいる米輸送船団や地上部隊を砲撃せんとするものだった。日本海軍にも若干空母は残っていたが、それはほとんど作戦的に期待できない代物だった。

そこで残存していた空母を囮（おとり）にして、米機動部隊を北方に誘い出し、刺し違えるという一か八かの作戦が盛り込まれることになった。十月二十二日早朝、栗田健男中将率いる第一遊撃部隊主力（大和、武蔵を含む戦艦五隻、重巡十隻）が、二十五日黎明のレイテ湾突入を目指してボルネオ島ブルネイを出撃した。出港すると、早くも米潜水艦が行く手を阻んだ。栗田長官が乗る旗艦高雄は魚雷攻撃を受け、重巡摩耶が撃沈された。魚雷二本を受けた高雄はブルネイに引き返し、栗田長官は戦艦大和に乗り移って指揮を執った。

日本艦隊の撃滅に執念を燃やす米第三艦隊司令長官ウィリアム・F・ハルゼー大将は、第三十八任務部隊（空母十五隻を基幹とした機動部隊）を直接指揮して航空攻撃をかけた。最も攻撃が集中したのは武蔵で、魚雷二十本、爆弾十数発の集中攻撃を受けてシブヤン海に沈んだ。

その後栗田艦隊は、航空攻撃を回避するために針路を北に向けた。するとハルゼーはこの行動を退却と判断し、第三十八任務部隊に、ルソン島の北西に新たに出現した日本艦隊の捕捉に向かわせた。この日本の艦隊は囮役の第一機動部隊（小沢治三郎指揮、空母四隻、艦載機一一六機）であったが、ハルゼーはこの計画にまんまと引っかかった。

二十四日夕方、栗田艦隊は空爆が止んだため、再びレイテ湾に向けて転進し、二十五日午前零時頃サンベルベルナルジノ海峡を通過した。本来レイテ湾に突入する時刻の二十五日早朝、別行動を執っていた西村祥治中将率いる第一遊撃部隊支隊（戦艦二、重巡一）は、予定通りレイテ湾への最後の関門となるスリガオに突入した。しかしそこには、ジェシー・オルゲデンドルフ中将が指揮する第七十七任務部隊の戦艦部隊（戦艦六隻、魚雷艇多数）が潜んでいた。

西村部隊は、米軍による集中攻撃を受け、戦艦山城と扶桑が撃沈され、部隊は壊滅した。その後、志摩清英中将の率いる第二遊撃部隊も西村艦隊と同じルートからの進入を試みたが、米魚雷艇の攻撃に遭って反転退却した。

西村艦隊が奮戦している頃、相次ぐ空襲で後れを取った栗田艦隊は、レイテ湾を目指してサマール島北方を南下していた。すると空母らしき敵艦影を発見した。これまでの恨みをはらすべく、大和、長門をはじめとする戦艦、重巡の主砲が一斉に火を噴いた。しかし米艦は巧みな回避行動を執って果敢に反撃してきた。日本側は重巡を三隻を失った。一方囮役の小沢艦隊はハルゼー機動部隊の攻撃を一手に引き受け、空母瑞鶴、瑞鳳など四隻全てを失った。しかしながら米機動部隊を、栗田艦隊の遥か東方に吊り上げることに成功した。

二十五日昼前、栗田艦隊は米護衛空母部隊に対する攻撃を切り上げ、再びレイテに向かった。ところがレイテ湾を前にして、「北方百キロ地点に新たな敵正規空母発見」という知らせが入ると、栗田長官はこの情報を信じて反転北上した。ところがこれは誤報で、どこにも敵空母はいなかった。このためレイテ突入の機会は失われ、栗田艦隊は虚しくブルネイに帰投した。こうしてこの作戦は日本軍の惨敗に終わり、連合艦隊は事実上壊滅したのだった。

搭乗員が爆弾を積んだ飛行機もろとも敵艦に突っ込む「特別攻撃隊」、すなわち「特攻」は、昭和十九年十月、フィリピン戦線で始まった。「特攻」は、日本軍にとってはこれまでにはない戦法だった。ガダルカナルやインパールなどにおいて、補給の見込みがない戦場へ将兵を送ったことはあったが、それでも死ぬことが前提ではなかった。

「特攻」の推進者は大西瀧治郎海軍中将だったが、彼は、「特攻」を「統率の外道」と評していた。昭和十九年十月二十日、大西は「敷島隊」など特攻隊員二十四名を前にして訓示をした。その大西の訓示を聞いていた第十一航空艦隊参謀の猪口力平と二〇一航空飛行隊長の中島正によれば、「大西は少し青ざめ、話が進むにつれ体が震えていた、という。神であるから欲望はないであろうが、もしあるとすればそれは自分の体当たりが無駄ではなかったかどうか、それを知りたいことであろう。……自分はこれを見届けて、必ず上聞に達するようにするから、安心していってくれ」と言った（『神風特別攻撃隊』）。

十月二十五日、関行男大尉が率いる「敷島隊」の五機が出撃し、米護衛空母セント・ローを撃沈した。「敷島隊」が挙げた大戦果は、十月二十七日、及川総長より天皇に奏上された。

十月末、「敷島隊」の戦闘経過を聞いた裕仁天皇は、及川海相に対して、「そのようにまでせねばならなかったか。しかしよくやった」と述べた。

天皇の「よくやった」という「お褒めの言葉」が、その後の特攻のエネルギーになったことは想像に難くない（栗原俊雄『「昭和天皇実録」と戦争』）。

陸軍も航空特攻を始めた。海軍の「敷島隊」の突入から半月後の十一月十二日、第四航空軍の「万朶隊」四機がルソン島のマニラ南方のリパ飛行場を飛び立った。大本営は翌十三日、「戦艦一隻、輸送艦一隻撃沈」と発表。天皇は参謀総長梅津美治郎より、マニラの戦況を聞いた。

十四日、天皇は軍令部総長及川古志郎から、敵機動部隊による台湾空襲において、日本の航空部隊が敵機動部隊を猛攻して、現在までに航空母艦三隻、艦種不明三隻、駆逐艦一隻を轟撃沈したとの奏上を受けた。しかしこの台湾沖海戦の空前の戦果は、後日搭乗員の未熟からくる誇大報告だったことが判明する（『昭和天皇実録（九）』）。

第5章

太平洋戦争の敗北と裕仁天皇

✳米軍による本格的な反攻開始と「絶対国防圏」の策定

米国統合参謀本部は、太平洋戦争の開始から四か月後の一九四二（昭和十七）年三月三十日、太平洋戦線における陸海軍の作戦分担地域を明確化した。これによれば、陸軍のダグラス・マッカーサー大将の率いる南西太平洋地域軍は、ソロモン群島からニューギニアにかけての区域を担当し、一方海軍のチェスター・ニミッツ大将（太平洋艦隊司令長官）の太平洋地域軍は、南太平洋から中部太平洋にかけての作戦を担当することになった。

開戦直後、米国は英国との協議で「ヨーロッパ第一主義」、すなわち太平洋戦線よりもヨーロッパ戦線を優先させることを決定していた。しかしながらミッドウェー海戦で日本海軍の最新鋭空母四隻を沈めて大勝利すると、太平洋戦線でも一挙に反攻に転ずることにした。

七月二日、米統合参謀本部は「ウオッチタワー」と名付けた南太平洋における対日反攻作戦を決定した。そこで八月七日、ソロモン諸島のガダルカナル島への上陸を皮切りに、日本軍への攻撃を開始した。

「ウオッチタワー」作戦が予想以上に進展したことから、米統合作戦本部は作戦計画を見直し、一九四三年七月二十日、二つのコースを並進して日本に進攻することを決定した。一つは、ニミッツ軍がギルバート諸島、マーシャル諸島を攻略して前進する中部太平洋コースであり、もう一つは、マッカーサー軍が南方最大の日本軍航空基地であるラバウル周辺を制圧して同飛行場を無力化し、ニューギニア北岸を西進してフィリピン奪還に向かうニューギニア〜フィリピンコースだった。

マッカーサー軍は、この決定に前後して中部ソロモンでの攻勢を本格化させた。六月三十日レンドバ島、七月三日ニュージョージア島への上陸を開始し、さらに日本軍の飛行場があるムンダを制圧しようとした。また空襲を強化して、日本軍基地を次々に破壊していった。

マッカーサーの陸軍とニミッツの海軍が、日本攻略をめぐってしのぎを削っていた頃、日本の大本営では、これ以降のいわゆる「絶対国防圏」の設定をめぐって激論を戦わせていた。

昭和十八年四月十八日、山本五十六連合艦隊司令長官は、ブーゲンビル島上空で米軍機の待ち伏せに遭ってあえなく戦死した。さらに五月二十九日には、北海のアリューシャン列島のアッツ島の日本軍守備隊が玉砕した。こうしたことから参謀本部は戦線を縮小することを主張した。しかし、いまだに前進基地での決戦主義を捨てきれない海軍側の反対に遭って、話し合いはつかなかった。八月初旬、参謀本部と軍令部の間で戦況検討会が開かれ、陸軍は作戦方針を転換し、戦線の縮小を切り出した。

八月二十四日、杉山元参謀総長と永野修身軍令部総長は次のような新作戦方針の内奏を行った。

一、東部ニューギニア以東ソロモンに亘る南東方面に於いては、その要域を占領して敵を撃破し、以て持久を策す。

二、概ね明春頃を目途とし、バンダ海、西部ニューギニア、カロリン（パラオ諸島）、マリアナ方面に於ける防備強化をなし、陸海軍兵力を整備し機を見て反撃す。

この場合の「持久を策す」とは、事実上放棄することを意味し、東部ニューギニアと中部ソロモンへの兵力注入を行わないということであった。

またマリアナ諸島とパラオ諸島の防衛を強化するとしているが、その東に位置する海軍の前進拠点であるギルバート諸島やマーシャル諸島、さらに南方最大の根拠地であるトラックの扱いについては、陸海軍間の意見がまとまらなかったため言及されなかった。

八月二十四日付『昭和天皇実録(九)』には、「午後四時三十分、御学問所において参謀総長杉山元・軍令部総長永野修身に謁を賜い、研究中の今後の作戦備兵につき中間報告を受けられる」とだけ記載されている。

参謀本部としては、トラックより東にある島々の防衛は不可能と判断しており、これより後退して兵力を集中したい考えであった。しかし米艦隊との艦隊決戦に望みを持っていた軍令部と連合艦隊は、トラック以東の放棄に強く反対した。

ソロモン諸島での戦いで連合艦隊は、空母機動部隊から何度も艦載機を引き抜いて戦闘に投入したため艦隊の再建が遅れていた。しかし戦力が回復するまでは、トラックは言うに及ばず、ギルバート諸島、マーシャル諸島などを何としても確保し続けて決戦に備えたい思惑があった。

大本営陸軍部と海軍部の論争は九月に入っても続けられた。そしてようやく九月二十五日、陸軍側が妥協する形で、「今後採ルヘキ戦争指導ノ大綱」、いわゆる「絶対国防圏」が、次のように策定された(原文はカタカナ交じり)。

方針一、帝国は今明年内に戦局の大勢を決するを目途とする敵米英に対し、その攻勢企図を破催(はさい)しつつ、速やかに必勝の戦略態勢を確立すると共に、決戦戦力、特に航空戦力を急速増強し、主動的に対米英戦を遂行す。(後略)

方針一、万難を排し、概ね昭和十九年中期を目途として、米英の進攻に対応すべき戦略態勢を確立しつつ、随時敵の反攻戦力を補足破摧す。

帝国戦争遂行上、太平洋及印度方面に於て絶対確保すべき要域を、千島、小笠原、内南洋（中西部）及西部ニューギニア、スンダ、ビルマを含む圏域とす。
戦争の終始を通し、圏内海上交通を確保す
（『昭和天皇実録（九）』）

「内南洋（中西部）」という表現で、トラックを「絶対に確保すべき要域」に加えた。この「今後採ルヘキ戦争指導ノ大綱」は、九月三十日の御前会議で正式決定された。
ところが前線の指揮官たちは、この新作戦方針を冷やかに受け止めていた。

例えば、「第二十六航空戦隊司令官意見」には、「積極的な作戦をしても、すぐに兵力が無くなる。消極的にやってもいずれは無くなる。結局補給を続けて呉れなければ、自滅の外なし。損耗補充戦、補充の早い方が勝つ」と記されていた。実際にも南東方面の航空隊は悲惨な状況にあった。トラック島からラバウルなど前線を視察して来た大本営海軍部の源田実参謀は、「南東方面の航空戦力、実働三分の一、病人多く、最近四十五〜五十％の罹病率。過労に起因す。中尉級の士官は前線にでて殆ど全部戦死す。搭乗員の交代を必要とす」と報告した（平塚征緒「終戦をめぐる重臣と東条首相の暗闘」）。

「絶対国防圏」の構想は決定されたものの、この防衛戦線に注ぎ込む新たな戦力は国内にはなかったため、大本営は、関東軍の精鋭を満州から南方に転用することにした。

マリアナ諸島（グアム、サイパン、テニアン、ロタ）などへは遼陽に本拠地を置く第二十九師団、西カロリン群島（ヤップ、パラオ諸島）へは第十四師団を派遣することにした。しかしこれら両師団に正式に動員令が下ったのは昭和十九年二月で、出発は三月に入ってからだった。ところが日本が「絶対国防圏」を決定する直前に、既に連合軍はニューギニアのラエ、サラモアを奪還し、十月にはラバウルへの空襲を強化して、十一月一日、ブーゲンビル島のタロキナに上陸するために「絶対国防圏」内に攻め込んでいた。

✺敗戦と裕仁天皇退位問題

昭和二十年一月三日、二年前から高松宮の御用掛となった旧肥後第十七代藩主の細川護貞は、年が改まっての最初の『日記』を付けた。それには、「前日の一月二日午後一時、細川が高松宮邸に年賀のため参上し雉酒とお菓子を賜った」とのみ記した（『細川日記』）。

三日後の一月六日、細川は小田原の入生田に疎開している近衛公を訪ねた。席上近衛は木戸内府の話として、「御上と高松宮殿下と最近益々御具合悪き由話され、御上は高松宮様参内の日は、朝から何となく御興奮の様にも拝察される」と語った。

さらに近衛は、「既に最悪の時の御決心がある様拝察し奉る。それで申すのも恐れ多いが、その際は単に御退位ばかりでなく、仁和寺或は大覚寺に御入り被遊、戦没将兵の英霊を供養被遊るのも一法だと思っている。僕も勿論其の時はお供する」と述べた（『細川日記』）。

その日から二十日ばかり経った一月二十六日のこと、近衛は京都の西にある近衛家別邸で客人を待っていた。やがて一人の中年の紳士が門前にやってきた。その紳士こそ海軍服に身を包んだ高松宮であった。この時高松宮は四十歳、近衛は五十三歳であった。

「遠路御来駕御台臨賜りまして、誠に恐縮に存じます。お一人では何かと御不自由でございましたでしょう」と、近衛は丁重ながらも親しみを込めて挨拶した。

一月二十五日、高松宮は滋賀県大津市にある近江神宮の記念祭に出席するという名目で西下した。近江の軍需工場を視察した後、高松宮は一人で京都にある「陽明文庫」に向かった。お茶を一服した後、近衛と高松宮は、連れだって敷地内にある茶室の「虎山荘」へ向かった。室内に酒肴が運び入れられるのを待って、近衛は早速口火を切った。

「本夕は殿下の御相伴に預かりまして、恐れ多いことでございます。本来ならばこの席に細川を同席させる予定でございましたが、あいにくひどい風邪に罹りまして失礼仕ります」

するとと高松宮はこう言った

「護貞で思い出したが、去年の七月中旬のことだった。どうしても東条が辞めないと言い張り、内閣改造で逃げようとするなら、東条を殺るしか方策はないと護貞は云うんだ。そこで私は、今の東条内閣では一種の恐怖政治だから何をやるか分からない。宮城を近衛兵で取り囲むかもしれない。そんなことになって他に政権でも出来たら承久の乱だからな。だから殺るのも一計だが、（早まってはいけない）と云ったんだ」

「洩れ承っております。あんまり東条が辞めないので、いっそ元帥・伯爵にでもすれば辞めるんじゃないか、という者もおりました。東条に前線に飛ばされた通信院公務局長の松前重義（の言葉）ですが……。第一次大戦以降で軍人に栄爵があった例はあまり聞きませんので、それも一案かと笑ったものです。まあ結果論ですが、暗殺実行直前に総辞職でことが済んだのは、僥倖と存じます」

「その後、小磯になっても一向に策がないので、近衛はいっそ私に総理をやらせて、自分は書記官長でもやるかなどと冗談を言ったそうではないか……」と高松宮が微笑を浮かべて言うと、近衛は、「恐れ入ります。あれは賀陽宮様が戦争終結の上奏をなさろうとしたら、統帥権で駄目だと木戸に止められた時でございますから、去年の秋のことになります。賀陽宮様は『これ以上戦争を続けても国体を傷つけるだけだから、もっと重臣たちが方向転換に努力すべきだ。陸軍が言う玉砕だの、信州籠城だの、陛下を満州にお移しする案など、皆駄目だ。東久邇宮が出馬しなければならない』というご趣旨のお話になったので、それならいっそ高松宮様になっていただき、東久邇宮様には陸軍をみていただこうと、それは無茶な話だと思っておりますが、いろいろ困り果てた挙句のことでございました」と、少し照れながら答えた。

ここで近衛は身を正して、「実は御上になかなか拝謁の機会が頂けなくて弱っております。近頃の御上は如何が遊ばされておりましょうや」と訊ねた。

これに対して高松宮は、「それなのだが、自分も同じ気持ちだ。御上は防空壕の御生活で、周囲には皇后陛下の他は女官だけで皇族も殆ど拝謁できない。御近づけにならないのだ。その結果、さっきの賀陽さんではないが、伏見宮も熱海に籠ったまま、参内なしだ。自分も拝謁が叶ったのはこの正月の年賀だけで、御話が出来る状況じゃない。つまり陛下は大層孤独でいらっしゃるのだ」と語り、さらに「むしろ申し上げて、勅勘を被るようならばはっきりするのだけれども、そういう事もあらせられず、唯お一人昂奮遊ばされているようだ。それであまり防空壕中で御生活遊ばされるのはどうかと皇族方から申し上げたので、政務の時はお出まし遊ばされるようになったらしい。……御上のお考えでは、責任のない者がかれこれ云ってはいかぬとのことであって、話を聞かれるということがいかぬということではないようだ」と語った。

続いて両者の話題は、この大戦の終結の見通しに移った。近衛は、梅津が上奏中に、「三月は南支那、六月には九州、九月には本土に上陸する」と奏上した旨を報告すると、高松宮は、「本土はもっと早く、東京湾に直接入って来るだろう。暗澹たる気持ちだ」と、最悪の事態が迫っていることを率直に認めた。

高松宮はこの日のことを日記に、「京都に引き返して仁和寺の隣の近衛公の陽明文庫へゆく。文書を見て夕食、話、列車一時間遅れたので二一一〇発、二一三五京都駅着、二一五〇頃発」と、秘匿する上から内容には触れず、要点のみ記した（『高松宮日記（八）』）。

実は高松宮を迎える前日の一月二十五日のこと、近衛は同じ部屋に、密かに岡田啓介元首相、米内光政海相、それに天皇家と縁の深い仁和寺門跡の岡本慈航を招いていた。

まず近衛が、「戦局は最悪の事態を迎えています。もはや敗戦は免れられません。そこで問題は国体の護持をどう図るかです」と、本題について話し始めた。

その五日前に大本営は、本土決戦の作戦大綱を決めていた。軍部では、日本列島を焦土にしてまでも連合軍と徹底的に戦うという空気が強く、「一億玉砕！」を呼号していた。

「国土を徹底的に破壊されないうちに、戦争を止めるのが、せめて残された道だ。決戦の前に何とか和平の手掛かりを掴まないといかぬ。問題は陸軍だが……」と、岡田は言った。すると日頃は寡黙な米内には珍しく、「陸軍は容易な事では乗って来まい。われわれとしては、皇室の擁護が出来さえすればそれでよい。領土を削られ、本土だけになったとしても、甘受しなければならないのではないか」と述べた。

近衛はそれを受けて、「和平と言っても、場合によっては無条件降伏も覚悟してかからなければなりますまい。降伏によって連合国が陛下の責任を追及して来たらどうするかだが、万が一の時は、先例に倣って陛下を仁和寺にお迎えして、落飾を願ってはいかがかと考えています」と、核心に触れた話をした。

　続いて岡田が、「東条があまりに嶋田を手下のように扱い、また嶋田もずるずるするので、自分は東条とやりあったものだ。だいぶ憲兵にはやられたがね。なに、一度捨てた命だから何の惜しいこともないが、早く終戦の策を講じないと、皇統二千六百年の国体が危ない」と言った。岡田が言うところの「一度捨てた命」とは、二・二六事件の際、九死に一生を得たことを指している。

　ここで近衛は、真言宗仁和寺門跡の岡田慈航の方に顔を向けて、表情を改めて「陛下ならびに皇室の御為をおもんばかれば、最悪の事態を迎える前にご退位願って、そこに上で仁和寺、あるいは大覚寺にお入り遊ばすのが宜しいと思う。仁和寺はとりわけ皇室との縁も長く深いので、ここはご門跡のご同意を得て、畏れ多い事ではありますが、仁和寺に落飾頂き、戦没将兵の英霊の供養遊ばされるのが、皇統保持の唯一の方策と考えております。もちろんその時は私もお供をします」と語った（高橋紘・鈴木邦彦『天皇家の密使たち』）。

　ここで初めて大僧正の法衣に身を包んだ岡本慈門跡が口を開き、「御室仁和寺はご承知とは存じますが、仁和四年の時の宇多天皇が先帝の御意思から御室に伽藍を建立し、大内山仁和寺と称したのがそもそもの始まりでございます。天皇自らが開山されたお寺は全国でもあまりありません。その後、宇多天皇が三十三歳で落飾遊ばされ、境内の奥に御所をお建てになり住まわれました。以後、三条天皇第四皇子様、白河天皇第三皇子様と歴代の皇族方がご門跡を継がれて参ったのです。とりわけ戊辰の役では、万が一官軍が幕府軍に敗けるようなことに相成った場合には、ご幼少の明治様も仁和寺に入御される手はずでございました。それだけ天皇家との長い歴史がある寺でございますれば、皆様の御決意次第によっては、この慈航、命に代えてもお守り申し上げる覚悟でございます。……まさか出家された陛下を、敵がどうこうすることはあるまいが、万一の場合には、自分もお側にいて自決する覚悟であります。陛下に落飾をお願いした場合には、臣下としての決意がなければならない。御上には入御の際には、そのまま『裕仁法王』と申し上げるのがよかろうと思います」と、仁和寺の由来も織り交ぜて覚悟の所信を述べた（「高松宮宣仁親王」伝記刊行会編『高松宮宣仁親王』）。

✻終戦の軍師・高木惣吉

太平洋戦争において日本は、三百万人にも上る犠牲者を出して敗北した。今から振り返ってみて、どうせ負けるにしても、何故もっと早く終戦に漕ぎつけることが出来なかったかと疑問に思ってしまうが……。ところが当時は軍によって、厳しく報道規制が行われていたため、日本国民は戦局の実相を的確に捉えることが出来なかった。

昭和二十年三月十三日、高木惣吉は終戦のための「中間報告書」を書き上げ、米内海相に提出し、続いて五月十五日には「研究対策」、六月二十八日には「時局収拾対策」と題する報告書を提出した。この高木の報告書は、単に米内海相一人に対する報告書に止まらず、終戦を望む重臣や木戸内府にも松平秘書官長を通して伝わっていった。当然裕仁天皇にも、木戸内府を通して直接間接的に伝わった。このことは、御前会議で終戦に向けて舵を切った昭和二十年六月八日の木戸による「時局収拾対策試案」が、高木の報告書と同一の内容であったことからも言えることである。

筆者は昭和五十年頃、学位論文（『日本海軍・太平洋戦争開戦原因論』、南総社から『日本海軍と太平洋戦争（上下）』として出版）作成のため、生前、高木の茅ヶ崎のお宅に三回ほど伺ったことがある。その時は既に静江夫人は他界されていたため、お茶を出してくれたのは息子の成（あきら）（当時東海大学文学部講師）氏だった。私が質問すると、高木は少しの間を置きながら返答をしてくれたものである。物静かな学者然とした方だったが、その眼光は鋭かった。

もともと高木は軍人になることを、それほど望んでいなかった。一番成りたかったのは哲学学徒だった。このことを高木と深い親交があった私の恩師の高山岩男先生（哲学者、京都大学教授、海軍省顧問）はよく言っていた。

今高木は、北鎌倉の名刹東慶寺（とうけいじ）に眠っている。この寺には、鈴木大拙（だいせつ）、西田幾多郎、安倍能成（よししげ）、和辻哲郎、岩波茂雄、野上豊一郎、野上弥生子、高見順、小林秀雄、前田青邨（せいそん）、レジナルド・ホレス・ブライスなど、そして最近では四年前に他界された作家の阿川弘之氏など、多くの哲学者や文人の墓がある。高木がここを墓所としたことに、その想いは込められていた。

昭和十八年から二十年八月にかけて高木は、まさしく「終戦の軍師」にふさわしい活躍をした。これらの工作をするにあたって、高木は一切の栄辱も生命も顧みることはなかった。

ところで対米戦争を開始するにあたって、日本の軍部は如何なる戦略を立てていたのだろうか。種村佐孝著の『大本営機密日誌』の昭和十六年十一月十三日付には、次のように記されている。

（一）極東における米英の根拠を覆滅して長期不敗の態勢を確立し、蒋政権の屈服を促進すると共に、独伊と提携し、まず英の屈服を図り、米の継戦意思を喪失せしめる。
（二）戦争対手を拡大しない。特に対ソ静謐を堅持する。
（三）機を見て、独ソ和平の斡旋を図る。これが為、ソ連のインド洋面進出を認める。
（四）戦争終末の為、左記の如き機会を補足するに努める。
①南方に対する主要段階の時　②重慶が屈服せる時　③対インド施策の成功せる時　④独ソ戦が終末せる時　⑤独が対英上陸に成功せる時。

昭和期の日本軍部は、国際政治のリアルさを失っていた。このためその戦略分析は極めて甘く、希望的観測に立脚していた。例えば、（一）の米英の覆滅のよる長期不敗態勢の確立などということは、全くの日本側の願望であった。さらに軍部はドイツの勝利を絶対視しており、これが戦況分析の前提条件になっていた。

わずか半世紀前の明治時代の日清・日露戦争時の日本の指導者の戦略眼の確かさを知っている者にとっては、隔世の感がする。

さて高木を海軍中枢に就かせたのは、大正十四年十二月海軍大学校甲種二十五期生となって、昭和二年、ここを二十名中首席で卒業したからである。当時海兵と海大の席次の上位者には、留学の道が開かれていたばかりか、近い将来日本海軍の中枢で活躍することが期待されていた。

昭和二年十二月、高木は海軍少佐に進級し、在フランス日本大使館付海軍武官附補佐官として渡仏し、昭和四年十一月帰朝した。その後高木は、昭和五年一月、惣吉は軍令部出仕兼海軍省軍務局出仕に補せられ、ロンドン海軍軍縮会議事務を担当し、六月副官兼大臣秘書官に就任した。大臣副官（秘書官）は、将来の大臣候補が就く重要なポストである。

ところが翌年六月、高木は結核による喀血のため待命となり、その十か月後の昭和七年二月、無理を押して勤務をしたことがたたって再び倒れてしまった。診断は右肺賤尖炎で、静養二ヵ年の宣言を受けた。

昭和七年三月十六日、高木は妻静江と息子の成（あきら）を伴って、東京の副官官舎から茅ヶ崎に見つけた借家へ都落ちすることになり、新橋駅のホームで下り列車を待っていると、横須賀線の上りホームで降り立った背広姿の海大教官の井上成美大佐（後に次官、大将）とバッタリ顔を合わせた。ちなみに高木が井上の面識を得たのは、井上がイタリア大使館附武官（昭和二年十一月～四年八月）当時、パリに立ち寄った時であった。

やつれた高木の姿を見た井上は大いに同情の色を浮かべて、「その病気はね、豆腐を固めるようにそっと大事に養生してさえおれば大丈夫だから、くれぐれも功を焦らずに自重したまえ……」と、自分の弟を諭すように真心の籠った忠告をしてくれた（高木惣吉『自伝的日本海軍始末記』）。実はこの時井上もまた結核で重篤の妻を抱えて四苦八苦していた。井上の妻はこの年末、結核で他界することになる（工藤美知尋『海軍大将井上成美─最後の海軍大将の愛と苦悩に満ちた生涯』）。

それから十二年後、高木は井上海軍次官の下で終戦工作に奔走することになるが、その時は予想だにしないことであった。

これは後年のことであるが、昭和五十年十二月、井上の葬儀に際して、横須賀市長井にある勧明寺の本堂の前で、寒風にさらされながら一人たたずむ惣吉の姿があった。

話は少し前に遡るが、昭和十九年二月二十六日、高木は人事局長に呼ばれ、教育局長の内示を受けた。三月七日、岡田は熱海に滞在中の伏見宮を訪問して、米内大将の現役復帰と海軍の建て直しについて説得した。しかし伏見宮の嶋田支持が強いため、この時は、米内の軍事参議官就任ということで終わった。

岡田が東条体制の一角を崩す工作に着手している間にも、戦局の方は悪化の一途を辿った。三月三十日からパラオの日本軍基地が空襲を受け、艦船十隻以上が沈没し、飛行機百機以上が爆破された。

さらに翌三月三十一日、パラオからフィリピンのダバオに移動中の古賀連合艦隊司令長官の乗った飛行機が低気圧に遭遇して遭難するという重大事故が発生したが、この極秘情報は一週間後の四月八日になって高木の耳に入った。

昭和十九年四月から五月にかけて、重臣たちの東条打倒工作は次第に熱を帯びていった。しかしながら、国務と統帥の両方を握り、憲兵を使って睨みを効かせている東条・嶋田体制のガードは固く、容易に崩すことは出来なかった。そこでこの際、可能性のある工作をすべきであるとの声が上がった。それは、当面東条首相更迭の件は留保して、まず不評の嶋田海相に代えて米内を海相に、また末次を総長に据えて、国務と統帥を切り離すことによってとりあえず海軍だけでも立て直そうとする案だった。

「六月二十四日、午前十時、侍従武官長蓮沼蕃に対し、本日陸海両総長より上奏予定の中部太平洋方面を中心とする爾後の作戦指導につき、元帥の意見を徴したき旨の御内意を示される。十一時四十分、生物学御研究所において侍従武官長に謁を賜い、元帥会議は翌二五日午前十時に宮中において臨御のもとに開催する旨の伺いを受け入れられ、これを御聴取になる。午後四時六分、御学問所において参謀総長東条英機・軍令部総長嶋田繁太郎に謁を賜い、中部太平洋方面を中心とする爾後の作戦指導サイパン島奪回企図の放棄につき上奏を受けられる」(『昭和天皇実録(九)』)

そして六月二十五日、午前十時より元帥会議が開された結果、「曩(さき)ニ参謀総長軍令部総長ノ上リタル中部太平洋ヲ中心トスル爾後ノ作戦指導ニ関スル件ハ適当ナルモノト認ム。而シテ今次方策ノ実行ハ事迅速ヲ要シ又陸海両軍ノ航空戦力ノ統一運用ニ務ムルコト緊要ナリ」(『昭和天皇実録(九)』)と決議した。

昭和十九年七月十八日、東条内閣はついに崩壊した。七月二十日、小磯国昭陸軍大将、米内海軍大将に組閣の大命が下りた。海軍としては陸軍との対抗上、独立的存在が絶対に必要であることから、艦艇や航空機の消耗がいかに甚大であっても国軍の一元化には同意せず、海上艦艇の使用すべきものを失ったとしても、乗員と兵器を陸上に移して、装備の優秀なる海兵部隊を創設すべきことを決定した。

昭和二十年四月五日、小磯首相は政戦両略の指導体制の強化を図るため、陸相兼任を要求したが、陸軍当局はこれを拒否した。このため小磯首相は三月の繆斌(みょうひん)工作の失敗とも併せて政権維持に自信を失って総辞職した。

四月七日、鈴木貫太郎内閣が東郷茂徳外相、阿南惟幾陸相、米内海相の陣容をもって成立した。統帥部は梅津美治郎参謀総長、及川古志郎軍令部総長であった。この六者が、終戦を決するべき最高戦争指導会議のメンバーとなった。

組閣を終えた鈴木は、四十日余り、本土決戦を叫ぶ大本営参謀や陸海軍の強硬派との戦いに費やせざるを得なくなった。鈴木はこの内閣は、「聖戦完遂、陸海軍の連携強化、本土決戦断行」を三本柱とする政策を公にした。このような政策を掲げなければ鈴木内閣を事実上組閣することは出来なかったからである。

昭和十九年八月に侍従長に就任した藤田尚徳（ひさのり）は、その著『侍従長の回想』の中で、「実は戦争終結について陛下は二十年の初頭から、軍部にも隠密のうちに、ある工作を進めておられたのである」と明かしている。

六月八日、木戸内大臣は、高木の原案を基にした終戦を狙いとした「時局収拾対策試案」を作成した（『木戸日記（下）』）。

五月三十一日、高木が海軍省の焼け残りの庁舎に米内海相を訪ねて、最近数日間の動向を報告し、目黒の海大校舎へ帰りかけようとしたその時、突然耳の近くで声がした。「大変らしいが、どうだ元気かね、タカキ君！」。高木が驚いて声の方へ視線を向けると、そこには学習院院長の山梨勝之進海軍大将の温顔があった。山梨は高木を呼ぶ時は、決まって「タカギ」と呼ばずに「タカキ」と濁さず呼んだ。

山梨は静かな声で、「タカキ君、中国の詩人は実にいい事を詠っているよ。野火焼いて尽きず。春風吹いてまた生ず。焦ちゃいかんね。手っ取り早くなんて考えない方がいいよ。春風吹いてまた生ず。よい句だね……」と、白楽天の詩を口ずさんだ（高木惣吉『自伝的日本海軍始末記（続篇）』）

✺ポツダム宣言の受諾

昭和二十年六月八日、木戸内大臣は、「わが国力の研究を見るに、あらゆる面より見て、本年下半期以後において戦争遂行の能力を事実上喪失すると思わしむ。……以上の観点よりして、戦争の収拾につきこの際果断なる手を打つ事は今日わが国における至上の要請なりと信ず」とし、終戦を謳った「時局収拾対策試案」を起草した（『木戸日記（下）』）。

翌九日、裕仁天皇は木戸内府を召し、「時局収拾対策試案」の詳細を聴取し、「速やかに着手すべき旨」を指示した（『昭和天皇実録（九）』）。

六月十五日、天皇は風邪に罹り、終日起き上がることが出来なかった。しかし翌十六日には快復し、終戦に向けて、最後の気力を振り絞る決意をした。

同日午後、御文庫に木戸を召して、終戦に向けての具体的な協議に入った。その日から一週間後の六月二十二日、裕仁天皇は最高戦争指導会議構成員の六名を招集した。席上天皇より、「戦争完遂を謳った六月八日の御前会議の決定に捉われることなく、時局収集についても考慮する必要があると思うがどうか」と下問があった。これに対して鈴木首相は、「飽く迄戦争完遂に努めるのは勿論であるが、外交工作も必要である」と答えた。続いて米内海相が対ソ交渉について説明すると、天皇は「時機を逸してはならない」と強く言った（『昭和天皇実録（九）』）。

七月十一日と十二日の両日、鈴木首相、木戸内府、東郷外相の間で、対ソ交渉について協議が持たれた結果、特使として近衛公を当てることにした。

七月十四日夜、近衛公の連絡係として側近の一人の富田健治が高木を訪ねてきて、対ソ特使の随員として、伊藤述史（元ポーランド公使、内閣情報局総裁）、陸軍側は小野寺信（スウェーデン公使館付武官、陸軍少将）、岡本清福（きよとみ）（スイス公使館付武官、陸軍中将）、松谷誠大佐（首相秘書官）のうち一名、それに海軍側からは高木として、全ては親政をもって断行するものとした。

七月二十六日、わが国の無条件降伏を迫る米英華の対日共同宣言（ポツダム宣言）が発表された。二十七日午前六時、東京の海外放送受信局がこれを聴取した。ポツダム宣言を通読して東郷外相が感じたことは、『我等の条件は左の如し』と書いてあるから無条件降伏を求めたものにあらざる事は明瞭であって、これは大御心が米英にも伝わった結果、その態度を幾分緩和し得たのではないか」ということだった。

外務省では早速二十七日早朝、松本俊一外務次官を中心に幹部会を開いて、ポツダム宣言を検討した。その結果、この宣言を受諾することはやむを得ないにしても、ソ連の態度がはっきりしない以上即時受諾は好ましくないということになった。

同日開かれた最高戦争指導会議および閣議において、東郷外相の説明に対して、阿南陸相と梅津・豊田の両総長は、この宣言は不都合だとして本土決戦の大号令を発することを主張した。しかし閣議は、この際何等の意思表示もしないことにし、また新聞発表に当たっては、ただ「ノーコメント」で掲載し、なるべく小さく取り扱うよう指導することを決定した。

二十八日、鈴木首相は記者会見において、「この宣言はカイロ宣言の焼き直しで、政府としては重大視していない。ただ黙殺するのみである」と断言した。これが三十日の新聞各紙に大きく掲載され、さらに放送されてしまった。この「黙殺声明」は、連合国に日本はポツダム宣言を拒否したものと解釈させてしまう結果となり、米国の原爆投下、さらにソ連参戦の口実にされてしまった。後日鈴木は、「この一言は後々に至るまで、余の遺憾と思う点であり」と悔やむことになった。

このような政府のあやふやな方針では終戦の好機を逸してしまうと焦慮する高木、松平康昌（やすまさ）、松谷誠の三者は二十八日に陸相副官官舎で協議を行い、ポツダム宣言に対して早急に回答することを確認し、午後三時、東郷外相を訪ねて所見を叩いた。高木としては、「今日、勝、大久保、陸奥、小村の生まれ変わりがいてくれたら……」と嘆きたくなった。

そうこうしているうちに、八月六日広島に原爆が投下された。一刻の猶予もなくなった八月八日午後、東郷外相は宮中の地下室において天皇に拝謁して、原爆に関して詳細に説明するとともに、「これを契機に戦争終結すべきである」と上奏した。

八月九日、ソ連軍は日本軍に対する攻撃を開始した。この日午前十一時頃から、六首脳による最高戦争指導会議が開かれた。しかし東郷外相の国体護持のみを条件とする案と、阿南陸相、梅津参謀総長、豊田副武軍令部総長の「保障占領、武装解除、戦犯処理」の三点についても条件に加わえるべきであるとする案が全面的に対立した。ところが、この会議の最中の午前十一時三十分、二回目の原爆が長崎に投下された。

「即時和平か、抗戦継続か」を協議する閣議は、午後二時半から始まった。閣議は一旦休止し、午後六時半から再び開催された。しかし午後十時を過ぎても意見の一致を見るには至らなかった。

八月九日午後十一時五十分、宮中防空壕内の御文庫附属室において、歴史的な御前会議（最高戦争指導会議）が開催された。この会議には六首脳の他に、平沼騏一郎枢密院議長が特旨をもって列席し、その他幹事として迫水久常書記官長、池田純久総合計画局長官、吉積正雄陸軍軍務局長、保科善四郎海軍軍務局長らが出席し、また蓮沼蕃侍従武官長も陪席した。

議案として、「天皇の国法上の地位を変更するの要求を包含し居らざることの諒解の下に」ポツダム宣言を受諾すべきであるという東郷外相の説（甲案）と、前述の三条件を併記した阿南陸相の説（乙案）とが提出された。米内海相、平沼枢相は東郷外相説に賛成し、梅津・豊田両総長は阿南陸相説に賛成した。

このため会議は首相を除く六人の出席者の意見が賛否三対三をもって譲らず、翌十日午前二時を過ぎることになった。ここに至って鈴木首相はすっと立ち上がり、「事態は緊迫しておりまして全く遷延を許しません。誠に恐れ多い事でございますが、ここに天皇陛下の思し召しをお伺いして、それによって私どもの意見をまとめたいと思います」と述べ、静かに御前に進んだ。

八月十二日午前三時より宮中において皇族会議が開かれた。会議では天皇自ら終戦の決意を説明し、各皇族の協力を求めた。

阿南陸相は午後八時、三笠宮（崇仁、陸軍少将、大本営参謀）を訪ね、同宮から天皇に翻意を促してもらいたい旨申し入れたが、同宮の拒否にあった。阿南は「三笠宮から陸相は満州事変以来大御心に副わない行動ばかりしてきたとお叱りを受けたが、そんなひどいことを仰られなくてもよいのに」と低い声で洩らした（外務省編『終戦史録』）。

八月十四日午前十時、天皇は杉山元、畑俊六、永野修身の三元帥を宮中に召し、終戦の決意を語り、三元帥の同意を得た。

天皇より急遽午前十時半に参内せよとのお召しが下った。そこで鈴木首相はじめ全閣僚、梅津、豊田陸海両総長、平沼枢府議長、迫水書記官長、池田総合計画局長官、吉積陸軍、保科海軍両軍務局長が慌ただしく参内した。

御前会議は宮中地下壕で午前十時五十分から開催された。まず鈴木首相から前日の閣議および最高戦争指導会議の経過の概要が上奏され、改めて無条件受諾に反対する者を親しく聴取の上、重ねて聖断を仰ぎたいとの希望が言上された。鈴木首相は連合国に再照会を唱えている梅津、豊田の両総長、阿南陸相を順に指名して、その所信を披露させた。三人のあとからは誰からも発言がなかった。それは他の列席者は皆外相のポツダム宣言受諾に賛成であり、また首相の指名もなかったからである。そこで天皇は次のような諚を下したのだった。

「反対側の意見はそれぞれ能く聞いたが、私の考えは此前に申したことに変はない。私は世界の現状と国内の事情を十分検討した結果、これ以上戦争を継続することは無理だと考へる。(中略)私は明治大帝が涙を呑んで思ひ切られたる三国干渉当時の御苦衷をしのび、此際耐へ難きを耐へ、忍び難きを忍び一致協力、将来の回復に立ち直りたいと思ふ」(下村海南『終戦戦史』)

天皇の言葉が進むにつれ、期せずして列席者の間から涕泣の声が次第に高まってきた。天皇が一身をもって国民の苦難に代られようとする言葉に皆嗚咽した。天皇自身も白手袋のままたびたび眼鏡を拭われ、頬に伝わる涙を拭った。鈴木首相は立ち上がり、至急詔書案起草の件を言上するとともに、重ねて聖断を煩わせた罪を謝した。

こうして歴史的御前会議は終了した。時に八月十四日正午頃であった。

八月十五日正午、裕仁天皇の玉音放送が流され、日本国民は万感無量の涙を流したのだった。

第6章

『昭和天皇独白録』の評価

筆者はこの章を、新天皇の「即位礼の儀」が行われている最中に書いている。拙稿を書き終るにあたって、終戦までの裕仁天皇の歩みを総括してみたい。

今から三十年前の平成二年（一九九〇）十二月の月刊『文藝春秋』は、「衝撃の未公開記録——昭和天皇の独白、八時間、太平洋戦争の全貌を語る」を掲載した。見出しには、「戦後最大の資料、『昭和天皇独白録』が発見された。天皇自らが語った驚くべき重大証言。昭和史はこれによって塗り替えられる」と書かれていた。

この『昭和天皇独白録』では、天皇自身が、昭和三年の張作霖爆死事件から昭和二十年八月九日と十四日の御前会議までを極めて率直に語っている。こうしたことから、昭和史研究者の間で、大きな注目を集めることになった。

『昭和天皇独白録』は、昭和二十一年三月から四月にかけて松平慶民宮内大臣、松平康昌宗秩寮総裁、木下道雄侍従次長、稲田周一内記部長、寺崎英成御用掛の五人の側近が、四日間で計五回にわたって裕仁天皇から直々に聞き、まとめたものである。

極東軍事裁判の開会を間近に控えての『昭和天皇独白録』は、「天皇無罪論」を補強するものとして、否定的に評価する研究者もいた。しかし戦前に起こった重大事件を詳細に検証してみると、裕仁天皇の事実認識が極めて正確であったことがわかってくる。

太平洋戦争の開戦原因を大局的に見た時、昭和期になると、それまで政治と軍事のタガを絶妙に掌っていた元老が、西園寺公望以外にいなくなったことに思いつく。明治国家は、薩長を中心とする元老の連帯責任制で成っていたから、これがいなくなれば政軍の統制と調節はうまくいかなくなった。

また明治憲法においては、統帥権の独立を認めたため、結果的に軍部独裁を許すことになった。さらに原因を挙げれば、首相および各閣僚は、主権者である天皇に対してそれぞれ輔弼責任を負っているため、その権限は並列的となり、したがって首相には閣僚の罷免権は与えられておらず、単なる閣僚の一人に過ぎなかった。しかも陸海の軍部大臣は、文官からは選任されなかった。現役の中将・大将から、しかも陸海軍の推挙を経て、初めて登用することが出来た。もし陸海軍が、その軍部大臣を推薦しなければ組閣することは出来なかった。

このように元老の存在が薄くなると、明治憲法体制下の日本は途端に立ちいかなくなった。今から見ると、明治憲法体制下の日本は、実に不合理な国家体制であったと言わざるを得ない。しかも裕仁天皇自身は英国流の立憲君主制を信奉していたため、閣議や最高戦争指導会議で国策が全会一致で採択した場合には、それを強いて覆すようなことを自制した。せいぜい裁可を数日遅れせるとか、和歌に自分の心境を託すぐらいしか出来なかった。

さすれば、明治憲法体制下の日本をいかにすれば良かったかだが、一つは大正に入ってデモクラシーの気運が高まり、政党政治が根付きつつあった時に明治憲法を改正するか、あるいは全面的な改憲が不可能なのであれば、デモクラシーの時流と合致するように憲法解釈を修正することが必要だったと考える。

時代に合わせて、憲法の主旨を基調としながらも法律解釈上修正を加えることは、必ずしも違憲とはいえない。慣習法で成り立っている英米では主流の考え方である。改憲論議によって、国論が真っ二つに分裂して対立するよりもよほど賢いやり方だと思う。「統治行為論」の考え方を採り入れれば、軍部独裁の政治を修正することが出来たのではないだろうか。

天皇制のあり方も、時代によって変化するのは当然である。日本法制史の大家の石井良助氏は、その著『天皇―天皇の生成および不親政の伝統』の中で、「明治憲法そのものは、終戦当時既に、発達、全盛、衰頽三期を経て、何らかの形における転機があるべき時期に到達していたともいえるものであり、しかも日本国憲法の定めた天皇制は、特定の一国の君主制を模倣したものではなくて、近代的民主主義国家にふさわしい君主制として案出されたものであり、一の歴史的産物と称し得るものである。……もしも幕末において、維新が二、三の雄藩武士の手によって行われないで、国民の力で行われたならば、大政奉還ではなくて、政権の国民への委譲という形で維新が行われたかも知れない。そうした場合に作られた憲法は、天皇制に関する限り、おそらくは日本国憲法に相当近いものではないだろうかと想像される」と書いている。

昭和六十年、勝田龍夫（しょうだたつお）の「重臣たちの終戦工作」（『昭和天皇の時代』所載、平成元年、文藝春秋）には、次のことが書かれている。

勝田は木戸内府をよく知る経済人で、太平洋戦争の原因を調べている際に、ペンシルバニア州のゲティスバーグカレッジ図書館に保存されていたをウィロビー少将（連合国最高司令官総司令部参謀第二部長）関係資料の中から、内大臣秘書官長の松平慶民が作成した「天皇陛下と終戦」と題された文書を発見した。

この文書によれば、「天皇陛下はいつごろ終戦を御決心になったのか」と質問したのに対して、「ニューギニアのスタンレー山脈を突破されてからは、速やかに講和の機会を得たいと思ったが、ドイツとの単独不講和の約束があって、国際信義を破る行動には出たくない。このジレンマに苦悩した」と答えている。ソロモン、ニューギニアをめぐる日米必死の攻防戦は昭和十八年夏に展開された。日本軍は連合軍の豊富な物量に比べ貧弱な補給と熱帯特有のマラリアに悩み、ニューギニア戦線において十四万を数えた兵力は、終戦後の昭和二十年九月には一万三千人に減っていた。そして無条件降伏を考えたのは、昭和二十年五月末、戦艦大和が撃沈された時であるとしている。

『昭和天皇独白録』にも、この文書と全く同様のことが書かれている。

「陛下は何故に開戦を阻止できなかったか」という質問に対しては、「天皇は何事を行うにも必ず輔弼者の進言を待ち、またその進言に逆らわないことにしており、例外は二・二六事件の時と終戦の二回だけだった。それも二・二六の際は、総理以下が襲撃を受けて、内閣も陸軍部も機能を失ったからであった。いわば輔弼責任者を欠いた緊急事態だったのであり、政府も統帥部も厳存したものの、ポツダム宣言受諾の可否について意見がまとまらず、輔弼の機能を喪失した点では、二・二六の場合と同じであって、だからこそ鈴木貫太郎首相は天皇の裁断を請うた」と答えている。

後日裕仁天皇は石渡宮内大臣に対して、「戦争を終結しなければならぬと自分は確信していたが、政府軍部一致の意見で廟議が戦争継続に決定すれば、私は信ずる所に反してその決定をしなければならぬから非常に心配した。幸に廟議が決定しないで自分が裁断することになったので、漸く安心することが出来た」と語ったそうである。

明治憲法においては「神聖にして不可侵」と規定されていたが、実際には天皇親政は慎重に忌避され、飽く迄も天皇は権威としてのみ存在していた。

近代天皇制においては、原則として終身在位することが当然とされてきた。したがって太平洋戦争の敗戦の際には裕仁天皇の退位問題も浮上したが、結局見送られた。

開戦まで十年間、駐日大使を務め、昭和十八年交換船で米国に帰国したジョセフ・グルーは、対日占領政策を検討するにあたって、「天皇制は残せ」と全米を説いて回った。天皇の観念がわかりにくいため、ローマ法王のようなものだとも説明したことがあった。またグルーは、「天皇女王蜂論」を展開したこともある。すなわちグルーは「女王蜂は何も決定しないが、働き蜂から敬愛されている。女王蜂がいなくなると、蜂の巣社会も解体する。日本の天皇もまさにそのようなものだ」と、巧みな例えによって日本の天皇制を説明した。

グルーは前線の海軍基地に派遣された時にも、ニミッツ提督に、「宮城を直撃する特別攻撃隊のような天皇に対する直接戦闘行動は避けて欲しい。日本全土の将軍たちを降伏させることが出来るのは、天皇だけなのだから」と言った。そのためグルーは、米国内の各紙から「親日軟弱分子」のレッテルを張られてしまう。

今日われわれは戦後七十数年間太平の時を貪っている。しかしいつか国論が分裂する事態が起こるかも知れない。その時にこそ、天皇の存在はグルーの言う如く「女王蜂」の権威を発揮すると思っている。

おわりに

平成二年（一九九〇）十二月に月刊『文藝春秋』に掲載された『昭和天皇の独白8時間―太平洋戦争の全貌を語る』（いわゆる『昭和天皇独白録』）は、世上に衝撃を与えた。この『昭和天皇独白録』は、昭和二十六年八月に他界された外交官寺崎英成氏（以前NHKTVドラマで放映されて視聴者の感動を呼んだ『マリコ』の父親。終戦直後から数年間、昭和天皇の御用掛を務める）の遺品の中の諸々の文書の中から発見されたものである。

その中で裕仁天皇は、「敗因の原因」として次の四点を指摘している。

第一に、兵法の研究が不十分であったこと、即孫子の、「敵を知り己を知らば、百戦危なからず」といふ根本原理を体得していなかった事。

第二に、余りに精神に重きを置き過ぎて、科学の力を軽視した事。

第三に、陸海軍の不一致。

第四に、常識ある主脳者の存在しなかった事。往年の山県有朋、大山巌、山本権兵衛と云ふ様な大人物に欠け、政戦略の不十分な点が多く、かつ軍の主脳者の多くは専門家であって部下統率の力量に欠け、所謂下剋上の状態を招いた事。

この『独白録』の後、昭和二十年九月九日付、明仁皇太子（現上皇）宛の天皇の手紙「敗因について一言いわせてくれ」が公表されたが、上述の「敗因の原因」と同一の内容だった。このことから裕仁天皇は、太平洋戦争の敗北をどのように見ていたかが、明白になった。

この裕仁天皇の見解に関して、筆者がさらに言葉を接げば、第一の兵法の不十分とは日清、日露戦争の勝利体験の印象が強すぎて、その後の戦略戦術の研究を怠ったこと、第二の「精神に重きを置き過ぎて」とは、「大東亜共栄圏」「八紘一宇」「百年戦争も辞せず」などの観念主義ら陥ったこと、第三に陸海軍の戦略が分裂したままだったこと、そして第四の人物の欠如については、上記であげた人物以外にも伊藤博文や小村寿太郎といった大人物がいなかったということになる。

拙著では、裕仁天皇に焦点を当てながら、政軍関係を調整者としての元老の存在と機能、わが陸海軍政戦略の錯誤、裕仁のパーソナリティ、太平洋戦争での戦争指導、そして終戦における裕仁など、多方面から考察した。

伊藤隆先生を始めとして、加藤陽子、伊藤之雄、西川誠、有馬学、永井和、坂本一登、波多野勝、後藤致人、黒沢文貴、纐纈厚、古川隆久、小堀桂一郎、原武史、井上亮、保阪正康、半藤一利、加瀬英明、茶谷誠一等の研究者の方々の著作も参考にさせて頂いた。この場をお借りして、心よりお礼申し上げる次第である。上記の著書以外にも私が参考にした本としては、米国人の天皇制研究家のデイビット・タイタス教授の『日本の天皇政治―宮中の役割の研究』がある。今から四十数年前にこのタイタス教授の著書を読むことによって、私の昭和天皇研究の視野は大きく開かれた。さらに私の学生時代の愛読書であった司馬遼太郎氏による『坂の上の雲』や『翔ぶが如く』などの一連の著作は、日露戦争までの明治国家とそれ以後の時代を比較研究する眼を養ってくれた。

最後に、有益な御助言を惜しまなかった芙蓉書房出版の平澤公裕氏に感謝申し上げる。

主要参考文献

阿川弘之『井上成美』新潮社、昭和六十一年
有馬学『日本の歴史23帝国の昭和』講談社、平成十四年
飯沢匡『異史明治天皇』新潮社、昭和六十三年
石井良助『天皇―天皇の生成および不親政の伝統』山川出版社、昭和五十七年
一ノ瀬俊也『特攻隊員の現実』講談社現代新書、令和二年
伊藤正徳『軍閥興亡史』全三巻、光人社ＮＦ文庫、平成二十八年
伊藤隆『昭和初期政治史研究』東京大学出版会、昭和四十四年
伊藤隆『近衛新体制』中公新書、昭和五十八年
伊藤隆・武田知己編『重光葵　最高戦争指導会議議事録』中央公論新社、平成十六年
伊藤隆編『続・現代史資料５海軍―加藤寛治日記』みすず書房、平成六年
伊藤隆『昭和初期の政治』山川出版社、昭和五十八年
伊藤隆・広瀬順晧編『牧野伸顕日記』中央公論社、平成二年
伊藤隆・渡邊行男編『重光葵手記』中央公論社、昭和六十一年
伊藤隆・工藤美知尋他編『高木惣吉　日記と情報』全二冊、みすず書房、平成十二年
伊藤隆『昭和史をさぐる』朝日文庫、平成四年
伊藤之雄『昭和天皇と立憲君主制の崩壊―睦仁・嘉仁から裕仁へ』名古屋大学出版会、平成十七年
伊藤之雄『元老西園寺公望―古稀からの挑戦』文春新書、平成十九年
伊藤之雄『昭和天皇伝』文藝春秋、平成二十三年
伊藤之雄『元老―近代日本の真の指導者たち』中公新書、平成二十八年
伊藤之雄『山県有朋―愚直な権力者の生涯』文春新書、平成二十一年
伊藤之雄『日本の歴史22政党政治と天皇』講談社、平成十四年

井上清『天皇の戦争責任』現代評論社、昭和五十年
井上寿一『危機の中の協調外交』山川出版社、平成七年
井上亮『昭和天皇は何と戦ったのか―実録で読む87年の生涯』小学館、平成二十八年
猪木正道『天皇陛下』ＴＢＳブリタニカ、昭和六十一年
猪口力平・中島正『神風特別攻撃隊』河出書房、昭和四十二年
猪瀬直樹監修『目撃者が語る昭和史』全八巻、新人物往来社、昭和六十四年
入江相政『宮中侍従物語』ＴＢＳブリタニカ、昭和五十五年
岩見隆夫『陛下の御質問』毎日新聞社、平成四年
臼井勝美『日中戦争』中公新書、昭和五十四年
江藤淳編『終戦史録』全六巻・別巻、北洋社、昭和五十五年
大江志乃夫『御前会議』中公新書、平成三年
大江志乃夫『張作霖爆殺』中公新書、平成元年
大竹修一『天皇の学校』文藝春秋、昭和六十一年
大谷敬二郎『統帥権とは何か―軍事が政治に介入した恐るべき時代』光人社ＮＦ文庫、平成二十七年
岡田貞寛編『岡田啓介回顧録』毎日新聞社、昭和五十二年
岡部長章『ある侍従の回想記―激動時代の昭和天皇』朝日ソノラマ、平成二年
尾崎勝敏『人間・昭和天皇裕仁』原書房、平成十一年
小田部雄次『昭和天皇実録評解―大元帥・昭和天皇はいかに戦ったか』全二巻、敬文社、平成二十九年
小田部雄次『華族』中公新書、平成十八年、
小田部雄次『皇族』中公新書、平成二十一年
小田部雄次『天皇・皇室を知る事典』東京堂出版、平成十九年
外務省編『終戦史録』新聞月鑑社、昭和二十七年
加瀬英明『天皇家の戦い』新潮文庫、昭和五十八年

加瀬英明『昭和天皇の苦悩―終戦の決断』勉誠出版、令和元年
勝野駿『昭和天皇の戦争―摂政就任から敗戦まで』図書出版社、平成二年
加藤陽子『戦争の日本現代史』講談社現代新書、平成十四年
加藤陽子『天皇の歴史8昭和天皇と戦争の世紀』講談社、平成三十年
加藤陽子『満州事変から日中戦争へ』岩波新書、平成十九年
河井弥八『昭和初期の天皇と宮中　侍従次長河井弥八日記』全六巻、岩波書店、平成五・六年
川越重男『かくて、太平洋戦争は終わった―亡国の危機から日本を救った男たち』ＰＨＰ文庫、平成十七年
川田稔『昭和陸軍全史』1〜3、講談社現代新書、平成二十六年
川田稔『満州事変と政党政治―軍部と政党の激闘』講談社選書メチエ、平成二十二年
川田稔『戦前日本の安全保障』講談社学術文庫、平成二十五年
川田稔『近衛文麿と日米開戦―内閣書記官長が残した「敗戦日本の内側」』祥伝社新書、令和元年
川田稔『浜口雄幸と永田鉄山』講談社選書メチエ、平成二十一年
川田稔『昭和陸軍の軌跡』中公新書、平成二十三年
河原敏明『天皇裕仁の昭和史』文藝春秋、昭和五十八年
河原敏明『昭和天皇とその時代』文春文庫、平成十五年
甘露寺受長『背広の天皇』東西文明社、昭和三十二年
岸田英夫『侍従長の昭和史』朝日新聞社、昭和五十七年
木戸幸一日記研究会編『木戸幸一日記』全二巻、東京大学出版会、昭和四十一年
木戸日記研究会編『木戸幸一日記　東京裁判期』東京大学出版会、昭和五十五年
木戸日記研究会編『木戸幸一関係文書』東京大学出版会、昭和四十一年
共同通信社「近衛日記」編集委員会編『近衛日記』共同通信社、昭和四十二年
草間笙子『大内山』山雅房、昭和二十二年

工藤美知尋『日本海軍と太平洋戦争』全二巻、南窓社、昭和五十七年
工藤美知尋『東条英機暗殺計画―「高木惣吉資料」に見る日本海軍の終戦工作』ＰＨＰ研究所21世紀図書館、昭和六十一年（増補版、光人社ＮＦ文庫、平成二十二年）
工藤美知尋『高松宮と終戦工作』光人社ＮＦ文庫、平成二十六年
工藤美知尋『日ソ中立条約の研究』南窓社、昭和六十年
工藤美知尋『海軍大将加藤友三郎と軍縮時代』光人社ＮＦ文庫、平成二十三年
工藤美知尋『日本海軍の歴史がよくわかる本―その誕生から終焉まで』ＰＨＰ文庫、平成十九年
工藤美知尋『山本五十六の真実―連合艦隊司令長官の苦悩』光人社、平成二十七年
工藤美知尋『海軍良識派の支柱　山梨勝之進―忘れられた提督の生涯』芙蓉書房出版、平成二十五年
工藤美知尋『海軍大将井上成美』光人社、平成三十年
宮内庁編『昭和天皇実録』１～９、東京書籍、平成二十七～二十八年
栗原健『天皇　昭和史覚書』原書房、昭和六十年
栗原俊雄『特攻―戦争と日本人』中公新書、平成二十七年
栗原俊雄『「昭和天皇実録」と戦争』山川出版社、平成二十七年
軍事史学会『機密戦争日誌』錦正社、平成十一年
纐纈厚『日本海軍の終戦工作』中公新書、平成八年
纐纈厚『「聖断」虚構と昭和天皇』新日本出版社、平成十九年
纐纈厚『日本降伏―迷走する戦争指導の果てに』日本評論社、平成二十五年
児島襄『天皇』全五巻、文藝春秋、昭和四十九年
後藤致人『内奏―天皇と政治の近現代』中公新書、平成二十二年
小林英夫『関東軍とは何だったのか』中経出版、平成二十七年
小林道彦『政党内閣の崩壊と満州事変』ミネルヴァ書房、平成二十二年
小堀桂一郎『新版昭和天皇（昭和天皇とその時代）』ＰＨＰ新書、平成二十七年

坂本一登『伊藤博文と明治国家形成―「宮中」の制度化と立憲制の導入』講談社学術文庫、平成二十四年
佐々木隆『日本の歴史21明治人の力量』講談社、平成十四年
実松譲『米内光政』光人社、平成二年
参謀本部編『杉山メモ』全二巻、原書房、昭和六十四年
参謀本部編『敗戦の記録』原書房、平成十七年
四竈孝輔『侍従武官日記』芙蓉書房、昭和五十五年
下村海南『終戦秘史』講談社学術文庫、昭和六十年
勝田龍夫『重臣たちの昭和史』全二冊、文藝春秋、昭和五十六年
昭和史懇談会編『天皇と昭和の宰相』全二巻、振学出版、平成元年
鈴木荘一『西園寺公望の失意』勉誠出版、平成十一年
鈴木多門『「終戦」の政治史』東京大学出版会、平成二十一年
須藤眞志『真珠湾〈奇襲〉論争』講談社選書メチエ、平成十六年
聖寿会編『聖上盛徳録』昭和六年
園部逸夫『皇室法入門』ちくま新書、令和二年
反町栄一『人間・山本五十六―元帥の生涯』光和堂、昭和五十三年
高木惣吉『私観太平洋戦争』文藝春秋、昭和四十四年
高木惣吉『太平洋戦争と陸海軍の抗争』経済往来社、昭和五十七年
高木惣吉『山本五十六と米内光政』文藝春秋、昭和四十一年
高木惣吉『自伝的日本海軍始末記』光人社、昭和五十四年
高木惣吉『自伝的日本海軍始末記〈続編〉』光人社、昭和五十四年
高橋紘『人間　昭和天皇』全二巻、講談社、平成二十三年
高橋紘・所功『皇位継承』文春文庫、平成三十年
高橋紘『陛下、御尋ね申上げます―記者会見の全記録と人間天皇の軌跡』文春文庫、昭和六十三年

高橋紘『天皇家の仕事』文春文庫、平成八年
高橋紘・鈴木邦彦『天皇家の密使たち―秘録・占領と皇室』現代史出版会、昭和五十六年
高松宮宣仁親王『高松宮日記』全八巻、中央公論社、平成九年
「高松宮宣仁親王」伝記刊行会編『高松宮宣仁親王』朝日新聞社、平成三年
高宮太平『米内光政』時事通信社、昭和二十三年
瀧井一博『伊藤博文』中公新書、平成二十二年
瀧井一博『文明史のなかの明治憲法』講談社選書メチエ、平成十六年
多田井喜生『決断の男　木戸幸一の昭和』文藝春秋、平成十二年
多田井喜生『昭和の迷走―「第二満州国」に憑かれて』筑摩選書、平成二十六年
田中隆吉『日本軍閥暗闘史』中公文庫、昭和六十三年
田中雄一『ノモンハン　責任なき戦い』講談社現代新書、平成三十一年
種村佐孝『大本営機密日誌（新版）』芙蓉書房、昭和六十年
千早正隆『日本海軍の戦略発想』プレジデント社、昭和五十七年
茶谷誠一『宮中から見る日本近代史』ちくま新書、平成二十四年
茶谷誠一『昭和天皇側近たちの戦争』吉川弘文館、平成二十二年
長文連『天皇　元勲　重臣』図書出版社、昭和五十九年
辻政信『ノモンハン秘史』原書房、昭和四十二年
筒井清忠『近衛文麿―教養主義的ポピュリストの悲劇』岩波現代文庫、平成二十一年
筒井清忠『昭和十年代の陸軍と政治―軍部大臣現役武官制の虚像と実像』岩波書店、平成十九年
津野田忠重『わが東条英機暗殺計画』徳間書店、昭和六十年
手島泰伸『昭和戦時期の海軍と政治』吉川弘文館、平成二十五年
手島泰伸『海軍将校たちの太平洋戦争』吉川弘文館、平成二十六年
東郷茂徳『時代の一面』中公文庫、昭和六十四年

土門周平『戦う天皇』講談社、昭和六十四年
鳥巣健之助『太平洋戦争終戦の研究』文藝春秋、平成五年
永井和『青年君主昭和天皇と元老西園寺公望』京都大学学術出版会、平成十五年
中野五郎『朝日新聞記者の見た昭和史』光人社、昭和五十六年
中野雅夫『満州事変と十月事件』講談社、昭和四十八年
西川誠『天皇の歴史7明治天皇の大日本帝国』講談社、平成三十年
日本国際政治学会太平洋戦争研究部編『太平洋戦争への道』全六巻・別冊資料編、朝日新聞社、昭和三十七・三十八年
野村実『太平洋戦争と日本軍部御研究』山川出版社、昭和五十八年
長谷川慶太郎・工藤美知尋他『国家戦略の分裂と錯誤―日本近代と戦争(全6巻)』PHP研究所、昭和六十年
秦郁彦『裕仁天皇五つの決断』講談社、昭和五十九年
波多野勝『浜口雄幸』中公新書、平成五年
波多野勝『裕仁皇太子ヨーロッパ外遊記』草思社、平成十年
波多野勝『奈良武次とその時代―陸軍中枢・宮中を歩んだエリート軍人』芙蓉書房出版、平成二十七年
浜口雄幸『随感録』講談社学術文庫、平成二十三年
原奎一郎『原敬日記』全六巻、福村出版、平成十七年
原武史『昭和天皇』岩波新書、平成二十年
原武史『「昭和天皇実録」を読む』岩波新書、平成二十七年
原武史『皇后考』講談社学術文庫、平成二十九年
原武史『大正天皇』朝日選書、平成十二年
原武史・吉田裕『岩波　天皇・皇室辞典』岩波書店、平成十七年
原田熊雄述『西園寺公と政局』全八巻・別巻一、岩波書店、平成十九年

半藤一利『山県有朋』ちくま文庫、平成二十一年
坂野潤治『帝国と立憲―日中戦争はなぜ防げなかったのか』筑摩書房、平成二十九年
ピーター・ウェッツラー（守山尚美訳）『昭和天皇と戦争』原書房、平成十四年
平山周吉『昭和天皇「よもの海」の謎』新潮選書、平成二十六年
藤樫準二『千代田城―宮廷記者40年の記録』光文社、昭和三十三年
藤田尚徳『侍従長の回想』講談社学術文庫、平成二十八年
藤原彰『天皇制と軍隊』青木書店、昭和五十三年
古川隆久『昭和天皇』中公新書、平成二十三年
文藝春秋編『昭和天皇の時代』文藝春秋、平成元年
文春新書編集部『昭和天皇の履歴書』文春新書、平成二十年
別宮暖朗『帝国陸軍の栄光と転落』文春新書、平成二十二年
防衛庁防衛研修所戦史室『戦史叢書・海軍軍戦備一』昭和四十四年
坊城俊良『宮中五十年』講談社学術文庫、平成三十年
保阪正康『昭和天皇』中央公論新社、平成十七年
保阪正康『秩父宮と昭和天皇』文藝春秋、平成元年
星野甲子久『昭和の天皇』日本テレビ、平成元年
牧野伸顕『回顧録』全二巻、中公文庫、昭和五十二年
松前重義『二等兵物語』東海大学出版会、昭和四十三年
松谷誠『大東亜戦争収拾の真相』芙蓉書房、昭和五十六年
松本健一『畏るべき昭和天皇』毎日新聞社、平成十九年
三谷隆信『回顧録―占領と講和』中公文庫、平成十一年
三宅正樹・秦郁彦・藤村道生・義井博『昭和史の軍部と政治』全五巻、第一法規出版、昭和五十八年
村上重良『皇室辞典』東京堂出版、昭和五十五年

森島守人『陰謀・暗殺・軍刀』岩波新書、昭和三十四年
森元治郎『ある終戦工作』中公新書、昭和五十五年
森山優『日米開戦と情報戦』講談社現代新書、平成二十八年
森山優『日本はなぜ開戦に踏み切ったか―「両論併記」と「非決定」』新潮選書、平成二十四年
矢部貞治『近衛文麿』全二巻、弘文堂、昭和三十五年
矢部貞治日記刊行会『矢部貞治日記』全三巻、読売新聞社、昭和四十九年
山川三千子『女官―明治宮中出仕の記』講談社学術文庫、平成二十八年
山崎雅弘『「天皇機関説」事件』集英社新書、平成二十九年
山田朗『昭和天皇の戦争―「昭和天皇実録」に残されたこと、消されたこと』岩波書店、平成二十九年
山田朗『昭和天皇の戦争指導』昭和出版、平成二年
山本智之『主戦か講和か―帝国陸軍の秘密終戦工作』新潮選書、平成二十五年
由利静夫・東邦彦『天皇語録』講談社、昭和四十九年
吉田裕『昭和天皇の終戦史』岩波新書、平成四年
吉見直人『終戦史―なぜ決断できなかったのか』ＮＨＫ出版、平成二十五年
渡邊行男『宇垣一成』中公新書、平成五年

著者略歴

工藤美知尋（くどう　みちひろ）

日本ウェルネススポーツ大学教授
1947年山形県長井市生まれ。日本大学法学部卒業、日本大学大学院法学研究科政治学専攻修士課程修了、ウィーン大学留学、東海大学大学院政治学研究科博士課程修了。政治学博士。
主な著書に、『日本海軍と太平洋戦争』『日ソ中立条約の研究』『海軍良識派の支柱山梨勝之進』『日本海軍の歴史がよくわかる本』『東条英機暗殺計画』『特高に奪われた青春』など。

苦悩（くのう）する昭和天皇（しょうわてんのう）
—太平洋戦争の実相と『昭和天皇実録』—

2020年 3月18日　第1刷発行

著　者
工藤美知尋（くどうみちひろ）

発行所
㈱芙蓉書房出版
（代表　平澤公裕）
〒113-0033東京都文京区本郷3-3-13
TEL 03-3813-4466　FAX 03-3813-4615
http://www.fuyoshobo.co.jp

印刷・製本／モリモト印刷

ISBN978-4-8295-0786-5

特高に奪われた青春
エスペランティスト斎藤秀一の悲劇
工藤美知尋著　本体 1,800円

新しい「国際語」を創るエスペラント運動を通して反戦平和を訴えた青年教師はなぜ死ななければならなかったのか。“漢字を制限しローマ字化することで言葉の民主化を推進する”エスペラント運動が日本語抹消論、国際共産主義運動につながるとして山形県特高は徹底的に弾圧した。特高により捏造された斎藤秀一事件の全容と背景を秀一の日記、警察側の資料、関係者の証言などの分析で明らかにする。

海軍良識派の支柱 山梨勝之進
忘れられた提督の生涯
工藤美知尋著　本体 2,300円

日本海軍良識派の中心的な存在でありながらほとんど知られていない海軍大将の生涯を描いた初めての評伝。ロンドン海軍軍縮条約（昭和５年）締結の際、海軍次官として成立に尽力した山梨勝之進は、米内光政、山本五十六、井上成美らに影響を与えた人物。

日ソ中立条約の虚構
終戦工作の再検証
工藤美知尋著　本体 1,900円

ソ連はなぜ日ソ中立条約を破棄したのか？　北方領土問題が“のどに刺さった小骨”となって今も進展しない日本とロシアの関係をどう改善するのか。この問題の本質理解には〈日ソ中立条約問題〉と両国関係の歴史の再検証が必要。激動の昭和史を日ソ関係から読み解く。